不可不学的
销售学
32定律

牧之◎著

立信会计出版社
LIXIN ACCOUNTING PUBLISHING HOUSE

图书在版编目（CIP）数据

不可不学的销售学32定律 / 牧之著. -- 上海：立信会计出版社，2015.8
（去梯言）
ISBN 978-7-5429-4709-3

Ⅰ.①不… Ⅱ.①牧… Ⅲ.①销售学–通俗读物 Ⅳ.①F713.3-49

中国版本图书馆CIP数据核字（2015）第131818号

策划编辑　蔡伟莉
责任编辑　陈　昕
封面设计　久品轩

不可不学的销售学32定律

出版发行	立信会计出版社			
地　址	上海市中山西路2230号	邮政编码	200235	
电　话	（021）64411389	传　真	（021）64411325	
网　址	www.lixinaph.com	电子邮箱	lxaph@sh163.net	
网上书店	www.shlx.net	电　话	（021）64411071	
经　销	各地新华书店			

印　刷	固安县保利达印务有限公司			
开　本	720毫米×1000毫米	1/16		
印　张	18	插　页	1	
字　数	292千字			
版　次	2015年8月第1版			
印　次	2017年11月第5次			
书　号	ISBN 978-7-5429-4709-3/F			
定　价	36.00元			

如有印订差错，请与本社联系调换

前言
preface

销售是一个伟大的职业，也是一个充满挑战的工作。销售作为一种职业，既能充分发挥个人才能，又能充分实现个人价值。销售员可以从工作中不断获取能量，以促进个人快速发展；也可以不断经受历练，以获得更多的个人发展机遇。

然而，如何在销售工作中掌握真正的技巧，成为真正优秀的销售员，却是长久困惑广大销售员的问题。有很多销售员在其职业生涯中，只是作为一个普普通通的业务员，拿着微薄的薪水，整日奔劳在大街小巷，行走于高楼大厦之间，就是不能跻身于那些身价百万、轻松开展各种各样业务的优秀销售员之列。

作为一名销售员，你时常会有这样的困惑：茫茫人海，不知自己所要寻找的顾客在哪里；说了一大堆话，顾客就是不买账；做了很多努力，顾客迟迟不能签单；对顾客热情有加，顾客却不理不睬，甚至转身离开；同样的推销方式，用于甲顾客顺利签单，用于乙顾客却难奏效，客户心理抗拒，业绩不能突破，销售陷入困境……其中的原因何在？关键在于你没有掌握销售规律，缺少销售技巧！

天下没有坏买卖，只有蹩脚的买卖人。要想成为一名优秀的销售员，要想把产品顺利地卖出去，仅仅凭着对销售工作的热情是不够的，销售员还必须具备较高的销售能力，这包括良好的自我驾驭能力、准确的客户发掘能力、熟练的人脉拓展能力、一流的与人沟通的能力、灵活的应变能力，等等。这些能力都不是与生俱来的，必须通过学习和实践，通过不断的磨炼和完善才能获得。实践的磨炼需要时间，对于每天都在和时间赛跑的销售员来说，其中的困难不言而喻，而学习和掌握销售学定律无疑是快速提高自己销售能力和销售业绩的一条捷径。

销售学定律是世界销售学大师和专家从纷繁复杂的销售现象中精心观察、并结合自己的销售实践总结和提炼出来的放之四海而皆准的销售金科玉律，是人类商业智慧的结晶，是照亮销售员职业之路的明灯，是开启销售之门的金钥匙，是发掘财富宝藏的如意杖。

本书精选了在销售领域中广泛应用的32条定律，涵盖了个人成功与销售过程的各个方面。全书从心态培养、形象修炼、顾客开拓、人脉维护、心理策略运用等各个角度，分门别类、深入浅出地对这些销售学定律作了缜密的分析和介绍，同时结合诸多生动有趣的销售案例和小故事，说明了这些销售学定律在现实销售活动中的运用之道，让你一看就懂，一学就会，一用就灵。

无论你是在销售行业摸爬滚打多年的老手，还是刚入行迈上销售之路的新手，无论你是率领团队的销售经理，还是奋战前沿的一线销售员，无论你销售的是保险、房地产、证券、汽车或其他产品，无论你面对的是专业的买主还是闲逛的顾客，无论你采用的是面对面销售还是电话销售，这些销售学定律所包含的经验和智慧都能给你提供最为实用、最有价值的指导，让你洞察种种商业行为背后的真相，拨开销售工作中的迷雾，少走弯路，少受挫折，迅速找到通往成功的捷径，从而使自己成为所在领域的销售高手。

如果你有志于成为一名杰出的销售员，你可以把本书看成你成长的课堂和前进的地图。今天，你认真研习，锤炼技能，成竹在胸；明天，你利器在手，攻必克，战必胜。就让我们从本书出发，寻找一条通向成功和卓越的大道，不断攀登销售的顶峰，创造精彩的销售生涯！

目录 contents

1 哈默定律：天下没有蹩脚的买卖，只有蹩脚的买卖人 1

天下没有卖不出去的东西 2
你能把任何东西卖给任何人 3
逆势销售思考法的妙用 4
没有进不去的市场，只有想不到的办法 5
哈默定律活学活用：销售观念 3.0 6

2 失败与成功悖论：拥有好心态，拥有好业绩 8

没有好脾气干不了销售 9
做销售要有百折不挠的勇气 10
销售员的字典里没有"放弃"两字 12
抱定必胜信心，攀登销售巅峰 13
失败与成功悖论活学活用：销售要有好心态 15

3 猎犬计划：让顾客像滚雪球一样壮大 17

如何锁定自己的目标顾客 18
从公司内部渠道搜寻顾客 19

从公司外部渠道搜寻顾客 21
让老顾客给你介绍新顾客 22
通过转介绍开拓潜在顾客 24
猎犬计划活学活用：不断更新顾客资料 25

4 阿尔巴德定理：销售要为顾客量身定做 28

销售就是满足顾客的需求 29
读懂顾客的心理需求 30
掌握顾客的消费心理 31
了解顾客的购买动机 33
读懂不同年龄段顾客的消费心理 35
销售与顾客需求要一一对应 38
阿尔巴德定理活学活用：发掘顾客需求 39

5 赫克金法则：销售员首先要做一个好人 41

销售员的生涯是从诚信开始的 42
先做信誉，后卖产品 43
诚信销售，不做一锤子买卖 44
不要让小事毁了你的信誉 45
赫克金法则活学活用：不开空头支票 46

6 首因效应：好形象是销售员的第一张名片 48

佛要金装，人要衣装 49
展示形象魅力，成就卓越销售 50
塑造处处受欢迎的仪表形象 51

目 录

销售员整理服装的 8 大要领 52
展现职业销售员的专业形象 53
首因效应活学活用：原一平整理外表 9 原则 55

7 措辞得体准则：话说对了，生意就成了 57

好口才是销售员的必备技能 58
每一句话都要仔细推敲 59
不仅要能说，而且还要会说 60
好口才助你扭转销售局面 61
措辞得体准则活学活用：不说顾客反感的话 62

8 人脉法则：打通人脉就是打通钱脉 64

人脉是金，有人脉就有钱赚 65
熟人好办事，先做好熟人生意 66
亲不亲故乡人，依靠老乡关系做生意 67
同窗如手足，借助校友关系做生意 68
顾客如父母，与顾客成为知心朋友 69
人脉法则活学活用：平时多烧香，急时派用场 70

9 礼仪准则：礼赢天下客，礼招天下财 72

不要让销售败在不懂礼仪上 73
销售中名片的使用要领 74
简单握手中隐藏礼节大学问 76
在餐桌上显示你的修养和风度 77
礼仪准则活学活用：销售员个人卫生自测 78

10 贝吉尔信念：拜访量与业绩成正比 …… 80

拜访顾客的次数要足够多 81
拜访顾客前先做好自我检测 82
拜访顾客的6个关键步骤 83
贝吉尔信念活学活用：拜访顾客3要点 85

11 登门槛效应：心浮气躁是做销售员的大忌 …… 87

欲速则不达，销售不能急于求成 88
销售中必须要登的几个门槛 89
先提小要求，再提大要求 90
与顾客沟通要有足够的耐心 91
细心是销售员必须具备的品质 93
登门槛效应活学活用：先得寸再进尺 94

12 曼狄诺定律：微笑可以换取黄金 …… 96

微笑——销售之神原一平的武器 97
面带三分笑，生意跑不了 98
微笑帮你打开销售之门 99
你对顾客微笑，顾客就对你微笑 101
曼狄诺定律活学活用：销售员微笑细节训练 102

13 6+1缔结法则：不会提问就不会做销售 …… 104

让你的顾客不断地点头说"是" 105
怎样提问顾客才愿意听 106

要想好了再向顾客提问 107

锤炼向顾客提问的技巧 109

6+1缔结法则活学活用:避免无效提问 111

14 费斯诺定理:销售听和说的比例是2∶1 113

倾听——乔·吉拉德的销售法定 114

销售不仅要会说,更要会听 116

销售员倾听时应该注意技巧 117

把握倾听原则,发挥倾听价值 119

费斯诺定理活学活用:销售员要当一名好听众 121

15 皮革马立翁效应:尊重带来意外回报 123

没有尊重就没有销售 124

时刻让顾客感到自己很重要 125

赞美是个相当神奇的魔法 127

美言俘虏顾客心,嘴甜能吃热豆腐 128

皮革马立翁效应活学活用:牢牢记住顾客的姓名 130

16 示范效应:演示就是最好的推销 133

卖产品不如卖效果 134

介绍产品时要突出优势和卖点 135

介绍产品时要调动顾客的想象力 136

介绍产品要实话实说 138

示范效应活学活用:做一名合格的产品专家 139

17 布里特定律：要想推而广之，必先广而告知 141

酒香也怕巷子深，货好也要宣传巧 142
广而告之，让人人皆知 143
打折促销，让顾客有便宜占 144
优惠越多，顾客越多 145
免费赠样品，勾起顾客购买欲 146
布里特定律活学活用：口碑销售的魅力 147

18 麦吉尔定理：有千只舌头，就有千种口味 149

对精明型顾客以销售自己为先 150
对沉默寡言型顾客忌施压催促 151
对忠厚老实型顾客要真诚以待 152
对谨慎多疑型顾客要洞穿其心思 153
对夸耀财富型顾客要满足其虚荣心 153
麦吉尔定理活学活用：人情练达皆生意 154

19 光环效应：制造光环赚尽天下眼球 156

强大的"光环"影响力 157
让自己成为公众聚焦的中心 158
围绕知名度和美誉度做文章 159
满足顾客"穿品牌就有面子"的心理 161
光环效应活学活用：制造名贵感 162

20 刺猬理论：与顾客不要靠得太近，也不要离得太远 ……… 164

- 成交要保留退让的余地 …………………………………… 165
- 热情过度会让顾客"逃之夭夭" ………………………… 166
- 与顾客保持适度的距离 …………………………………… 167
- 适度冷淡更有利于成交 …………………………………… 169
- 刺猬理论活学活用：不要好心办坏事 …………………… 170

21 布朗定律：如果你想完成销售，就按下他的心动钮 ……… 172

- 要打开顾客钱袋，就从好奇心下手 ……………………… 173
- 巧用激将法，使顾客为了面子成交 ……………………… 174
- 欲擒故纵，吊足顾客胃口 ………………………………… 175
- 以静制动，掌握销售主动权 ……………………………… 177
- 以退为进，时机成熟再成交 ……………………………… 178
- 布朗定律活学活用：找准顾客心动钮 …………………… 179

22 投射效应：与顾客站在同一立场上 ………………………… 181

- 销售要与顾客"步调一致" ……………………………… 182
- 互换立场，站在顾客立场看问题 ………………………… 183
- 变"我要卖"为"我要买" ……………………………… 185
- 你为顾客着想，顾客才为你着想 ………………………… 186
- 投射效应活学活用：多为你的顾客着想 ………………… 187

23 中心开花法则：点亮中心点，照亮一大片 ……………… 189

- 销售要抓"典型"、找"中心" ………………………… 190

谁才是左右交易的中心人物 191
借助第三者的力量说服顾客 192
亮出有影响力的第三方 194
中心开花法则活学活用：销售搭上"第三者" 195

24 避免拒绝法则：成交从拒绝开始 197

顾客为什么要拒绝 198
化解拒绝的关键在于抓住人性 199
应对顾客借口的11大妙招 200
应付顾客说"不"的9大战术 202
避免拒绝法则活学活用：做好拒绝前的练习 205

25 成交至上法则：没有成交一切都是零 207

反客为主，灵活机动促成交易 208
收回承诺，虚张声势促成交易 209
避重就轻，绕开矛盾促成交易 210
频频施压，制造紧迫感促成交易 212
成交至上法则活学活用：避免顾客反悔 214

26 麦穗哲理：销售就是识人察言观色 216

察言观色捕捉顾客成交信号 217
读懂顾客表示怀疑的肢体语言 219
读懂顾客表示不满的肢体语言 220
读懂顾客表示积极态度的肢体语言 221
麦穗哲理活学活用：你的顾客会说谎吗 223

27 跟进法则：把头回客变成回头客 225

服务就是一块金字招牌 226
解除顾客的后顾之忧 227
售后跟进服务的注意事项 228
妥善处理好顾客的投诉 230
跟进法则活学活用：以服务赢市场 232

28 华盛顿合作定律：销售从来不是一个人的事 234

猴子取食的团队智慧 235
不要单打独斗，而要协同作战 236
团队赢则个人赢，团队输则个人输 237
合作才能共享销售的胜利果实 239
在合作中开拓销售大局面 240
华盛顿合作定律活学活用：融入团队10原则 241

29 激励法则：激发销售员的狼性战斗力 243

激励是销售团队的发动机 244
消除一切不利的反激励因素 244
让每一种激励方式都产生效能 246
做销售团队的激励专家 249
激励法则活学活用：销售竞赛激励 251

30 情感定律：销售工作98%是感情工作 253

情感销售——给顾客放一点感情债 254

要打动顾客，先让他感动起来 255
用礼物作为联结顾客情感的纽带 256
赢得顾客的心才能赚大钱 257
情感定律活学活用：做足感情投资 259

31 尼伦伯格原则：谈判的最佳结局是双赢 260

销售是一场双赢的交易 261
要双赢不要双输，大家赢才是真的赢 262
有一种谈判策略叫"化敌为友" 263
尼伦伯格原则活学活用：谈判双赢并不难 265

32 250定律：每一位顾客身后站着250名新顾客 267

每年要发出13 000张明信片 268
不要得罪任何一名顾客 269
重视你的每一个行销电话 270
打造连环式顾客销售链 271
250定律活学活用：与250名顾客同行 272

 **哈默定律：**
天下没有蹩脚的买卖，只有蹩脚的买卖人

定律释义：

哈默定律源自犹太人阿曼德·哈默1987年完成的《哈默自传》。哈默是美国历史上最富传奇性的商人之一，他1898年出生于美国纽约，1917年在医学院学习期间继承了父亲的一家制药工厂，哈默从制药业起家，在经营制药厂期间，他成为了百万富翁。随着财富的不断增长，他又涉足了其他的很多领域，如艺术品、食品、石油、养殖业，等等。

人们常说在自己的领域内要下足工夫，人人都要有一项特长，而哈默却在自己的一生中诠释了如何将不同类别的生意做到极致，这源自于他对商业的深刻理解。哈默在他的自传中强调：天下没什么坏买卖，只有蹩脚的买卖人。这也就是我们现在所说的哈默定律。哈默定律说明，没有卖不出去的商品，只有不会卖商品的人，只要打破常规，创新思路，就能把任何东西卖给任何人。

天下没有卖不出去的东西

  翻看中国古代的典故，我们会看到这样一个小故事：有个鲁国人擅长织葛，他的妻子擅长织绢。在当时，葛一般用来做草鞋，而绢一般用来做帽子。有一天，这个鲁国人决定举家搬到千里之外的越国去谋生计。鲁国人刚一作出这个打算，身边便有人取笑他说，越国是少数民族之地，那里的人出门是从来不穿鞋、不戴帽子的，像你们夫妇这样编鞋做帽子的人到越国去干什么呀？

  写这个故事的人的用意主要是为了嘲笑鲁国人的愚昧无知。数千年来，看到这个故事的人们都会对故事中的鲁国人报之轻蔑地一笑。

  还有一个与上面故事很类似的一个国外小故事，是关于两个销售员的。

  有两个销售员分别被各自的公司派往太平洋上的一个岛国去开拓公司的鞋业销售市场。两个销售员到达那个岛国后惊奇地发现，原来那个岛国上的居民是赤脚走路的，他们还不知道鞋子究竟是什么东西呢。于是一个销售员给自己的公司发了一条电报过去说：这个国家的居民出门不穿鞋，我们的产品在这里没有销售市场。而另一个销售员则给自己的公司发电报说：太好了，这个国家没有一家卖鞋的公司，居民也不穿鞋，我们的产品可以在这里推广继而普及了。写这个故事的人的用意主要是为了赞赏那个善于发现潜在商机的销售员，而读者也会在心中暗自叹服那位销售员的销售眼光。

  然而，这两个故事在我们中国竟然就是那样并行不悖地传播着，从来没有人感觉到其中的不妥，鲁国人继续处于被众人嘲笑的地位——在我们教育孩子的文学读本中，在我们的政治哲学考试试题中……而那位销售员却处在被众人推崇的很高的位置上，被当做优秀销售员的典型，被当做众多商家眼中善于发现商机的典范，继续风光无限着。可是我们是否认真思考过：

  鲁国人的做法和那位销售员的做法是一样的，为什么他在我们数千年的历史中却始终处于被嘲笑的地位呢？因此，这里写下这两个故事，算是为那个被嘲笑的鲁国人正名吧。

  从这两个故事可以看出：或取或舍显高下，一买一卖见智愚。请相信，能够

1 哈默定律：天下没有蹩脚的买卖，只有蹩脚的买卖人

看到常人所不能看到的商机，你就能取得常人所不能取得的成功。天下没什么坏买卖，只有蹩脚的买卖人。

你能把任何东西卖给任何人

有一个销售员，他以能够销售出任何商品而出名。他已经卖给过牙医一支牙刷，卖给过面包师一个面包，卖给过瞎子一台电视机。但他的朋友对他说："只有卖给驼鹿一个防毒面具，你才算是一个优秀的销售员。"

于是，这位销售员不远千里来到北方，那里是一片只有驼鹿居住的森林。"您好！"他对遇到的第一只驼鹿说，您一定需要一个防毒面具。

"这里的空气这样清新，我要它干什么？"驼鹿说。

"现在每个人都有一个防毒面具。"

"真遗憾，可我并不需要。"

"您稍候，"销售员说，"您已经需要一个了。"接着他便开始在驼鹿居住的林地中央建造一座工厂。"你真是发疯了。"他的朋友说。"不然。我只是想卖给驼鹿一个防毒面具。"

当工厂建成后，许多有毒的废气从大烟囱中滚滚而出，过了不久，驼鹿就来到销售员处对他说："现在我需要一个防毒面具了。"

"这正是我想的。"销售员说着便卖给了驼鹿一个。"真是个好东西啊！"销售员兴奋地说。

驼鹿说："别的驼鹿现在也需要防毒面具，你还有吗？"

"你真走运，我还有成千上万个。""可是你的工厂里生产什么呢？"驼鹿好奇地问。"防毒面具。"销售员兴奋而又简洁地回答。

一流的销售大师说，产品不是靠市场检验出来的，而是自己推销出来的。机遇有时候是制造出来的，解决矛盾的高手往往也先制造出矛盾来。

优秀的销售员明白，销售机遇不是等来的，是创造出来的，销售员想把商品销售出去，所需要做的第一件事就是创造机会，唤起顾客对商品的欲望。

有一年情人节的前几天，一位销售员去一位顾客家销售化妆品，这位销售员

当时并没有意识到再过两天就是情人节。男主人出来接待他，销售员劝男主人给夫人买套化妆品，他似乎对此挺感兴趣，但就是不说买，也不说不买。

销售员鼓动了好几次，那人才说："我太太不在家。"

这可是一个不太妙的信号，再说下去可能就要黄了。忽然销售员无意中看见不远处街道拐角的鲜花店，门口有一招牌上写着：送给情人的礼物——红玫瑰。这位销售员灵机一动，说道："先生，情人节马上就要到了，不知您是否已经给您太太买了礼物。我想，如果您送一套化妆品给您太太，她一定会非常高兴。"这位先生眼睛一亮。销售员抓住时机又说："每位先生都希望自己的太太是最漂亮的，我想您也不例外。"

于是，一套很贵的化妆品就销售出去了。后来这位销售员如法炮制，成功销售出了数套化妆品。

无论你从顾客购买你的产品中获得多少收益，你都应该以顾客为导向。你需要钱，但顾客不会因此来购买你的产品，除非他需要你的产品，顾客不会轻易购买你的产品，这就需要你去创造机会，激发顾客的购买动机。

逆势销售思考法的妙用

逆势销售就是颠覆传统销售方法的"创造性思考"。当所有可以运用的销售手法、变数都已到了难以突破之际，不妨跳出原来思维逻辑的框架和格局，以全新的、反向的角度来看问题或商品。如此一来，很可能会产生前所未有或截然不同的效果，销售专家称之为"逆势销售"。

由于销售的竞争越来越激烈，所有销售的变数、利器或战略、战术等，往往会有无效、失灵或效果有限的情况，当这种情况发生时，正常的思考方法已不能解决问题，此时就要毫不犹豫地运用逆势思考。

1982年，当中国政府决定在1997年收回香港主权时，一些港人纷纷地抛售股票，变卖房产。但是，像李嘉诚、郭炳湘、吴光正等人则对香港的未来充满信心，于是大量低价收购英资企业和地产。现在看来，香港之繁荣更胜于昔日，而那些当年冒着风险逆势炒作者，都因此而获利丰厚。李嘉诚旗下的长江、和记黄埔、港灯等多家公司,2014年市值共达2 613亿港元,是香港首富。

上述港商的成功之道就是"人弃我取,人取我弃",也可以说是"火中取栗""行险致富",而不是"追涨杀跌"。从销售的角度或用销售员的术语来说就是"逆势销售"。

不过,我们也应明白采取逆势销售只是一时的黔驴技穷,而非真正的江郎才尽。因为"技穷",所以才要以"穷则变,变则通"的颠覆性思考寻找再出发、再出击的机会。在销售竞争日益激烈的市场上,"逆势思考"不但会被更广泛地运用,而且也会成为不可避免的"趋势"。

没有进不去的市场,只有想不到的办法

20世纪60年代中期,尼龙制品并没有在中国兴起,因此中国台湾地区的人们出国时常常带回来很多尼龙材料的衬衫、衣裙和帽子等。台湾地区的纺织企业觉得机会来了,决定迅速引进这种产品。可是,原本颇受年轻人青睐的尼龙制品,在引进台湾地区时却遭遇了困境。

在台湾地区,由于当时从小学到大学都崇尚朴实的风气,而把尼龙产品看成一种奢侈品。学校也为了防止学生养成讲排场、追求奢靡的习惯,尼龙自然是不能进入学校这块净土了,有的学校甚至规定学生上学只能穿校服。

无疑,学校的守旧态度对纺织企业促销尼龙产品极为不利,不过,创办了以尼龙服饰为主打产品的S公司的崔先生却并不认为这是一个难题。经过与一些专家的协商,崔先生决定从女子学校入手,让自己的尼龙服饰先集中出击一点再全面开花。

崔先生采取的第一步策略是进行免费赠送。各级女子中学和女子大专的班级里总有成绩最优异的,为了表彰她们取得的成绩,崔先生将送给她们每人一条尼龙百褶裙,并把这种裙子命名为"荣誉学生裙"。

崔先生设法使学校相信,赠送学生百褶裙的意义在于鼓励她们好好学习,从而在所有学生中激发起荣誉感。在企业的努力下,学校同意了这种做法,并把有资格得到百褶裙的同学名单和地址寄给了崔先生的S公司。S公司马上和这些同

学直接联系，送给她们每人 1 张兑换券，各人可以在临近的经销店兑换百褶裙。同时，S 公司还在信里介绍，这种尼龙裙子具有容易洗涤等多种优点，穿这种衣料是生活水平提高的一个表现。

等这些女生穿上荣誉裙后，崔先生又给这些优秀的女生们每人寄了 10 张优惠券，请她们转赠给班里的其他好朋友。既不用自己掏钱，又很有面子，何乐而不为呢？这些女生认真地按照崔先生的请求去做了。

结果，很多女学生都穿上了尼龙裙子，实际上就解除了不让尼龙产品进校的禁令。受此影响，男校的学生也纷纷穿上了尼龙制服。尼龙衣服在学生中风靡一时。

从此，台湾地区本地的尼龙制品市场得以打开，纺织企业也找到了新的利润增长点。而这一切，无不得益于崔先生的高明智慧。

在商品市场上，第一个做产品的是人才，第二个做产品的是庸才，而剩下的做产品的就是蠢材了。很多时候，只有开拓新市场，才能抢占市场先机，才能开拓出更多的顾客，才更有希望收益更多。

# 哈默定律活学活用：销售观念 3.0

传统上，销售员曾长期奉行一切以生产者或销售者为中心，把企业利益和顾客利益对立起来的观念。这种观念忽视了顾客的需求和利益，片面强调企业本身的利益，一切从企业出发。这种观念在实际中的典型表现就是所谓的强力销售，单方面从自己的利益和角度出发进行销售，而结果往往是事与愿违，难以达到销售目的。

现代销售员自然不必重蹈以往的覆辙，而应树立新的观念。要做到这一点，就必须通过现代经营观念重新理解销售的内涵，认真思考"销售到底是什么"这一看似简单的问题。

为了更好地理解这一点，先来讨论一个小小的问题，即销售员到底销售什么？对此，许多人可能立刻就能作出回答：销售商品或服务啊。这一答案既可说对，也可说不对。

因为从表面上看，销售员就是销售自己所卖的产品，即各种商品或服务，可

1 哈默定律：天下没有蹩脚的买卖，只有蹩脚的买卖人

若从深处着眼，情况就没有这么简单了。现代销售员要学会告诉顾客，产品的整体观念是由三个层次组成的，也就是人们常说的销售观念3.0。

第一个层次为核心产品，即顾客购买这一产品所追求的利益，是顾客真正要购买的东西，如冰箱的保鲜功能，照相机的成像功能。第二个层次为形式产品，它是指顾客所认定的有形物品，包括产品的质量水平、外观特色、样式、包装等。第三个层次为附加产品，即顾客购买这一产品时所能得到的附加利益的总和，如送货、安装、维修等。

在这三个层次中，真正促使顾客购买这一产品的原因是核心产品部分，即顾客购买某一产品，不是为了产品本身，而是希望获得那种产品所能提供给他的利益，即产品所具有的某种功能。若从消费需求的角度来看，即是从中获得某种需求的满足。因此，销售员在展开销售工作时，所销售的就是满足某种需求的方式，即销售产品的功能。

既然销售员销售的是能让顾客获得满足的某种方式或途径，那么，销售就绝不是想方设法地把产品塞给顾客而大赚其利。相反，销售员应是在了解顾客消费需要的基础上，设法协助他们得到他想要的东西，使他们获得某种满足。正是在这个意义上，有人称销售员为贩卖幸福的人。通过销售员，把幸福带给每一个获得了某种满足的人。现代销售员正应该树立一种新型的观念，以贩卖幸福为己任，尽力协助顾客获得其想要的物品，通过满足他们的需求，来实现自己的销售目标。

2 失败与成功悖论：
拥有好心态，拥有好业绩

定律释义：

美国销售员协会曾经做过一次调查研究，结果发现：80％销售成功的个案，是销售员在连续5次以上的拜访所达成的。48％的销售员经常在第一次拜访之后，便放弃了继续销售的意志。25％的销售员，拜访了两次之后，也打退堂鼓了。12％的销售员，拜访了3次之后，也退却了。5％的销售员，在拜访过4次之后放弃了。仅有1％的销售员锲而不舍、一而再、再而三地继续登门拜访，结果他们的业绩占了全部销售的80％。

据此，人们得出了失败与成功悖论：如果你过度相信自己不会成功，那么这必然会把你带向失败或平庸。却不断地挑战失败是销售成功的先决条件，你需要在完成销售所经历的不断失败中坚持到底，如果你做得到，那么你便会体会到坚持的力量了。

2 失败与成功悖论：拥有好心态，拥有好业绩

没有好脾气干不了销售

一些有经验的老销售员经常说："没有好脾气干不了销售。"这种说法不难理解。销售员每天要面对不同的顾客，可能会遇到各种情况：被人拒绝，被人指责，甚至被人奚落，如果没有一个好脾气，恐怕就很难适应销售工作，更别说打动顾客，达成交易了。

其实，"好脾气"就是指与顾客商谈时能够适当地控制自己的情绪，不急不躁，自始至终一直以一种平和的语气与顾客交谈，即使遭受顾客的羞辱也不以激烈的言辞予以还击，反而能报之以微笑。这样一来，顾客往往会被销售员的这种态度打动，因此好脾气的销售员往往能创造出更好的业绩。在现实中，一些销售员往往不能控制好自己的脾气，得罪了顾客，生意自然也就做不成了。

销售员应该明白，做销售工作，被拒绝如家常便饭，因此，作为销售员不应乱发脾气，而应时刻保持一颗冷静的心。有些销售员在愤怒情绪的支配下，往往失去理智，以尖酸刻薄的言辞予以还击，使顾客的尊严受到伤害。这样虽然能使心中的怨气得以发泄，但到头来吃亏的还是自己，因为这笔交易肯定谈不成了。因此，销售员一定要学会控制自己的情绪。一旦我们感到精力难以集中，不能清晰地思考问题；或是心情不悦、烦躁不安；被销售工作压力压得透不过气；想从一项销售任务中得到解脱而进入另一项销售任务；为了见一位新顾客而做了大量的工作，但却一直得不到他的订单时，销售员就要学会调节情绪。因为乱发脾气是没有用的，销售员要做的，就是让自己时刻保持一颗冷静的心。

至于如何消除愤怒情绪、不乱发脾气，一位资深的销售员的做法值得销售员学习和借鉴。这位销售员在刚刚入行的时候，总是不能摆正心态，踏踏实实地工作。他想早日出人头地，但现实与理想之间的差距太大了：要挨领导的骂，要受顾客的气，而他的脾气本来就不太好，于是他准备辞职，然后找一份适合自己的工作。

在写辞职信之前，他为了发泄心中的怒气，就在纸上写下了对公司中每个领导的意见，然后拿给他的朋友看。

然而，朋友并没有站在他的立场上，和他一同抨击那些领导的一些错误做法，

而是让他把公司领导的一些优点写下来，以此改变对领导的看法。同时，还让他把那些成功销售员的优点写在本子上，让他以此为目标，奋力拼搏。

在朋友的开导下，他心中的怒火渐渐平息了，并最终决定继续留在公司里，还发誓努力学习别人的长处来弥补自己的不足，作出点成绩让自己和他人看看。

从此，这位销售员学会了一种发泄怒气的方法，凡是忍不住的时候，他就把心中的愤恨写下来，读一读，这样心中就平静多了。

无论是顶尖级销售员也好，还是销售新人也罢，谁都会有发怒的时候。但是，少发怒和不随便发怒却是做得到的。要想练就好脾气，不随便发怒，必须标本兼治。治本方面，应加强个人修养，包括提高文化素养和道德情操，拓宽心理容量，不为一点小事斤斤计较。

在治标方面，销售员不妨试试以下方法：

方法一：在自己的办公桌上放一张写有"勿怒"两字的座右铭或艺术品，时刻提醒自己不要随便发怒。

方法二：当有人发怒时，仔细观察他发怒的丑态，剖析他因发怒造成的不良后果，以此作为反面教材，警示自己。

方法三：一旦遇到惹自己动怒的事情，强迫自己想别的愉快的事情，转身去做一件令人愉快的事情。

方法四：万一走不开，又怒火中烧时，强迫自己不要马上开口，或者数数，数到十再开口，以缓和情绪，浇灭怒火。

方法五：不但要学会自己控制情绪，还要学会接受别人的劝告，将自控和助控结合起来。

坏脾气是销售工作的天敌，销售员一定要在工作与生活中慢慢磨炼自己，因为只有拥有了好脾气，才能拥有好业绩。

做销售要有百折不挠的勇气

销售员所要面对的挫折是经常性的，这需要每一位从业人员，拥有积极的心态和正确面对失败的观念。

2 失败与成功悖论：拥有好心态，拥有好业绩

一个人的心理会对他的行为产生微妙的作用，当你有负面的心态时，你所表现出来的行为多半也是负面与消极的。因此，你无法得到预期的结果。如果你真的想将销售工作当做你的事业，必须先拥有正面的心态。因此，不要再用"我办不到"这句话来作为你的借口，而要开始付诸行动，告诉自己"我办得到"。

坚持就是胜利，成功的销售员是不会怀疑这句话的。因为销售员与顾客谈判是一个马拉松式的循序渐进的过程，由不得个人主观的消极，甚至放弃，否则前面的工作将前功尽弃，没有半点意义。

只要你在从事销售工作，无论时间长短，经验多少，失败都是不可避免的。但是，同样是经历风雨，有的人可以获得最后的成功，有的人却一事无成。因为，问题不在于失败，而在于对失败的态度。有些业务人员一次失败，就觉得是自己无能的象征，把失败记录看成是自己能力低下的证明。这种态度才是真正的失败。

从事销售工作的人，可以说是与挫折和失败打交道的人。如果害怕失败而不敢有所作为，那就是在一开始就放弃了任何成功的可能。战胜失败的人，便是最终成功的人。勇敢的销售员是屡败屡战的，只有注定一生无成的销售员，才会屡战屡败。

失败和痛苦是滋润人生心灵的甘露，犹如雷雨之后，天空呈现的是艳丽湿润的彩虹。也许人生苦难多于幸福。如果你认为你的人生就是由一个个苦难链环连接而成，那么只有当最后接成一个大环时，它才会变成一个美丽的花环。如果你因为失败而痛不欲生，而萎靡不振，那是因为你还没有了解：没有失败，你就不会成长，踏尽崎岖路自平。请相信，失败，不如你想象中那么可怕，谁的一生当中没有失败的经历呢？

当下一次失败再次来临时，你可以坚强地面对它，让失败来磨砺你的心志。要相信当尘埃落定，黄沙出金，你要懂得："任何艰苦卓绝和坚忍不拔，都会得到时间的回报。"

从事销售这一行业，就要正确认识挫折和失败，有不折不挠的勇气。销售员一定要有耐心，要相信所有的失败都是为以后的成功做准备的。这个世界有一千条路，但却只有一条能到达终点。运气好的销售员，可能走第一条就成功了，但如果运气不好，可能要尝试很多次，但记住：每走错一条路，就离成功近了一条路。谁笑到最后，谁才会是赢家。为什么这个世上有成功者也有失败者？原因很简单：

成功者比失败者永远多坚持了一步。销售员应把全部思想用来想要做的事，而不要给那些胡思乱想的念头留出思维空间。

销售员的字典里没有"放弃"两字

一个伟大的销售员是绝对不会轻言放弃的，他只会一次次坚持，直到成功为止。因此，作为一个销售员，你要不断提醒自己：别放弃，坚持下去，成功的就是你！

一位杰出的销售员说："销售就是初次遭到顾客拒绝之后的坚持不懈。也许你会像我那样，连续几十次、几百次地遭到拒绝。然而，就在这几十次、几百次的拒绝之后，总有一次顾客将接受你的计划。为了这仅有一次的机会，销售员在做着不懈的努力。"依靠坚持为资本而终获成功的年轻人，比以金钱为资本而获得成功的要多得多。人类历史上大部分成功者的故事都足以说明：坚持是打开成功之门的金钥匙。

已过世的克雷吉夫人说过："美国人成功的秘诀，就是不怕失败。他们在事业上竭尽全力，毫不顾及失败，即使失败也会卷土重来，并立下比以前更坚韧的决心，努力奋斗直至成功。"

有些人遭到了一次失败，便把它看成拿破仑的滑铁卢，从此失去了勇气，甚至干脆放弃。可是，在刚强坚毅者的眼里，却没有所谓的滑铁卢。那些一心要得胜、立志要成功的人即使失败，也不以一时失败为最后的结局，还会继续奋斗，在每次遭到失败后再重新站起，比以前更有决心地向前努力，不达目的决不罢休。

作为销售员，我们应绝不考虑失败，我们的字典里没有放弃、不可能、办不到、没法子、成问题、行不通、没希望……这类愚蠢的字眼。我们要尽量避免绝望，一旦受到它的威胁，立即想方设法向它挑战，我们要辛勤耕耘，忍受苦楚。请放眼未来，勇往直前，不再理会脚下的障碍。请坚信，失败的尽头就是成功。

永远不要说放弃，鼓励自己坚持下去，因为每一次的失败都会增加下一次成功的机会。这一次的拒绝就是下一次的赞同，这一次皱起的眉头就是下一次舒展的笑容。今天的失败，往往预示着明天的好运。不要怀疑这条销售真理：只有失败多次，才能成功。

2 失败与成功悖论：拥有好心态，拥有好业绩

台湾地区著名电视制作人顾英德，在多年前任中视业务组长时，为争取广告，求见铃木工业公司董事长，去了七次，留下七张名片，都无法见到要见的人，第八次拜访，董事长才肯接见他，以后两人成为极好的朋友，铃木工业公司也顺理成章地成为中视的大顾客。

常听某些销售员拜访顾客，吃了多次闭门羹后，就心灰意冷，殊不知这正是考验的开始。其实成功与否，就看你的努力多大。

请尝试，尝试，再尝试。障碍是成功路上的弯路，迎接这项挑战，像水手一样，乘风破浪。请相信，凡事只要锲而不舍，成功就不是遥不可及的。只要认真起来，你的业绩就会好起来。要想获得什么，就看你付出的是什么。要想超过谁，你就要比他更努力。

销售员要善于借鉴别人成功的秘诀，过去的是非成败，全不计较，只抱定信念，明天会更好。当你筋疲力尽时，也不要放弃，再试一次。请一试再试，争取每一次的成功，避免以失败收场。在别人停滞不前时，请继续拼搏，终有一天你将会获得丰收。

不要因为昨日的成功而满足，因为这是失败的先兆。请忘却昨日的一切，是好是坏，都让它随风而去。只要信心百倍地迎接新的太阳，相信今天自己一定会成功。

请安静地坐下来，放平身心，深吸一口气，告诉自己：我相信自己一定能行，只要我一息尚存，就要坚持到底，因为我已深知成功的秘诀：坚持不懈，终会成功。

滴水可以穿石，如果我们能够持之以恒地努力下去，那我们也一定可以打动最顽强的顾客。不要放弃，有时候坚持到底就是最大的胜利。

抱定必胜信心，攀登销售巅峰

销售员在遭到顾客全然拒绝以前，他永远有反败为胜的机会。销售员只要能够做到不到最后关头绝不轻言放弃，就容易取得成功。凡事如果不到最后关头，就很难说清楚结局是什么样的。这点在比赛中表现得尤为明显，往往在最后关头，形势来了个翻天覆地的变化，原来以为输定了的选手最后赢得了胜利。对于销售

员来说，情形也是如此。不但销售员的整个销售生涯往往不到最后时刻很难判断是否成功，就算是单独的一次销售活动，在遭到顾客断然拒绝之前，也很难断定一定会失败。只要没有遭到彻底拒绝，销售员就还有机会，就还有反败为胜的可能。

不到最后关头，坚决不轻言放弃，是一种基本的人生态度，也是一种面对自我，面对挫折，克服心理障碍的重要方法。

成功者，通常是能够勇于面对挫折的。挫折是成功者成长的食粮。对成功者而言，挫折好比一剂良药，味道越苦越能发挥良效，根治疾病。成功者通常视挫折为稳固成功的垫脚石。不经过挫折，成功的根基是不牢靠的，因此挫折反而是他们不断向前的强大力量。

成功者保持着期望必能成真的理念。就像爬山一样，虽然成功的登山者无法确知何时会到达山顶，但是他们坚信自己一定能够到达，因此他们每一步都走得相当稳健，即使面对挫折和失败，他们也不会动摇必胜的信心，最后终于攀登上了山顶，取得了成功。

成功者之所以优秀还在于他们的决心。成功者大多抱有不成功便成仁的决心。他们往往能够破釜沉舟、义无反顾地为实现自己的理想而奋斗。

成功者之所以成功还在于他们做事情的方式。虽然成功的目标只有一个，但是通往成功的方式却有许多种。很多有毅力的人最终失败，主要的原因就是做事情的方式不对。成功者善于变通，善于尝试，善于在不可能中寻找可能，善于将各种危机转化为机遇。当然这种做事情的方式来自于思考的方式，毕竟思路决定出路。

成功者之所以成功还在于他们确定目标后为实现目标而不断前进的毅力。很多人不能取得成功不是因为没有目标，而是因为没有实现目标的毅力。有志者立长志，无志者常立志。成功者对自己的目标格外珍惜，而且下定了不达目标誓不罢休的决心。而失败者总是像没有航向的船，在大海中漂荡浮沉，不知道究竟应该停留在何处。

此外，成功者之所以成功还在于成功者额外珍惜金钱以外的成果。就以销售员为例，如果销售员仅凭一次交易是否达成作为评判其业绩好坏的标准，那么很多优秀的销售员是不合格的。这些优秀的销售员在别的销售员急于和顾客达成交易的时候在和顾客保持良好的关系。虽然短期内销售业绩很难突出，但是长久看来，这类销售员的业绩是相当优秀的，而且工作也十分轻松。

2 失败与成功悖论：拥有好心态，拥有好业绩

 **失败与成功悖论活学活用：销售要有好心态**

挫折总是无可避免地会对人产生一些副作用，而挫折又恰好是销售员最常遇到的事情。如果没有一个耐挫的好心态，那么销售员就难以过去这一关，因此一定要积极修炼耐挫的心态，把挫折带来的伤害降低到最低点。

心态决定命运，在心理学上，人类的心理所创造出的后果，很大程度上影响着外在世界的变化。因此销售员只有修炼出良好的心态，才能正视挫折，在挫折面前不低头。

那么，销售员应该具备什么样的心态呢？

1. 真诚之心

作为一个销售员，必须抱有一颗真诚的心，诚恳地对待顾客，只有这样，别人才会尊重你，把你当做朋友。

诚然，在经济社会中，我们可以看到各色各样的手段，工作上的手段，人际关系上的手段，甚至爱情上都需要手段等。这些手段或许能有一时的成效，但绝不可能长期奏效。

许多销售大师指出，刚刚走上销售行业的新人首先要对人真诚。真诚面对自己，真诚面对别人。这么一来，才能因尊重自己与别人而赢得对方的敬重，这样才能抑止挫折的出现。

2. 树立自信心

战胜挫折，很多时候也和你的自信心有关系。你的自信心越强，对挫折的恐惧也就越小。所以，自信心也是解除恐惧的第一个要素。

作为一名销售员，首先，要对自己有信心，每天工作开始的时候，都要鼓励自己，我是最优秀的！我是最棒的！信心会使你更有活力。其次，要相信公司，相信公司提供给顾客的是最优秀的产品，要相信自己所销售的产品是同类中最优秀，相信公司为你提供了能够实现自我价值的机会。另外，你的第一目标应该是销售自己，只要顾客接受了你，才会接受你的商品，而顾客最愿意接受的销售员，起码是一个对自己有信心的人，否则，你怎么会对自己的产品有信心？对自己的

产品都没信心的人，怎么才能让顾客去接受？这样的话，你很容易就会遭受挫折。

3. 百折不挠

工作实际是很辛苦的，因此销售员要具有吃苦耐劳、坚持不懈的韧性。"吃得苦中苦，方为人上人。"销售工作的一半是用脚跑出来的，要不断地去拜访顾客，去协调顾客，甚至跟踪消费者提供服务，销售工作绝不是一帆风顺的，会遇到很多困难，但要有解决的耐心，要有百折不挠的精神。

4. 平常之心

销售员必须具有平常之心，这样才能够面对挫折不气馁。每一个顾客都有不同的背景，也有不同的性格和处世方法，自己受到打击要能够保持平静的心态，要多分析顾客，不断调整自己的心态，改进工作方法，使自己能够面对一切责难。只有这样，才能够克服困难。同时，也不能因一时的顺利而得意忘形，要知道"乐极"就会"生悲"，只有这样，才能够胜不骄，败不馁。

5. 热忱之心

一个对自己的工作都不热情的人，怎么会调动顾客的热情？销售员的热情是具有感染力的一种情感，他能够带动周围的人去关注某些事情，当你很热情地去和顾客交流时，你的顾客也会积极回应你。当你在路上行走时，正好碰到你的顾客，你伸出手，很热情地与对方寒暄，或许，你的热情就促成了一笔新的交易。

6. 工作责任心

无论你是一个刚进入销售行业的新人，还是一个老销售员，你的言行举止都代表着你的公司，如果你没有责任感，你的顾客也会向你学习，这不但会影响你的业绩，也会影响公司的形象。毫无疑问，这也是让你遭遇挫折的原因。销售就是一项与失败打交道的工作，销售员必须修炼出积极的心态，才能在失败面前不气馁，在冷遇面前不灰心。

3 猎犬计划：
让顾客像滚雪球一样壮大

定律释义：

猎犬计划是著名销售大师乔·吉拉德在他的工作中总结出来的。其主要观点是：作为一名优秀的销售人员，在完成一笔交易后，要想方设法让顾客帮助你寻找下一位顾客。

吉拉德认为，干销售这一行，很需要别人的帮助。吉拉德的很多生意都是由"猎犬"（那些会让别人到他那里买东西的顾客）帮助的结果。吉拉德的一句名言就是"买过我汽车的顾客都会帮我销售"。

作为一名真正的专业销售员，他不会卖完东西就将顾客忘掉，而是定期与顾客保持联系，顾客会定期得到他提供的服务，而且老顾客也会为他介绍更多的新顾客。

如何锁定自己的目标顾客

不少销售员认为根据手头一些资料搜寻准顾客会很省力。事实上，顾客名单、联系方式、家庭地址等只是简单的顾客信息，我们要找的绝不仅仅是这些，更多的是要明确你的顾客范围。

对顾客资料进行分析整理，确定你的顾客范围，这是成功销售的第一步。在很大程度上，这决定着我们今后的目标与方向。你的努力方向与目标的偏差越大，你获得的成功就越小。这正如一项"圈地运动"，如果你圈定的是一块贫瘠的土地，永远不可能获得丰收。

那么究竟我们该如何去锁定自己的目标顾客呢？

每个产品有特定的顾客，但潜在顾客应当具备一定的条件才值得业务员去争取，一般在研究顾客时，要考察以下几个标准。所谓准顾客，就是指可能购买的顾客。准顾客是至少具备以下三个条件的"人"：

（1）钱。这是最为重要的一点。销售员找到准顾客就要想：他有支付能力吗？他有这种购买能力吗？一个月收入只有1 000元的上班族，你向他销售一部奔驰车，尽管他很想买，但付得起吗？

（2）权力。他有决定购买的权力吗？很多销售员最后未能成交的原因就是找错了人，找的是没有决定购买权的人。小张在广告公司做广告业务，与一家啤酒公司副总经理谈了两个月广告业务，彼此都非常认同，但是总经理是他的太太。你想想看，一家公司太太当总经理，先生当副总经理，先生有权力吗？小张浪费了很多时间。有时使用者、决策者和购买者往往不是一个人，比如小孩想买玩具，他是使用者，决策者可能是妈妈，购买者可能是爸爸。你该向谁推荐？

（3）需求。要成为你的准顾客，除了购买能力和决定权之外还要看他有没有需求。刘先生刚买了一台空调，你再向他销售空调，尽管他具备购买能力即钱和决策权即权力，但他没有需求，凑不成一个"人"，自然不是你要寻找的人。

具备以上三个条件的"人"，就是我们要找的准顾客。

一般来说，对于每一个产品的不同特征，应该从以下内容分析顾客是否是业务员的目标：

年龄段。

性别。

家庭大小。

收入水平。

职业。

宗教信仰。

民族。

教育程度。

社会阶层。

地理特征。国家、省、市、地区、县、镇，人口规模，人口密度，气候。

生活方式。爱好、习惯、看电视的习惯、社会活动、运动。

性格分析。领导者还是追随者、外向还是内向、追求成就的还是满足现状的、独立的还是依附的、保守的还是自由主义方式的、传统的还是现代派、有社会责任的还是以自我为中心的。

消费者行为。使用率、寻求的好处、使用方法、使用频率、购买频率。

企业市场。企业类型（制造商、零售商、批发商、服务业）、企业规模、经营年限、财务状况、员工人数、位置、结构、销售水平、分配形式、特殊要求。

对消费群体的准确定位，是一种事半功倍的途径，也是产品销售的前提。知己知彼，百战不殆，不打无准备之仗，这些都是战争中绝好的策略。战争如此，要想赢取顾客的订单同样如此。只有我们前期经过大量的调查研究，才能准确锁定自己的顾客范围。这样才能有的放矢，销售成功。

从公司内部渠道搜寻顾客

多年以前，一个年轻人询问一个名叫豪雷斯·格瑞雷的报纸编辑，问他哪儿能寻找到机会。格瑞雷回答道："向西走，年轻人，向西走。"这一回答现在已家喻户晓。如果豪雷斯·格瑞雷是一个销售经理，那么他的回答可能会是："搜寻一下，年轻人，搜寻一下。"

搜寻在销售中的作用越来越重要。很明显，如果要进行销售，一个业务员必须能吸引潜在的顾客。但是，潜在的顾客从何处来？他们会主动送上门吗？有时候可能是这样，例如对于一个零售店的业务员而言。但是，对于保险、复印机、机器设备和大百科全书的销售人员来讲，仅靠等顾客上门则几乎什么都卖不出去。这些销售人员必须走出去，主动寻找顾客。

那顾客会出现在什么地方呢？

很多业务员都在抱怨无法找到顾客资源，殊不知资源就在你身边！

你所在的公司是最容易使用的资源，而且它肯定能为你提供帮助。销售人员应充分利用公司内部以下渠道和手段搜寻顾客。

1. 当前顾客

公司的其他部门可能正在向你不知道的一些顾客进行销售。你可以从这些部门获得顾客目录清单以及与这些顾客有关的有价值信息。这些目录清单可能包括一些你以前忽略掉的潜在顾客。由于这些顾客是你公司的老主顾，所以非常有理由相信他们会对你提供的商品或服务感兴趣。

2. 财务部门

公司的财务部门能帮你找到那些不再从公司购买产品的从前的顾客。如果你能找到他们不再购买本公司产品的原因，那么就有机会重新赢得他们。这些潜在顾客熟悉你提供的商品或服务，而且公司的财务部门对其信用有所了解。另外，公司的财务部门可能还有与这些潜在顾客签订信用合同的各种记录。这个资源对销售人员来说是非常珍贵且重要的。

3. 服务部门

公司服务部门的人员能向你提供新的潜在顾客的信息。因为他们经常与从公司购买产品并需要服务、维护或维修的顾客进行接触，因此，他们更容易识别出哪些顾客需要新的产品。专业销售员要学会鼓励服务部门的人员提供有关潜在顾客的各种信息，在得到他们帮助后，要给予他们一定的回报。

4. 公司广告

很多公司订货增加是因为它们在特定区域内寄送了大量优惠卡。人们对这些措施的反应值得我们注意——他们为什么会有这样的反应呢？通常，有这些反应的人被称为活跃的潜在顾客。

5. 展销会

每年要有成千上万个展销会：有汽车展销、旅游用品展销、家具展销、电脑展销、服装展销、家庭用品展销等，名目繁多。公司要记下每个到展销柜台的参观者的姓名、地址和其他有关信息，然后把这些信息交给销售人员，以便他们进行跟踪联系。公司一定要迅速找到并吸引这些潜在顾客，因为展销会上的其他公司同样会对这些潜在顾客感兴趣。

6. 电话和邮寄导购

很多公司寄出大量的回复卡片，或是雇人进行电话导购联系。用这些方法可以获得大量潜在顾客，而且，几乎所有的公司都可以用这些方法吸引感兴趣的潜在顾客。

从公司外部渠道搜寻顾客

除了本公司内的资源以外，在公司外还有很多资源可以用来寻找潜在顾客。选择何种方式取决于你所销售的商品或服务。

1. 其他销售人员

其他非竞争公司的销售人员经常可以提供有用的信息。他们在与自己的顾客接触时，可能会发现对你们公司的产品感兴趣的顾客。如果你与其他销售人员有"过硬"的关系，那么他们就会把这些信息通知你。所以销售员要注意培养这种关系，并在有机会时给他们提供同样的帮助。

2. 名录

目前市面上有很多带有姓名和地址的特殊目录或数据资料出售，你可以买到你需要的名录。例如，你可以买到所有幼儿园名称和地址的目录，全国所有水产养殖场的名称和地址的目录，以及所有汽车销售代理商名称和地址的目录等。很多行业协会或主管部门都有其成员或下属机构的名录。

很多商业名录将公司按照规模、地理位置和商业性质进行分类。这些名录是你寻找新的潜在顾客的一个绝好出发点。包含公司管理人员姓名和地址、工厂地址、财务数据及其相关产品的大型名录，在大型的公共图书馆或大学图书馆中都可以找到。请注意不要忽略地方出版的人名或商业的名录。像从名录手册中获取信息一样，我们现在也可以从中获取信息。使用计算机数据库非常简单，一旦你进入系统，你只要指出想要查询信息的关键字即可。

3. 社团和组织

公司的产品或服务是否只是针对某一个特定社会团体，例如：青年人、退休人员、银行家、广告商、零售商、律师或艺术家。如果是这样，那么这些人可能属于某个俱乐部或社团组织，因此，这些俱乐部在社团组织的报纸和杂志的名录将十分有用。

4. 报纸和杂志

只需留意一下报纸和杂志，就会发现许多潜在顾客的线索。报纸刊登的工厂或商店扩建的新闻对销售人员会很有帮助。在商业杂志以及其他一些杂志上，你可以找到更多的商业机会。专业杂志对于许多产品的销售人员有重要意义，销售员应了解一下本行业的杂志并从中寻找潜在顾客的线索。

在销售的过程中，一定要有心，能够敏锐地捕捉到准顾客出现的地方。只要我们善于观察、善于琢磨，准顾客出现的地方会有很多。

让老顾客给你介绍新顾客

销售员寻找准顾客，有一种巧妙而有效的方法，那就是让你的老顾客给你介绍新顾客。要想获取更多的潜在顾客，就要你能够被已有顾客认可，这样就能树立口碑，成为他人推崇的对象，让顾客愿意与你交往，为后面的成功销售铺路搭桥。

让老顾客给你介绍新顾客，一般有以下两种方式：

其一，由称心满意的顾客直接站在协助你的立场，向朋友建议你的服务品质是可以确保的。

其二，假使嫌第一种方式太过直率，顾客可以替你开路，由他从旁跟朋友说几句好话，让你与顾客至少能见个面。

譬如，顾客生日那天，你请他出来吃早餐，但是你应刻意跟他说："我们不

3 猎犬计划：让顾客像滚雪球一样壮大

谈你的保险计划。"这让他放心不少，等吃饭吃到一半，你应问他："有我这么一个人做你的保险经纪人，你是否觉得高兴？"在这样的场合下，他不会说他不称心如意的。

接下来你可以问问，他太太是否曾把她的产科医生，或小儿科医生介绍给其他的人。答案总是肯定的，话到这里就点到为止。

当你要离开时，可以对顾客这么说："有件事我不明白，你说你很高兴有我做你的保险经纪人，然后你又说你太太曾把她的医生介绍给她的朋友，可是你从未把我推荐给任何人。"

对方通常会这样回答："嘿，小张，我可能替你介绍不少人啊！"

而销售员的回答是："我不想你替我介绍一大堆人……我只要你替我介绍一个朋友就行了，你可以告诉他，你认为我是一个诚恳随和的人，你希望我们能一块吃个早餐，互相认识一下。"

你应该向你的顾客保证，你绝不会做任何破坏你们友谊或使他身陷尴尬的事。透过第三者去接近一个人比直接去接近，其场面要自然许多。

在你拿起话筒跟新的准顾客通话之前，你应确定你的老顾客已经跟他联络过了。优秀的销售员懂得，你的顾客一旦为你铺好了路，就应该马上追踪下去。打电话时有经验的优秀的销售员常这样说："王强说已经打电话跟你谈过我了，他认为我们俩人应该找机会碰碰面，我想跟你一道吃个早餐，分享一些新的观念。假使我能替你效劳的话，那自然最好不过。你反对吗？"

当你问到反对意见时，准顾客的答复几乎都说"没有"，不过假使你打电话给他们说："嘿，王强要我挂个电话给你，你能来我办公室跟我谈件事情吗？"对这样的问话他们总是说"不"。

优秀的销售员懂得让每位顾客认为他有责任帮你再介绍新顾客。一旦介绍的程序开始运作，你就不需要面对陌生的准顾客了，即使被介绍的准顾客，也很少会回过头去向原先的介绍人查证什么。这种方法会大幅改善销售成功的概率，在一定的约访数字下，敲门的次数，可以减少；会谈的次数，可以降低；成交比例可以增加，成交金额可以扩大；还有更多的新名字被介绍，可以重新开始另外的销售程序。

你可以这样说："先生，你曾说过，你把工程的大部分都包出去了，其中哪家公司转包的特别多呢？从你这里分得最多工作的那个人是谁，他可能正是我要找的那一类人，你不会介意用你的名字，来让我获得推荐，是不是？"

有时取得介绍和完成交易一样困难。它的重要性，并不亚于促成交易。

准顾客有时会说："我必须先和他谈谈详细情形。"

"李先生，这是对的，我很愿意你先跟他谈谈，不过别跟他谈得太详细，他的状况和你的状况可能不大相同。你只要告诉他，只需花一些时间，就可以获得和你一样的好处？我仅占用他半个小时而已。"

现在你获得了一张名单——也就是整个周期的第一步，下一步就要约访。此时应该尽早与被介绍人联络，被介绍人可不是好酒，不会越陈越香。他们会像条鱼，不趁新鲜时烹了，久了就坏掉，不可久藏。

和每一个人建立和谐的人际关系，不管他是不是你的顾客或是潜顾客，只要拥有了良好的人际关系，他们就是你的准顾客源。

通过转介绍开拓潜在顾客

对很多销售员来说，感到最头痛也最吃力的事情，就是开拓潜在顾客。其实事情远远没有你想象的那么困难，你现有的顾客群就可以好好利用一下。

如果留心分析一下你收集来的顾客资料，你将不难发现，在现有顾客群中，还隐藏着很多潜在顾客，存在很大的顾客市场，等待你去开拓。怎么开拓呢？通过转介绍，也就是让顾客不断帮你介绍新的顾客。这是开拓潜在顾客最为有效的方法之一，也是保证你不断获得潜在顾客的重要资源。通过转介绍，还可减少初次拜访的陌生感，同时又有介绍者的认可，更具说服力，较易赢得潜在顾客的认可，促成签单。于是，你的顾客群就像滚雪球一样，越滚越大！

第一步，让顾客认可你。

你要向顾客提出请求，并解释什么是"转介绍"。只有得到顾客的认可，顾客才会把朋友的近况及家庭情况告诉你，从而获得潜在顾客的详细资料。

具体来说，获得顾客认同要做到以下两点。

第一，要有责任感，笃守信誉，有责任心。在经营顾客时，一定要重信誉、讲信用，以实际行动赢得顾客信任，顾客才乐意做"转介绍"。

3 猎犬计划：让顾客像滚雪球一样壮大

第二，给顾客提供满意的服务。只有以真诚的服务打动顾客的心，才会获得顾客的认可，顾客才会放心地把这种服务介绍给朋友，把你推荐给朋友，自愿反馈朋友的信息。

让顾客认可你，这是很重要的一步，迈出这一步，后面的事情就好办了。但如果你遇到拒绝提供转介绍的顾客，就应该尽快找出顾客拒绝的原因，打消顾客的顾虑，解除顾客的担忧，重获认同与肯定。

第二步，获得潜在顾客的资料。

当你获得顾客的认可后，他会主动把一些潜在顾客的详细资料提供给你。你在收集这些资料时，主要应掌握潜在顾客的姓名，年龄，家庭及单位地址和电话号码，教育背景及未来计划，目前收入和将来可能的最高收入。同时还应获知潜在顾客的兴趣，掌握潜在顾客的情感与性格，为陌生拜访奠定基础。

这样，你就对潜在顾客有了大致的了解和认识，轻松掌握了潜在顾客的生活详情，这时再有计划性地为潜在顾客做准备，对症下药，整理出购买计划，将更具说服力。

第三步，准确锁定潜在顾客。

根据自己掌握的资料，认真对潜在顾客进行筛选，选择最具有可能性和最具有购买实力的潜在顾客，锁定主攻对象。锁定潜在顾客后，选择恰当的拜访时间、拜访方式、拜访话题，精心为潜在顾客设计购买计划。

虽然是陌生拜访，但由于你对顾客资料了如指掌，如吃了定心丸，介绍会更得心应手，句句说到潜在顾客的心坎上。再则是经朋友介绍来的，潜在顾客不会拒你于千里之外，更不会为难你，甚至还会产生一种亲切感、信任感。可以借助自己为以往顾客提供的服务，用事实证明自己的信誉与能力。如此双管齐下，作用更为明显，相信会事半功倍。潜在顾客也会打心里接受你的观点，成为你的顾客，最后促成签单。

猎犬计划活学活用：不断更新顾客资料

销售员在寻访新客源的时候，有如下经验值得参考。

（1）销售员要与人见面才可以得到生意，见的越多，达成交易的机会越大。

（2）结识人的时候，很渴望认识一些热情的朋友，根据经验，这是错误的。越是"热情"的人，越难达成交易。为什么顾客对你热情反而不能成交呢？因为他们心中不打算购买产品，为了补偿销售员花费在他们身上的劳动，他们只好对销售员特别友善。至于那些东挑西拣的，好像严刑逼供的顾客，因为他们心中已经付过了钱，便渴望多得些服务，这也是人之常情。

（3）每周要见20个顾客，其中新朋友的比例要占七成以上，三成是旧朋友。即认识14位新朋友，6位老朋友。任何老朋友，都是由新朋友发展而来的，做了半年以上的销售人员，自然会有很多新旧朋友的。最保险的原则是每天认识4个新朋友，向他们介绍自己销售的产品。

（4）认识朋友固然重要，但彻底切断友谊也是必要的步骤。有些朋友是不会成为潜在顾客的，长期和他们纠缠，只会浪费自己的时间。如果不是必要的话，少接触这类朋友是有益无害的。

有了这些经验，销售员就会小心地侍候那些比较挑剔的人，并欢迎他们的怀疑和质问了。

销售人员要靠卖出产品才可以赚取佣金。其中的赚钱步骤是将陌生人的名字，转成产生佣金的顾客名字；过程是投资了时间加上促成生意达成买卖的创意。如何令一个本来不需要服务的顾客产生购买的欲望呢？这便是商业上的创意。好像生人可以变成熟人一样，其中的运作过程是怎样的呢？

（1）看看陌生人是否符合资格，从他的年龄、收入以及资历方面去审查一下。

（2）尽量安排机会见面，面对面地研究，探索一下陌生人的兴趣；迅速会面，建立一定的友谊。

（3）展开销售工作，将产品系统地介绍给顾客。

（4）最幸运的是及时将产品卖了出去，满足了顾客的需求。

（5）产品卖不出去：顾客没有需求，或者暂时不想买。

（6）他是有需求的，只不过时间不合适，他日有机会再约。

经过这几个步骤之后，销售员便可以建立一个存储库，好像厂家的仓库一般。不过厂家的仓库是放货物的，销售人员的仓库是放顾客名单以及顾客资料的。销售人员的工作是不断将资料更新，尽量做到不断输入新鲜血液，剔除那些起不了

3　猎犬计划：让顾客像滚雪球一样壮大

作用的名单。

当销售员养成这个习惯，每天输入4个新名字，每天见上几个朋友，向他们介绍产品，那么，半年之后，销售员的收入肯定能达到半年前定下的目标。

 阿尔巴德定理：
销售要为顾客量身定做

定律释义：

阿尔巴德定理由匈牙利全面质量管理国际有限公司顾问波尔加·韦雷什·阿尔巴德提出。该定理指出：一个企业经营成功与否，全靠对顾客的要求了解到什么程度。看到了别人的需要，你就成功了一半；满足了别人的需求，你就成功了全部。在销售中，要想将产品成功卖出去，首要一步就是要了解顾客的需求，读懂顾客的需求，并全方位地满足顾客的需求，才能在竞争中取得优势。

销售就是满足顾客的需求

1983年，在美国奥斯汀的德州大学里，有一个十七八岁学医的大学生戴尔，他当时很喜欢电脑。

一段时间后，他决定用电脑赚钱。戴尔买来一些旧电脑，然后把电脑升级后卖给同学、教授。这种旧电脑的升级"生意"使他第一年就赚了50 000美元。戴尔感觉自己的事业要开始了，他决定休学创业。

戴尔成功的秘诀就是以顾客为导向，实行全方位覆盖顾客购买要素的生产和销售策略。顾客有什么样的需求，生产和销售人员就提供什么样的产品，对于生产商来讲，就是"以销定产"。

对顾客来说，了解、需求、相信和满意是他们购买的四个要素。当这四个要素具备的时候，就意味着顾客将会进行掏钱购买。全方位了解、掌控顾客的需求，其实就是倡导以顾客为导向的生产和销售模式。所谓以顾客为导向的生产和销售模式，就是生产和销售活动紧紧围绕着顾客采购的四个要素，而不是只按某一个要素而进行的，这样就能全方位地满足顾客的要求，在竞争中取得胜利。

顾客基本需求可以大致概括如下几项：

（1）受欢迎的需求。

（2）及时服务的需求。

（3）感觉舒适的需求。

（4）有序服务的需求。

（5）被理解的需求。

（6）被帮助的需求。

（7）受重视的需求。

（8）被称赞的需求。

（9）被识别或记住的需求。

（10）受尊重的需求。

（11）被信任的需求。

（12）安全及隐私的需求。

经营者要始终坚持搞好市场调查，树立牢固的市场观念，重视对消费心理的分析，按照用户的需要生产合适的产品，只有这样才能在激烈的市场竞争中立于不败之地。

读懂顾客的心理需求

要想挖掘顾客对商品的需求，首先应当对顾客的需求种类进行一定的了解。

每个人都有需求，没有需求的人几乎是不存在的。著名心理学家马斯洛在潜心研究的基础上，把人的需求分为以下五个等级。

1. 生理需求

生理需求是人类最原始、最基本的需求，包括饥、渴、性和其他生理机能的需求。在一切东西都没有的情况下，很可能主要的动机是生理的需求。对于一个处于极端饥饿状态的人来说，除了食物没有别的兴趣，就是做梦也会梦见食物。在这种极端的情况下，对化妆品的需求、对艺术作品的需求、对新衣服的需求、对新餐具的需求，总而言之，对一切非食品的需求统统退居第二位。

2. 安全需求

当人的生理需求得到满足时，就会出现对安全的需求。这类需求包括生活得到保障、稳定、职业安全、劳动安全、希望未来有保障，等等。

3. 爱与归属的需求

这种需求是指，人人都希望伙伴之间、同事之间关系融洽或保持友谊与忠诚，希望得到爱情，人人都希望爱别人，也渴望被人爱。

4. 尊重需求

谁都不能容忍别人伤害自己的自尊，顾客也如此。销售员要是一不留神，伤害了顾客的自尊心，那就甭想顾客给销售员好脸色，甭想销售成功。

5. 自我实现的需求

自我实现的需求即指实现个人的理想、抱负、发挥个人的能力到极限的需求。

了解顾客的上述五种需求，从而有效地唤起他们的需求，这是每一个追求成功的销售员都应该掌握的。

人的需求是无限的,是没有止境的。我们都有这样的体会:我们在购物时,总是需求时才购买它,否则,是不会掏腰包的。销售员要想把商品销售出去,所需做的一件事就是:唤起顾客对这种商品的需求。你只要搭错了车,就到不了目的地,在销售过程中,你可能只说错了一个字,就无法销售出你的产品。因而,销售员跟顾客讲的每一句话都要经过深思熟虑。

掌握顾客的消费心理

俗话说:知己知彼,百战不殆。销售员在销售过程中,充分了解顾客的购买心理,是促成生意成交的重要因素。

顾客在决定购买产品前会产生一系列复杂、微妙的心理活动,包括对产品的数量、价格等问题的一些想法及如何如何付款、订立什么样的支付条件等。顾客的心理对销售的成败有着至关重要的影响,成功的销售员都懂得对顾客的心理予以高度重视。

归纳起来,顾客的消费心理主要有以下几种。

1. 求实心理

这是顾客普遍存在的心理动机。顾客在购物时,首先要求商品必须具备实际的使用价值,讲究实用。有这种动机的顾客,在选购商品时,特别重视商品的质量效用,追求朴实大方,经久耐用,而不过分强调外形的新颖、美观、色调、线条及商品的"个性"特点,故在挑选商品时认真、仔细。

2. 求美心理

爱美之心,人皆有之。有求美心理的人,喜欢追求商品的欣赏价值和艺术价值,以中青年妇女和文艺界人士中较为多见,在经济发达国家的顾客中也较为普遍。他们在挑选商品时,特别注重商品本身的造型美、色彩美,注重商品对人体的美化作用,对环境的装饰作用,以便达到艺术欣赏和精神享受的目的。

3. 求新心理

有的顾客购买物品注重"时髦"和"奇特",好赶"潮流"。在经济条件较好的城市中的年轻男女中较为多见，在西方国家的一些顾客身上也常见。

4. 求利心理

这是一种"少花钱多办事"的心理动机，其核心是"廉价"。有求利心理的顾客，在选购商品时，往往要对同类商品之间的价格差异进行仔细地比较，他们还喜欢选购折价或处理商品。具有这种心理动机的人以经济收入较低者为多。当然，也有经济收入较高而节约成习惯的人，精打细算，尽量少花钱。有些希望从购买商品中得到较多利益的顾客，对商品的花色、质量很满意，爱不释手，但由于价格较贵，一时下不了购买的决心，便讨价还价。

5. 求名心理

这是以一种显示自己的地位和威望为主要目的的购买心理。他们多选购名牌，以此来"炫耀自己"。具有这种心理的人，普遍存在于社会的各阶层，尤其是在现代社会中，由于名牌效应的影响，吃穿住行使用名牌，不仅提高了生活质量，更是一个人社会地位的体现。

6. 仿效心理

这是一种从众式的购买动机，其核心是不落后或"胜过他人"。他们对社会风气和周围环境非常敏感，总想跟着潮流走。有这种心理的顾客，购买某种商品，往往不是由于急切的需要，而是由于为了赶上他人，超过他人，借以求得心理上的满足。

7. 偏好心理

这是一种以满足个人特殊爱好和情趣为目的的购买心理。有偏好心理动机的人，喜欢购买某一类型的商品。例如，有的人爱养花，有的人爱集邮，有的人爱摄影，有的人爱字画，等等。这种偏好性往往同某种专业、知识、生活情趣等有关。因而偏好性购买心理动机也往往比较理智，指向也比较稳定，具有经常性和持续性的特点。

8. 自尊心理

有这种心理的顾客，在购物时，既追求商品的使用价值，又追求精神方面的高雅。他们在购买之前，就希望他的购买行为受到销售员的欢迎和热情友好地接待。经常有这样的情况，有的顾客满怀希望地进商店购物，一见销售员的脸冷若冰霜，就转身而去，到别的商店去买。

9. 疑虑心理

这是一种瞻前顾后的购物心理动机，其核心是怕"上当""吃亏"。他们在购物的过程中，对商品的质量、性能、功效持怀疑态度，怕不好使用，怕上当受骗，满脑子的疑虑。因此，反复向销售员询问，仔细地检查商品，并非常关心售后服务工作，直到心中的疑虑解除后，才肯掏钱购买。

10. 安全心理

有这种心理的人，他们对欲购的物品，要求必须能确保安全，尤其像食品、药品、洗涤用品、卫生用品、电器用品和交通工具等，不能出任何问题。因此，他们非常重视食品的保鲜期，药品有无副作用，洗涤用品有无化学反应，电器用具有无漏电现象等。在销售员解说、保证后，才能放心地购买。

11. 隐秘心理

有这种心理的人，购物时不愿为他人所知，常常采取"秘密行动"。他们一旦选中某件商品，而周围无旁人观看时，便迅速成交。青年人购买和性有关的商品时常有这种情况。一些知名度很高的名人在购买高档商品时，也有类似情况。

综上所述，销售员只有充分了解顾客的心理，才能有的放矢，才能与顾客沟通得更加融洽，最后促成交易。

了解顾客的购买动机

为什么有的人愿意买昂贵、名牌的服装，而有的人即使腰缠万贯也爱淘便宜货？为什么有的人即便一字不识也要买全套精装《四库全书》？他们是出于一种什么样的心理而产生选购此类而非他类的购买动机呢？下面是对顾客购物动机的一点分析。

1. 了解顾客的购买动机

可以把购买动机分为感情动机、理智动机和惠顾动机，它们是由于人们知识、感情和意志等心理过程而引起的行为动机。

（1）感情动机。这是由于人的情绪（喜、怒、哀、乐等）和情感（道德、情操、群体、观念等）引起的购买动机。由于感情动机的引发原因不同，所以，感情动机又可分为情绪动机和情感动机两种。情绪动机是由外界环境因素的突然刺激而产生的好奇、兴奋、模仿等感情反应而激发起的购买动机。影响产生情绪动荡的外部因素有很多，如广告、展销、表演、降价等。感情动机所引发的购买欲望，多注重商品的外在质量，讲究包装精美、样式新颖、色彩艳丽，对商品价格不求便宜、而求适中或偏高。

（2）理智动机。这是对所购对象经过认真考虑，在理智的约束和控制下而产生的购买动机。它是基于对所购商品的了解、认识，经过一定比较、选择产生的。理智动机的形成有一个比较复杂的从感性到理性的心理活动过程，一般要经过喜好→激情→评价→选择这样几个阶段，从喜好到激情是属于感性认识阶段，从评价到选择是属于理性认识的阶段。同时，在理智动机驱使下的购买，比较注重商品的质量、讲求实用、可靠、价格便宜、使用方便、设计科学合理，以及效率等。例如，某制造小型汽车的工厂强调自己的产品最符合经济原则，电热水器制造商保证长期免费维修服务，或者某贸易商强调所代销的打字机经久耐用等，均出于顾客购买的理智动机考虑。

（3）惠顾动机。这是指顾客对某些企业销售商品产生信任和偏好而产生的购买动机。这种动机，也叫信任动机。在这种动机支配下，顾客重复地、习惯地向某一销售商或商店购买。顾客之所以产生这样的动机，是基于营业员礼貌周到、信誉良好、提供信用及劳务、品种繁多、品质优良、价格适当、商店地点时间便利、店面布置美观。因此每一销售商和商店的声誉或特色或均可以给予顾客一种不同的印象。其广告宣传等销售方面的应用，主要就在于使顾客对之产生良好的印象。

2. 分析顾客的购买动机

一般地说，动机是行为的动因，具体地分析，顾客购买动机对其购买行为具有下列作用。

（1）始发作用。这是引起顾客购买行为的初始动机，这种动机引导顾客购买哪一种商品，如电视机、录像机、组合音响等。动机的基本作用，就是这种激起作用。例如，要看奥运会，可能是买电视机的始发因素。

（2）选择作用。这是动机的调节功能所起的作用。因为顾客的动机是多种多样的。这些动机目标可能是一致的，也可以是矛盾的，动机的选择作用，可以

4　阿尔巴德定理：销售要为顾客量身定做

引导购买某种牌子的商品，当顾客的最强烈的动机实现后，初级动机就会自动调节出示一级动机。例如，要买冰箱，首先想到海尔。

（3）维持作用。人的行为是有连贯性的，动机的实现也往往要有一定的时间过程，在这个过程中，动机始终起着激励作用，直至行为目标实现为止。例如买冰箱，冰箱的美丽外形和多种功能对购买冰箱均具有维持作用。

（4）强化作用。动机的强化机能具有正负作用。为满足动机的结果，不断保持与强化行为动因，叫做"正强化"；反之，起着减弱和消退行为作用的，叫做"负强化"。例如，商场做活动时的冰箱大减价就是强化作用。

（5）中止作用。当动机已经实现，或是由于刺激与需要的变化，动机就会起停止行为的作用，当然，机体的动机是不会停止的，一个动机停止了，另一个动机又会继起，发起新的行为过程。例如冰箱已买到，那么就不会再有购买冰箱的冲动了，但也可能有购买洗衣机的动机了。

了解顾客的购买动机是做好销售的前提条件，销售员只有搞清顾客的购买动机，才能做到心中有数，为下一步的销售做好铺垫。

读懂不同年龄段顾客的消费心理

不同年龄段消费者因心理、生理、社会经历差异，会形成不同的消费心理及消费倾向，分析不同年龄段的消费特点及消费倾向，对销售员会有很大帮助。

1. 女性顾客的消费心理

女性顾客的消费特征主要有以下体现。

第一，购买从审美角度出发。自古以来，女性的审美观就比男性更加敏锐。年轻女性的心境支配着流行，女性不仅自己爱美，还注意恋人、丈夫、儿女和居家的形象。商品的流行大多是随女性的审美观的变化而变化的。

第二，购买前期要反复考虑。女性在购物之前一般要比男性想得多、想得全。她们想的问题方方面面，包括商品的实用性、价格、质量、品牌、售后服务等。

第三，购物时横挑竖选。女性在购物时比男性敢转、敢看、敢触、敢试、敢侃、敢买、敢退。"横挑鼻子竖挑眼，不达目的不罢休"是多数女性的心态。

第四，犹豫不决。如果上述几个过程进行得比较顺利的话，这时女性就会确定购买与否了。但有时女性顾客常常犹豫不决，她们会显得不太自信，不知自己的决定是否正确。

2. 男性顾客的消费心理

男性顾客的消费特征主要体现在以下几个方面：

第一，消费金额相对较大。相对于女性顾客，男性顾客的购买能力要强一些。从社会角度讲，在大多数组织里，男性领导的数量明显多于女性，所以在一些数额较大的消费上，一般是男性在做决定。

第二，消费理性化。对男性顾客影响最大的购物因素是自身的需求和产品的性能。

第三，消费过程比较独立。由于男性的自尊心比较强，所以他们一般不会受他人的影响。

第四，购买过程相对较快。男性顾客在购物过程中不太喜欢挑选，只需要稍加浏览，他们就会付款成交。

第五，购买后一般不会后悔。男性顾客在消费后一般不会否定自己的选择，所以要求退换货的男性顾客相对较少。

3. 青年的消费心理

青年的消费心理主要有以下几方面的体现。

第一，追求新颖与时尚。青年人思维活跃，热情奔放，富于幻想，容易接受新事物，喜欢猎奇，反映在消费心理和消费行为方面，表现为追求新颖与时尚，追求美的享受，喜欢代表潮流和富于时代精神的商品。

第二，崇尚品牌与名牌。青年人特别注重商品的品牌与档次。在他们看来，名牌是信心的基石、高贵的象征、地位的介绍信、成功的通行证，追求名牌要的就是这种感觉。因而，青年在购物时，虽然也要求产品性能好、价格要适中等，但对商品的品牌要求越来越高。

第三，突出个性与自我。青年人处于少年不成熟阶段向中年成熟阶段的过渡时期，自我意识明显增强。他们追求独立自主，力图在一举一动中都能突出自我，表现出自己独特的个性。这一心理特征表现在消费心理和消费行为方面，则是青年人消费倾向由不稳定向稳定过渡，对商品的品质要求提高，尤其要求商品有特色，上档次，有个性，而对那些一般化的、"老面孔"的商品不感兴趣。

第四，注重情感与直觉。青年人的情感丰富、强烈，同时又是不稳定的。他们虽然已有较强的思维能力、决策能力，但由于思想感情、志趣爱好等还不太稳定，波动性大，易受客观环境、社会信息的影响，容易冲动。这些反映在消费心理和消费行为方面表现在，青年人的消费行为受情感和直觉的因素影响较大，只要直觉告诉他们商品是好的，可以满足其个人需要，他们就会产生积极的情感，迅速作出购买决策，实施购买行为。

4. 老年人的消费心理

老年人的消费心理可以从他们的特定需求看出。

第一，健康需求。人到老年，常有恐老、怕病、惧死的心理，希望社会对老年人的健康能有所保证。

第二，工作需求。离退休、病休的老年人多数尚有工作能力和学习要求，骤然间离开工作岗位肯定会产生许多想法。这样的老年人如果没有工作和学习的机会，将会影响他们的身心健康。

第三，依存需求。人到老年，会感到孤独，希望得到社会的关心、单位的照顾、子女的孝顺、朋友的往来、老伴的体贴，使他们感到老有所依、老有所靠。

第四，和睦需求。老年人都希望有个和睦的家庭和融洽的环境。不管家庭经济条件如何，只要年轻人尊敬、孝顺老人，家庭和睦，邻里关系融洽，互敬互爱，互帮互助，老年人就会感到温暖和幸福。

第五，安静需求。老年人一般都喜欢安静，怕吵怕乱。有时老年人就怕过星期天，因为这一天儿孙都来了，乱哄哄的一整天，很多老年人是受不了的，他们把这天称作"苦恼的星期天。"

第六，支配需求。由于进入老年，社会经济地位的变化，老年人的家庭地位、支配权都可能受到影响，这也能造成老年人的苦恼。

第七，尊敬需求。原来有地位的老年人离开工作岗位后，经历由官到民、由有权到无权的过程，会产生"人走茶凉""官去命转"的悲观情绪。有些老人遇朋友就叹息，甚至不愿出门，不愿到单位去，不愿参加社会活动。长此下去，则会引起精神抑郁和消沉，为疾病播下种子。

第八，坦诚需求。老年人容易多疑、多忧、多虑，求稳怕乱，爱唠叨。他们喜欢别人征求他们的意见，愿出谋献计。我们对老年人这些心理特点，要以诚相待，说话切忌转弯抹角。

销售与顾客需求要一一对应

合适的总是最好的，为了让顾客感到最大限度地满足，销售员的任务就是为顾客的需求与产品之间建立一个完美的配对。

Harry 是一位五金店的销售员，他知道下列资料对于他的顾客是何等重要。

顾客："我需要这些油漆，每种颜色各要两桶。"

Harry："我可以立刻替你把它们调好，你想要些什么固色剂呢？"

顾客："我不知道，有什么可供选择？"

Harry："有好几个的，首先请你告诉我，你要将油漆刷些什么东西，然后我们就从那儿着手。"

顾客："这个黄色是厨房用，而蓝色是客厅用。"

Harry："我建议厨房用带半光泽的油漆，因为它能形成硬一点的漆面，让你在清洗炉具及其他被溅污的地方时更加容易。至于客厅方面，是普通的家用起居室，还是正统一点用作招呼客人的？"

顾客："客人用的，我们另有一间自己的起居室。"

Harry："那么，我会建议你用浅薄的漆油，因为看起来感觉较柔和。虽然不可以时常清洗，但对于你的客厅来说，应该不是什么问题。"

顾客："好吧！就替我把这些油漆调好。当我有机会翻新浴室的时候，或者你可以再提供给我一些意见。"

利用适当的问题，你可以轻易地将你要销售的产品和服务与顾客的需求互相配对。

Zoey 是一间书店的销售员，她知道若要清楚顾客的需求，唯一的途径就是直接向他们提问。

Zoey："你今天想为自己买书，还是想选购礼物送给别人呢？"

顾客："我正想买一份礼物送给妈妈。"

4 阿尔巴德定理：销售要为顾客量身定做

Zoey："你妈妈对历史或文艺有兴趣吗，她可有什么爱好？"

顾客："喔，她算是一位电影迷，但是，我相信她已经有很多这方面的书籍了。我猜妈妈热衷的其他东西就是她的孙儿和烹饪。"

Zoey："一本新的烹饪书怎么样？"

顾客："我不知道……她正在减肥。"

Zoey："我有个主意，有本刚出版的烹饪书收集了电影明星和其他名人所提供的低脂肪食谱和保健方法。你妈妈可以一方面尝尝新食谱，另一方面保持她的减肥计划，同时也可以认识多一些她有兴趣的人物。这本就是……"

顾客："好主意！她会喜欢那些图片的。你们有礼品包装服务吗？"

这位销售员最终能够在特性和好处间找出完美配合，全因她聆听了顾客的需求。

如果顾客知道自己想要寻找一样具有某些特性的产品，像品牌、价格、颜色，等等，销售员要找出符合他需求的物品就会较容易。不过，当顾客并不清楚他想要什么的时候，你就要把握这个机会，将产品的特性和好处，和他的需要作出配对。

某些对一位顾客十分重要的产品特性和好处，可能对另一个人而言却无关痛痒。例如，一块耐用、防锈的桌面对于一个有小孩的家庭，是一项重要的家具特性；但对另一个没有小孩的家庭来说，那种特性意义却不大。所以，运用开放式提问去找出顾客所需，就成为你工作的一个重要环节。当顾客向你说明他的需求时，你就要即时想想有什么产品的特性可以与那些要求互相配合，不要浪费时间跟顾客讨论一些对他毫不重要的事情。

利用"谁""什么""哪儿""何时""怎么样"或"为什么"来提问顾客，这样他们给你的响应就会比纯粹回答"是"或"否"提供更多的资料。

如果你能够提供可以协助顾客作出最佳选择的资料，他们将会感激你。举个例子，顾客未必知道不同的油漆（特性）会带来不同的效果（好处）。

阿尔巴德定理活学活用：发掘顾客需求

只要搭错了车，你就到不了目的地。在销售过程中，可能只讲错了一个字，你就无法销售出你的产品。因而，你跟顾客讲的每一句话都要经过深思熟虑。下面是世界销售训练大师在课堂上提出的，发掘顾客需求、塑造产品价值的19个要点：

（1）找到顾客的问题或痛苦。

（2）加重对方不购买的痛苦。

（3）提出解决方案。

（4）提出解决问题的资历。

（5）列出产品对顾客的所有好处。

（6）解释你的产品为什么是最好的？

（7）考虑一下我们是否可以送一些赠品。

（8）我们有没有办法限时、限量供应产品？

（9）提供顾客见证。

（10）做一个价格的比较，解释为什么会物超所值。

（11）列出顾客不买的所有理由。

（12）了解顾客希望得到什么结果。

（13）要塑造顾客对该产品的渴望度。

（14）解释顾客应该购买你的产品的5个理由，然后写出证明。

（15）顾客买你的产品的好处和坏处的分析。

（16）你跟竞争对手有哪些不一样的地方，要做比较。

（17）顾客对该产品产生问题或疑问时的分析。

（18）解释你的产品为什么这么贵。

（19）列出顾客今天就要购买你的产品的理由。

作为销售员一定要学会投其所好，尽量满足顾客的需求。从现在开始，牢记世界销售训练大师在课堂上提出的在行销时塑造产品价值的19个要点吧！

5 赫克金法则：
销售员首先要做一个好人

定律释义：

赫克金法则源于美国销售专家L·赫克金的一句名言："要当一名好的销售员，首先要做一个好人。"这就是赫克金所强调的销售中的诚信法则。

美国的一项调查表明，优秀销售人员的业绩是普通销售人员业绩的300倍。资料显示，销售人员优秀与否与长相无关，也与年龄大小无涉，和性格内向或是外向无关。那么，究竟什么样的人才能成为优秀销售人员呢？

诚信做人，诚信销售，是销售的第一大原则。

销售员的生涯是从诚信开始的

诚实守信,以诚相待,是所有销售学上最有效、最高明、最实际也是最长久的方法。林肯说:一个人可能在所有的时间欺骗某些人,也可能在某些时间欺骗所有的人,但不可能在所有的时间欺骗所有的人。对于销售员来说道理也同样如此。在一个信息传播日益迅速的市场环境下,销售员的小手段、小聪明是很容易被看破的,即便偶尔取得成功,这种成功也是相当短暂的。对于销售员来说要想赢得顾客,诚信才是永久的、实在的办法。

市场经济发展了200多年,在西方国家涌现出不少优秀的销售员,他们是销售界的英雄。审视他们的成功因素,会发现有很多不同,有的性格乖张,有的性格开放;有的靠强大的社会活动圈,有的靠名人的推荐,等等。但是,在他们的销售素质中,我们不难发现一个很简单的事实,他们都是讲求诚信的人。他们通过诚实获得了人们的信任和信赖。

一个销售员开始他的销售生涯需要最基本素质就是诚信。如果一个销售员成天想着如何欺骗他的顾客或者如何欺骗他所服务的企业,他怎么可能赢得顾客和企业的信任,怎么可能赢得良好的口碑宣传。而对于一个销售员来说,如果没有良好的口碑宣传,就很难在自己服务的领域中有很好的建树。

对一个销售员来说,成交固然重要,它是销售员进行销售活动的直接目的,但并不是唯一目的。销售员进行销售活动的基本目的还是建立个人的诚信体系,以此来获得更多的经济效益。

销售员的诚信主要包括以下三个方面的内容:

首先是对产品的诚信。一个销售员必须熟悉自己的产品,并且相信它,相信自己的产品能够给顾客带来利益,相信自己所进行的销售能给顾客带来利益。这样销售员才能够有强大的精神动力去完成他的销售事业。

其次是对企业的诚信。销售员所进行的销售事业并不仅仅是个人的事业,在销售员的身后有个强大的企业支撑体系。企业的运作需要众多销售员的努力。销售员对企业诚信就要求销售员为企业利益着想,不能诋毁企业,注重个人的言行举止,时刻维护企业的形象。

再次是对顾客的诚信。对顾客的诚信是销售员应该具有的最基本的素质之一。销售事业就是销售员和顾客的沟通过程,通过和顾客的沟通,使顾客对自己产生信任,进而购买产品甚至帮助销售员宣传产品。对顾客的诚信主要在于不能用低劣产品来欺骗顾客,不能恣意夸大产品的性能,等等。

销售从诚信开始,这种观点已经为广大成功的企业和销售员所接受。尤其是在我国现今市场经济发展还不完善的阶段,诚信的缺失使得诚信成为最为稀缺的资源,因此拥有良好诚信口碑的销售员和企业能够迅速脱颖而出。

一个人可能在所有的时间欺骗某些人,也可能在某些时间欺骗所有的人,但不可能在所有的时间欺骗所有的人。一个销售员开始他的销售生涯的最基本素质就是诚信。首先是对产品的诚信,其次是对企业的诚信,最后是对顾客的诚信。

先做信誉,后卖产品

美国的一项销售员的调查表明,优秀销售员的业绩是普通销售员业绩的300倍的真正原因与长相无关,也与年龄大小无关,和性格是否内向外向也无关。所以,真实的原因是,真正高超的销售技巧是如何做人,如何做一个诚信之人。

"小企业做事,大企业做人。"讲的也是同样一个道理,要想真正地使大部分顾客接受你,做个诚信之人,做个守信之人才是成功的根本。

在销售当中,守信乃销售之生命,如果失去了信用,也许一笔大买卖就会泡汤。

信用有小信用和大信用,大信用固然重要,却是由许多小信用累积而成的。有时候,守了一辈子信用,只因失去一个小信用而使唾手可得的生意泡汤,好比柱子被白蚁蛀坏而使整个房子倒塌一样。销售高手们是最讲信用的,有一说一、实事求是、言必行、行必果,对顾客以信用为先,以品行为本,使顾客信赖,使用户放心地同你做交易。

产品不是万能的,任何产品都有它起作用的范围和无法起作用的范围。这是一个基本常识。但是,在某些销售员看来,他们的产品就是万能的,他们向顾客介绍产品时,恣意夸大产品的性能。我们来看下面一个场景。

"我们的机器既省电又省油,而且绝对没有噪音。"

"好像别家的机器也省电省油,也保证没有噪音。"

"我们的机器特别省电省油,它几乎就不用电,不用油。"

"莫非你们的机器是永动机?"

"永动机还要占很大空间呢!我们机器不占多少空间。"

这样的对话只能当做是销售员之间在开玩笑,而不能当做是销售员在向顾客进行销售,对产品的介绍已经相当离谱了,纯粹是欺骗行为。但是,在现实中确实存在着销售员向顾客如此销售的情况,这样的销售员或许一两次获得成功,然而时间一长,终会被顾客识破,顾客再也不会与你打交道,你的销售也就很难做下去了。

对于销售员来说,最核心的一句话就是:先做信誉,后卖产品。作为一个优秀的销售员,在商品经济愈加完善的今天,必须具有很强的职业道德规范意识,它不但是企业形象的制约因素,也是销售员自我管理中应特别注意的事。

诚信销售,不做一锤子买卖

对很多销售员来说,诚信销售只是挂在墙上的一个口号,实际工作中他们更相信"忽悠"的力量。不管怎样先把顾客说得晕头涨脑,让顾客掏了钱再说,至于购买时的承诺、商品是否适合顾客等完全不在他们的考虑之中。商家有句话叫做:只有一次生意往来的顾客,不是真正的顾客,真正的顾客是时常有生意往来的顾客,一家店铺销售额的 70% 以上是来自老顾客或者是老顾客的介绍。因此,当你"忽悠"一个个顾客购买自己的商品时,其实也是在不断将顾客推出门。

如果产品或服务是有缺陷的,销售员应该让顾客意识到这一点。当然不同的顾客选择产品或服务的标准不同。在销售员有点为难时,就算是通过旁敲侧击或其他手法,也应当把实际情况告知顾客。这样作为产品或服务的代言人或传播者,销售员是负责任的,对顾客来讲是可信的。靠忽悠得到的,绝不是顾客的忠诚或认同,也不会是顾客的喜悦与满意。顾客回过神来会憎恨你的。这样销售员也好,公司的产品或服务也好,必然会因此而遭受打击。

5 赫克金法则：销售员首先要做一个好人

销售必须建立在诚信的基础之上。诚信是一种做人的品德，"德者，才之主也"，如果做生意不讲诚信，等于有才无德，这样的销售员技巧再高明，也难成大器。诚信要求销售员能够自圆其说，但不能有明显的欺瞒，不切实际的承诺。否则一旦消费者发现与事实不符，可能会造成退货或其他不好的影响。

一些销售员可能会想，不忽悠怎么卖货，何况回来找的只是个别顾客，大多数人也就都认了。这种想法大错特错，表面上看，顾客埋了单，销售员和商家没吃亏。但真的是这样吗？销售员蒙骗顾客，无异于搬起石头砸自己的脚，因为顾客在你这里吃亏上当就这一次。在商业竞争几近白热化的今天，你忽悠了顾客，在顾客心目中就等于给自己的招牌抹了黑。"东方不亮西方亮"，你这里忽悠了顾客，也等于自己把顾客向竞争对手那边推了一把。商业竞争犹如一架天平，竞争对手那边的顾客多了，竞争的砝码就重了，忽悠顾客的销售员日子还能好过吗？

销售员在营业及销售活动中，应以严谨务实的态度和认真负责的精神对待顾客。真诚地介绍产品、服务顾客，不允许对产品的性能作夸大、失实或引人误解的虚假宣传。要知道，销售员进行销售活动的根本，在于通过销售活动建立起个人的诚信体系，培育与顾客之间良好的互信关系，以此获得持久稳定的经济效益。

因此，销售成交固然重要，达成成交的方式也非常重要。只有用心经营，诚信销售，才能避免"一锤子买卖"，建立起忠实的顾客群体。

不要让小事毁了你的信誉

牢固的关系是建立在互信的基础上的，而互信关系的建立是通过日常的各种行为表现逐渐积累的。要赢得顾客的信赖，就必须表现出值得信赖的行为。

有很多销售员只注意自己是否很值得顾客信赖，而忽略了自己的言行，他们认为自己偶尔的失约不会有太大影响，毕竟自己的心是坦诚的、值得信赖的。然而，往往顾客在心中对你产生信任感，就是因为靠着每件事情的兑现而点点滴滴建立起来的，而不是看你的人品才信任你，只有他们发现你的言行都值得信赖，他们才去逐渐关注你这个人的人品。

所以，销售员千万不要把依约行事视为苦差事，而是要靠这种职业精神来建立自己的可信度,并因为言行一致获得顾客的肯定。比如,你告诉顾客9点钟打电话,就必须在这个时间打,而不是8点50分或者9点过两分打,这些都会在顾客心中产生是否值得信赖的印象。

也许有的销售员会认为,你这样做,看上去有些小题大做,这样想就错了,你的行为是表示对顾客的尊重,而不是用谄媚的语言迎合顾客,要在顾客面前表现出自己的自信。并且,你要向顾客证明,无论大小事他都可以100%地信赖你,如果你养成信守承诺的美德,以及做的比说的多的美德,并成功地向顾客传达了这样的信息,久而久之,你会赢得越来越多的顾客的信赖和订单的。

还有些销售员为了取得暂时的优势,有时候会跟顾客耍些小花招,而这样做其实对其实现工作的主要目标并没有任何好处,只有负面影响。

有很多销售员认为那些"芝麻小事"对自己的可信度无足轻重,其实,如果这样想,你就大错特错了。在你和顾客之间发展关系的过程中,顾客就是靠着这些"芝麻小事"来观察你的,而此时你能和他建立信赖度的唯一途径,就是在这些"芝麻小事"上保证自己的言行值得顾客绝对信赖。否则,你就会失去顾客的信赖。所以,虽是些芝麻小事,但千万不能掉以轻心。

总之,不论是你如约到达,还是你真诚服务,只要你能认真做好这些芝麻小事,你将成为百万人中的顶尖销售员。

赫克金法则活学活用:不开空头支票

信守承诺也就是讲信用。人离不开交往,交往离不开信用,"小信成则大信也",无论是治国持家还是做生意,讲信用必不可少。一个讲信用的人,能够前后一致,言行一致,表里如一,人们可以根据他的言论去判断他的行为,进行正常的交往。你无法对一个不讲信用、前后矛盾、言行不一的人判断他的行为动向。对于这种人,是无法进行正常交往的。守信是取信于人的第一方法。

作为一个销售员还有一点很关键——不要轻易许诺。如果你的计算机系统需要3个月才能安装完毕,那你就不要仅仅为了拿到订单而谎称4个星期就够了。这种无法兑现的承诺常常会搅得你坐立不安,所以最好对顾客实话实说。

5 赫克金法则：销售员首先要做一个好人

成熟的销售人员会告诉顾客，因为没有存货，他要的车可能晚一些时候才能到，之所以这样做，是因为他知道大多数人都有小孩子心理。当你对孩子说圣诞节不得不推迟几天时，他愿意耐心等候。同样，当顾客要的车比销售人员许诺的日子提前到达的时候，在顾客的眼里，你就成了可敬的英雄——最重要的是，顾客们相信销售人员说话算数。

销售人员常常通过向顾客许诺来打消顾客的顾虑。如许诺承担质量风险，保证商品优质，保证赔偿顾客的损失；答应在购买时间、数量、价格、交货期、服务等方面给顾客提供优惠。销售人员在不妨碍销售工作的前提下，不要做过多的承诺，同时要考虑自己的诺言是否符合公司的方针政策，不能开空头支票。销售人员一旦许下诺言，就要不折不扣地实现诺言。为了赢得交易的成功而胡乱许诺，其结果必定是失去顾客信赖。

信守承诺，讲究信誉，是一个人应当拥有的基本素质之一。应诺的人，守信、守时，执著于信誉甚于一时之功利。应诺的方式随人的精神、修养品位而异，可以是常规的、一般的信守协议、合同或"君子协定"之类，也可以是十分巧妙的其他应诺方式。

6 首因效应：
好形象是销售员的第一张名片

定律释义：

首因效应是指人们根据最初获得的信息所形成的印象不易改变，甚至会左右对后来获得的新信息的解释。在现实生活中，首因效应作用下形成的第一印象常常左右着我们对他人的日后看法。因为第一印象一旦形成，就不容易改变。初次印象是长期交往的基础，是取信于人的出发点。

一个人的外在形象反映出他特有的内涵。倘若别人不信任你的外表，你就无法成功地销售自己。第一印象非常重要，顾客对你的第一印象是依据外表——你的眼神、面部表情等，销售员一定要注意保持一种良好的第一印象，因为你不可能再有第二次机会了。

佛要金装，人要衣装

中国有一句谚语："佛要金装，人要衣装。"每一天无论在工作或私人场合，我们总有机会接触到不少人，这些人或多或少对我们的生活都会产生一些影响，因此我们留给别人的印象是很重要的。

千万不要忽略了外表的重要性。花一点时间来装扮你的外表，让自己看起来神气清新，精神饱满，是你对自己应有的投资。

"你不可能仅仅因为打对了一条领带而获得某个职位，但你肯定会因戴错了领带而失去了一个职位。"这句话很朴实，也很经典。

如果你连自己的形象都不在乎，你就别想让别人在乎你。仪表得体、举止优雅是对你自己的尊重，也是对别人的尊重。身为企业的一员，你的形象就是公司的形象，千万别让公司的形象毁在你身上。

如果汽车交易商准备卖一辆旧汽车的话，他会怎样做呢？首先，他把车送到车间里，将表面的擦痕都磨光，并重新喷漆。然后，再将车内装饰一新，换上新轮胎，调整好发动机，总之，使旧车重新焕发光彩。为什么要这样做呢？因为汽车交易商知道外表鲜亮的汽车一定能卖个好价钱——比其原值要高出几千元。这与你做销售工作是一样的。要记住仪表不凡和风度翩翩将使你在顾客的眼中身价倍增，从而为你的成功打下基础。

当别人注视你时，他们将看到什么呢，请站到镜子前面看一下，你所见到的也恰是你的顾客所见到的。要保证你自己能够对这个"镜中人"满意，如果你都不喜欢"他"，那可别指望你的顾客能够感兴趣。

人都是先看外表的，外在形象关系到我们留给别人的第一印象。作为一名销售员，如果你的仪表过不了关，那么顾客就已经对你和你要销售的产品失去了兴趣：这么差劲的销售员，能拿得出什么好东西？因此，销售高手都十分注意自己的外表，以期直接迅速地给顾客留下最好的印象。但也有一些人却总是忽视这一点。

一个炎热的下午，一位销售钢材的专业销售员走进了一家制造公司的总经理办公室。这个销售员身上穿着一件有泥点的衬衫和一条皱巴巴的裤子。他嘴角叼着雪茄，含糊不清地说："早上好，先生，我代表森筑钢铁公司。"

"你也早上好！你代表什么？"这位总经理问，"你代表森筑公司，听着，年轻人，我认识森筑公司的高层领导，你没有代表他们——你的形象和外貌代表不了他们。"

很明显这是一个失败的销售员！

展示形象魅力，成就卓越销售

如何塑造良好形象，如何将形象定位在最有利的位置，发挥应有的魅力，并进一步扩大影响力，以成就一番事业，这十分值得每个销售员深究。

人的第一印象是最不容易磨灭的。外表凶恶的人谁也不喜欢，没有自信的人总是让人觉得缩头缩脑。有些人能很容易博得别人的好感，就是因为外表给人留下好的印象。作为一个上班族，每天早上一定要站在镜子前看看自己的脸是显得精力充沛的，还是一副宿醉未醒的样子！如果早上起来就一副没精打采的样子，那最好先振作精神再出门。尽量找机会利用镜子审视自己的脸，尤其是在竞争激烈的环境中，更要随时保持清醒的状态。

你想让自己良好的印象跃升为卓越的形象，最起码要有下列五项特质：①建立能做事、会做事、敢做事的能力形象；②待人诚实互信，给人信赖、安全的感觉；③善于沟通，表达清楚，使人感到亲切、温和；④用做事的干劲、对人的热忱而积极地引人注意；⑤与人相处过程中，能凸显爽直、愉悦的明朗个性。

良好的仪表对你来说也很重要：良好的仪表会让你整个人看起来协调和谐，确实能增进顾客对你的信任。

良好的姿势使你显得更年轻、热情而有活力，良好的姿势会使音质优美。因为空气能完全不受限制地进出肺部，使你讲话的声音洪亮、和谐，因而更有力量。

不良姿势使你显得懦弱、温吞而无力。有许多人穿上挺括的西装，打着高级的领带，但仍让人看起来是无能的人。问题不在于你穿戴什么，而在于你的姿势。

有人曾说，凭借一个人的脚步声就可大体判断出他的性格属于哪一种类型：

是坚强还是软弱,是外向还是内向;是稳重还是轻浮?不仅如此,通过观察他走路的姿态,可进一步加深对其性格的了解。每个人每天都要走路,他的性格、特征就会不知不觉地在他的步履中表现出来。所以,是积极还是消极地对待人生,只要看他走路的姿势就可知其大概了。

如果你很消沉,那就要抬起头,挺起胸,一步一步脚踏实地向前走,久而久之就会成为一种习惯。一旦这种形态进入你的潜意识,便会产生勇气。如果你能习惯这种走路方式,就能排除外来干扰,从而信心十足地迈向成功之路。

塑造处处受欢迎的仪表形象

日本销售员界流行一句话:若要成为第一流的销售员,就应先从仪表修饰做起。而美国最优秀的销售大师法兰克·贝格也曾说过,外表的魅力可以让你处处受欢迎,不修边幅的销售员给人留下第一印象时就失去了主动。

一位销售员刚刚进入销售行业时,他的着装打扮十分不得体,为此公司的一位顶尖销售员对他说:"老兄,头发太长了,一点也不像个销售员,该理发了,每周都要去理一次,那样看上去才会有精神,领带也没有系好,衣服的颜色搭配得太不协调了,真该找个人好好请教一番了。"并且他告诉这位新手,只有穿着打扮得体,才会更容易赢得别人的信任,更容易达成交易。

这位销售员觉得他讲得很有道理,听从了他的建议,每周去理一次头发,并且他还专门去向别人请教如何打领带、如何搭配衣服。这些虽然花掉了他许多钱,但是他的投资马上就赚回来了。

虽然着装打扮不是万能的,但装扮不得体是万万不行的。这话确实很有道理。如果你的穿着得体,信心自然会大增。

在生活中,一些销售员常辩解说,天天都在外面跑,哪有时间换干净的衣服。销售工作虽然是一个回报丰厚的工作,但确实也是非常艰苦。尽管如此,一个聪明的销售员,也应该知道,外表是他的第一张牌。因为,穿着打扮不同,给人留下的印象也会不同,而对于销售员,人们往往是以貌取人的。

再好的商品,如果被穿着邋遢的销售员拿着,商品的品质也会随之受到质疑。

因此，销售员只要有这样不合格的打扮，首先就会失去与他人竞争的入门机会，更不用说销售产品了。因此，请在衣着打扮上多花点时间、多花点金钱，这样做你绝对不会吃亏。

作为一名合格的销售员，任何时候都不能疏忽了自己的仪表。一定要尽己所能给顾客留下良好的第一印象，只有在顾客接受了你的情况下，他才会考虑接受你的商品。

销售员整理服装的8大要领

作为一个销售员，你要直接和形形色色的顾客打交道。第一印象的重要性是毋庸置疑的：在开头的两分钟，你的顾客已经通过观察，决定了是否留下来听你把你的产品介绍完，甚至你可能还没有开口的机会。那么你应该如何留下良好的第一印象呢？

销售员在对自己的形象进行修饰的时候要掌握以下8个要领：

（1）与你年龄相近的稳健型人物，他们的服装可作为你学习的标准。

（2）你的服装必须与时间、地点等因素符合，自然而大方。还得与你的身材、肤色相搭配。

（3）衣着穿得太年轻的话，容易招致对方的怀疑与轻视。

（4）流行的服装最好不要穿。

（5）如果一定要赶流行，也只能选择较朴实无华的。

（6）要使你的身材与服装的质料、色泽保持均衡状态。

（7）太宽或太紧的服装均不宜，大小应合身。

（8）不要让服装遮掩了你的优秀素养。

除了外表与服装之外，一些不良习惯也会严重影响你的形象，比如有的人会咬嘴唇、弹手指、晃双腿、摇肩膀等，这些不雅的动作会让初次相见的人感觉厌恶。

倘若你有这样的习惯，你必须马上改掉它，因为这样的坏毛病是阻碍你成功的绊脚石。而你这种强迫自己改变习惯的行动就是一种强劲的感化力，面对顾客，如果你不具备这种强烈的吸引人、感化人的魅力，要想说服他们是不可能的。因

6 首因效应：好形象是销售员的第一张名片

为良好的形象是你重要的一张名片，失去它，你就有可能失去即将抓住的机遇。

展现职业销售员的专业形象

销售员和顾客第一次见面时，如何给顾客留下良好的印象是至关重要的。良好的第一印象会使顾客对销售员心怀好感且久久难忘，这对沟通销售员与顾客的感情大有好处；反之，坏的印象则很难改变。销售员只有一次给顾客留下好的印象的机会，因此千万要把握好这个机会。

对销售员来说，正确的立正姿势很重要，一方面，是由于立正姿势给人感觉上的影响；另一方面，立正还是行礼、打招呼的基础，不能正确地立正，打招呼时自然不能给人以良好的第一印象。

立正的一般要求是挺拔、端正，同时还应给人以放松、自然、宁静的感觉，不能让人觉得太过僵硬。

常见的立正时的毛病有许多，比如，双手交叉放在背后或者握拳放在体侧，双脚平行分立或者前后交叉等，这些都是应该避免的。

还有，就是立正时下巴轻轻回收，但有些人往往收回过多，给人以过于紧张用力、太过紧缩的感觉，这也是错误的。那么，下巴的收回应该以什么作为标准呢？一般说来，能使眼睛自然平视是正确的尺度。

下面是正确的立正姿势的各项要求，请各位对照自己的动作逐条进行检查，并注意练习、纠正，只有这样才能够随时自然地作出规范的立正姿势。要求：视线保持水平；轻轻地紧缩下巴；伸直背部；扣住第一个纽扣；手指要伸直，而中指要贴紧裤缝；膝盖要并拢；脚跟靠拢；把重心放在脚尖，而将脚跟稍微提起；两脚尖呈 45°~60° 角。

此外要塑造良好的形象，必须讲究礼貌礼节，为此，你就必须注意自己的行为举止。举止得体是心诚的表现，一个人的外在举止行动可直接表明他的态度。

要做到彬彬有礼，落落大方，遵守一般的进退礼节，尽量避免各种不礼貌、不文明的习惯。

到顾客办公室或家中访问时，应注意：进门之前先按门铃或轻轻敲门，然后站在门口等候；按门铃或敲门的时间不要过长，无人或未经主人允许，不要擅自进入室内。

在顾客面前，应注意以下几点。

（1）当看见顾客时，应该点头微笑致礼，如无事先预约应先向顾客表示歉意，然后再说明来意，同时要主动向在场的人都表示问候或点头示意。

（2）在顾客家中，未经邀请，不能参观住房，即使较为熟悉的，也不要任意抚摸和玩弄顾客桌上的东西，更不能玩顾客的名片，不要触动室内的书籍、花草及其他陈设物品。

（3）在别人（主人）未坐定之前，不宜先坐下，坐姿要端正，身体微往前倾，不要跷起"二郎腿。"

（4）要用积极的态度和温和的语气与顾客谈话。当顾客讲话时，要认真听，回答时，以"是"为先，眼睛看着对方，不断注意对方的神情。

（5）站立时，上身要稳定，双手安放两侧，不要背手，也不要双手抱在胸前，身体不要侧歪在一边。当主人起身或离席时，应同时起立示意，当与顾客初次见面或告辞时，要不卑不亢，不慌不忙，举止得体，有礼有节。

（6）要养成良好的习惯，克服各种不雅举止。不要当着顾客的面，擤鼻涕、掏耳朵、剔牙齿、修指甲、打哈欠、咳嗽、打喷嚏，实在忍不住时，要用手帕捂住口鼻，面朝一旁，尽量不要发出过大声响，不要乱丢果皮纸屑等。这虽然是一些细节，但它们组合起来就构成了顾客对你的总印象。

需要说明一点：人前化妆是男士们最讨厌的女性习惯。女性销售员要把握分寸，不能太过分，需要化妆时，请到化妆室或盥洗室进行，不要在人前修容，同样，在人前整理头发、衣服，照镜子等行为也应该尽量避免。

除此之外，还应特别注意自己的举止谈吐，销售员要落落大方，谈吐得体。虽然没有一个统一的模式供销售员使用，但有一些问题，必须引起销售员的注意。比如说话速度太快、吐字不清、语言粗俗；声音粗哑、有气无力、说话不冷不热；批评、挖苦、吹牛、撒谎；油腔滑调、沉默寡言；太随便、与顾客勾肩搭背、死皮赖脸、死磨活缠；挖耳搔头、耸肩、吐舌、咬指甲、舔嘴唇、脚不住地抖动；不停地看表、皮笑肉不笑；东张西望、慌慌张张等。

一个人的外在形象，反映出他特有的内涵。倘若别人不信任你的外表，你就

6 首因效应：好形象是销售员的第一张名片

无法成功地销售自己。所以，销售员在与顾客初次见面时，要给顾客留下良好的第一印象，展现自己的专业形象。

 **首因效应活学活用：原一平整理外表9原则**

日本销售大师原一平曾访问美国大都会保险公司，该公司副总经理曾问他："您认为访问顾客之前，最重要的工作是什么？"

"在访问准顾客之前，最重要的工作是照镜子。"

"照镜子？"

"是的，你面对镜子与面对准顾客的道理是相同的。在镜子的反映中，你会发现自己的表情与姿势；而从准顾客的反应中，你也会发现自己的表情与姿势。"

"我从未听过这种观念，愿闻其详。"

"我把它称之为镜子原理。当你站在镜子前面，镜子会把映现的形象全部还原给你；当你站在准顾客前面，准顾客也会把映现的形象全部还给你。当你的内心希望准顾客有某种反应时，你把这种希望反映在如同镜子的准顾客身上，然后促使这一希望回到你本身。为了达到这一目标，必须把自己磨炼得无懈可击。"

注重自己的仪表，尽量让自己容光焕发精神抖擞，尤其要给顾客留下良好的第一印象，千万不要为了追求时尚而穿着奇装异服，那样只能使你的销售走向失败。只有穿戴整洁或者与你职业相称的服饰，才能给顾客留下良好的、深刻的印象。

原一平根据自己50年的销售经验，总结出了"整理外表的9个原则"：

（1）外表决定了别人对你的第一印象。

（2）外表会显现出你的个性。

（3）整理外表的目的就是让对方看出你是哪一类型的人。

（4）对方会根据你的外表决定是否与你交往。

（5）外表就是你的魅力表征。

（6）站姿、走姿、坐姿是否正确，决定你让人看起来顺不顺眼。不论何种姿势，基本要领是脊椎挺直。

（7）走路时，脚尖要伸直，不可往上翘。

（8）小腹往后收，看来有精神。

（9）好好整理你的外表，会使你的优点更突出。

销售高手都十分注意自己的外表，以期直接迅速地给顾客留下最好的印象。销售员应当像原一平那样，注重自己的外表，要尽可能地展现自己应有的魅力，进一步扩大影响力，以成就一番事业。

 措辞得体准则：
话说对了，生意就成了

定律释义：

销售员的武器是语言，工欲善其事，必先利其器。一个销售员如果没有良好的语言功底，是不可能取得销售的成绩的。

好口才是销售人员走向成功的关键和有力保证。对于销售人员来说，要想赢得顾客的喜欢，被顾客接纳，就必须具备一定的交谈能力与说话艺术，只有这样，才能打开与顾客沟通的大门，彼此的心灵才能产生共鸣，并为双方的交易关系搭起一座桥梁。

好口才是销售员的必备技能

在这个万象杂陈的社会中,作为销售人员,最基本的日常工作就是要经常面对着形形色色的顾客,并时刻准备去应对各种各样的突发事件。不论是与顾客的接触,还是对突发事件的处理,都离不开双方的有效沟通,而这种有效沟通恰恰正是建立在销售人员出色的口才基础之上。

因此,销售人员需要具备一流的口才技巧。因为,在销售实践中,销售人员要面对的更多的是对自己所销售商品不甚了解的顾客,如果缺乏相应的销售口才技巧,那么很难吸引顾客的注意力、打开销售局面,也就更谈不上成功销售了。

销售员要想成功地实现销售,一个至关重要的环节就是首先用自己的言谈来吸引顾客的注意力,使顾客对销售的对象产生兴趣,进而才有可能说服顾客,并促使其最终作出购买的决定。在销售的过程中,应该想方设法通过短暂的接触和谈话来博取对方的好感,也就是要充分展示自己的口才魅力,这是进行成功销售的一个必要前提。

在当今社会,一个人要想在与别人的交往中取得有利地位,获得成功,就离不开好口才,而销售工作尤其如此。在销售过程中,如果我们连话都说不清楚,词不达意,与顾客沟通起来总是说不到顾客心坎,难以打动对方,甚至让顾客感觉别扭,那么根本谈不上销售的成功。可以说,作为销售人员,口才的好坏直接关系到能否顺利将商品销售出去。好口才会让你的销售之路越走越平坦。

(1)好口才可以吸引顾客的注意力。

(2)好口才可以自如地与顾客进行交谈。

(3)好口才可以激发顾客的兴趣,刺激对方的购买欲望。

(4)好口才可以消除顾客的疑虑,赢得对方的信任。

(5)好口才可以将相关信息有效地传递给顾客。

(6)好口才能够缓和销售中的气氛。

(7)好口才能让你摆脱销售中的沟通困境。

(8)好口才可以让你掌握洽谈的主动权。

（9）好口才可以变被动为主动，扭转局面。
（10）好口才帮你有效实施销售策略，完成交易。
（11）好口才也有助于赢得更多的顾客。

归根结底，销售工作的各个环节，都离不开口才的发挥。在现代社会，良好的口才是每一个有追求的销售人员所必须具备的一项基本本领。

每一句话都要仔细推敲

身为一个挨家挨户销售的销售员，平庸的销售员会这样说："我今天就是来卖这种产品的。"而优秀的销售员会把卖这个字改为促销这个词。

另外一个例子是"费用"这个词。平庸的销售员说："这个产品的费用是300元。"这样容易让顾客立刻联想到自己口袋里的百元大钞就要长着翅膀飞走了。而优秀的销售员则会把刚才那句话修正一下说："某某先生，这个产品只需要300元。"这两句话的意思是一样的，但优秀的销售员的表达更能容易让人接受。

在实际销售中，很多平庸的销售员都是凭个人的直觉进行销售，对如何说话更能达到洽谈目的，更能说服顾客并不在意，也很少考虑。但恰恰语言上这些看似微不足道的细节却正是阻碍洽谈成功的重要因素。平庸的销售员在洽谈时经常出现错误的谈话方式。

平庸的销售员洽谈时常用以"我"为中心的词句，不利于与顾客发展正常关系，洽谈气氛冷淡，洽谈成功率低。像：

"我认为，您穿这件大衣很好看。"

"我的看法是你现在就该把它买下。"

"如果我是你的话……"

"依我看……"

"我要对你说的是……"

"我的意见是……"

"考虑一下我所说的话……"，等等。

这些谈话方式都是不可取的，正确的讲话是将上述每一句话中的"我"字都改为"您"字。

这样的词句既不能表达具体内容,又不能发挥任何作用,像:

"我还想说……"

"正像我早些时候说到的……"

"我想顺便指出……"

"事实上……"

"是真的吗?"

"无论如何……"

"你不同意吗?"

"你可以相信它……"等。

这些语言等于废话。

像"您还想买些什么?"这样的问话是毫无意义的。顾客听了就会不假思索地回答说:"什么也不买了。"

也不要说些夸大或是空话,销售洽谈不是唱赞美诗,不能肆意夸张谈话内容。使用如"极好的""最好的是……""无可比拟的""一流的""超级的""独一无二的"等词语不仅毫无意义,也令人难以置信,往往会使销售员处于进退维谷的境地。

在向顾客介绍产品时,说话要具体明了,如"这种电扇经久耐用"给顾客的印象是模糊的。就不如"这种电扇能用20年"更具体明了。

还有一条就是不要说"行话",各行业和各公司都有自己一套特殊语言,称为"行话"。顾客对这些"行话"只会感到陌生,不能对其理解和接受。

总之,销售员应该仔细推敲自己的遣词造句,做到对自己的说话方式和技巧有独到的把握,这是成为优秀的销售员的必备条件之一。

不仅要能说,而且还要会说

销售大师弗兰克·贝特格说过:"凡是我所见过的成功的销售人士,无不充满了勇气和自信,他们都能够自如地表达自己的感受。当我不再害怕当众讲话之

7 措辞得体准则：话说对了，生意就成了

后，我和别人私下里交谈时就更加自如了……我的职业销售生涯进入了一个崭新的境界。"

很多不成功的销售人员，也并不一定不能说，他们的劣势往往在"不会说"上。

麦当劳公司是美国最大的经营汉堡包的跨国公司之一，其老板克鲁克靠汉堡包发了大财，成为当时世界上最有钱的富豪之一。

克鲁克的成功在于他销售有方。他让自己的销售人员掌握了一套诱导顾客购买的本领。

1985年圣诞节前夕，有一个幼儿园教师带着她的孩子上街，无意中走进麦当劳的一家快餐店，本来她并不打算买汉堡包，可当她走到一个柜台前时，一位非常和蔼可亲的女售货员来到跟前，礼貌地对女教师说："你是给圣诞节小天使买礼物的吧，这儿有很多圣诞汉堡包是按动物和人形来设计的，一定适合做小天使的礼物。小姐，请您这边来看，您一定会满意的。"女售货员很快端来一个盘子，里面有羊头、牛头等各种形象的汉堡包，栩栩如生，讨人喜欢，而且香气诱人。女教师的小孩这时说："妈妈，买一个吧，买一个吧！"于是女教师不但给自己的孩子买了几个，最后还给她幼儿园的孩子们订购了300份"小天使"礼物。

店员的诱导式销售，使这一笔生意就这样巧妙地做成了。好的产品必须让更多的人来分享，在消费者还不了解的情况下，销售人员通常应该使用这种保险的方法。

我们评价一个人"能说"，意思只是：这个人可以说，话比较多。而我们评价一个人"会说"，意思是：这个人能把话说到点子上，他说的话能让别人信服，让人听了舒服。所以，作为销售人员不要只是停留在"能说"的层面，要追求"会说"的境界。

好口才助你扭转销售局面

在销售过程中，经常会出现一些意想不到的情况，它们很可能会打乱谋划已久的计划，这种"计划赶不上变化"的突如其来的情况常常使人陷入一种尴尬的困窘。这种情况，恰恰是用来考验销售人员的应变能力，特别是口才应变能力的一个大好时机。对于一些意外情况，那些具备随机应变口才能力的销售人员，往往经过巧妙的三言两语，就能够有效地化险为夷。

有个销售员当着一大群顾客的面，销售一种不易破碎的钢化玻璃杯。开始他先是向顾客进行商品介绍，接着又开始示范表演，就是把一只钢化玻璃杯扔到地上而不碎，以此来证明这种杯子的良好质量。

但是，意想不到的情况出现了，他拿出的恰巧是一只质量不合格的杯子，猛地一摔，可想而知，玻璃杯"砰"的一声碎了。这样的异常情况在他的销售生涯中还真是前所未有的，真是始料未及，他自己也感到尴尬不已，心想这不等于是在自己打自己的嘴巴吗？而顾客们更是目瞪口呆，有的还借机起哄。

面对如此尴尬的局面，这位富有经验的销售员在经过了短暂的心理波动后，马上镇定了下来，对顾客笑了笑，用沉着而富于幽默的语气说："你们看，像这样的杯子我是绝不会卖给你们的。"

大家一听，都轻松地笑了起来，气氛也变得活跃了。紧接着，销售员乘机又摔了几个质量合格的杯子，结果都没有破碎，因而也就赢得了顾客的信任。而经过这几次"成功"的实验，顾客们对开始的那次"失误"，都以为是事先准备好的，只不过是用来吊大家的胃口而已。于是，大家开始争相购买这种神奇的玻璃杯。

试想，如果那位销售员在面对尴尬局面时，目瞪口呆，不知所措，那么其最终的结果是不难设想的。而在上述事例中，那位销售员正是依靠自己随机应变的口才才扭转了销售工作的局面。

销售离不开说话，会说话、口才好的销售员无疑比不会说话的销售员更容易获得顾客的信任，更容易打开销售局面，也能够创造更好的业绩。

措辞得体准则活学活用：不说顾客反感的话

在销售中，顾客经常会因为销售员无意之中的一句话而产生反感，因而放弃购买。这对销售员来说是最大的浪费。基于一般人的性格特点，顾客会对销售员的9种话产生反感。

1. 批评性话语

这是许多业务人员的通病。有的销售员虽然是无心去批评指责，只是想有一

7 措辞得体准则：话说对了，生意就成了

个开场白，而在顾客听起来，感觉就不太舒服。

2. 主观性议题

在处理顾客提出的涉及主观意识的议题时，如政治、宗教等，有经验的销售人员起先会随着顾客的观点，一起展开一些议论，但在争论中会适时将话题引向要销售的产品上来。

3. 专业性术语

专业术语极易导致顾客的反感。只有将专业术语转换成简单的话语才能让人听得明白，有效达到沟通和产品销售的目的。

4. 夸大不实之词

不要夸大产品的功能！这一不实的行为，刻画在日后的享用产品中，终究会清楚你所说的话是真是假。销售人员不能因为要达到一时的销售业绩，就夸大产品的功能和价值，否则势必会埋下一颗"定时炸弹"，一旦产生纠纷，麻烦多多。作为销售员应站在客观的角度，清晰地与顾客分析产品的优与劣，帮助顾客"货比三家"，唯有知彼知己，熟知市场状况才能让顾客心服口服地接受你所销售的产品。

5. 贬低对手的语言

同业的业务人员贬低或攻击竞争对手，首先会造成准顾客的反感，因为每一个人看问题的角度不同，分析问题的能力不同。其次这种不讲商业道德的行为会导致公司乃至整个行业形象的降低。

6. 隐私问题

与顾客打交道，主要是把握对方的需求，而不是附和或挖掘别人的隐私问题，这与销售产品没有任何实质性的帮助。

7. 质疑性语气

从销售心理学来讲，质疑性话语会让顾客产生不满，觉得不被尊重，随之产生逆反心理。所以销售员忌讳的话语是：你懂吗？／你知道吗？／你明白我的意思吗？应该采用试探性的话语，如，有没有需要我再详细说明的地方？

8. 枯燥的话题

意即将不得不讲的话语换成喜闻乐见或轻松的方式说出来。

9. 避讳

在销售中要避免不雅的语言，否则细节性的行为也会导致订单的丧失。

 人脉法则：
打通人脉就是打通钱脉

定律释义：

成功来自于85%的人脉关系和15%的专业知识，对于销售来说也是如此。

人脉等于钱脉，人脉越广钱脉越宽，人脉在销售中起着不可忽视的作用。因此，聪明的销售员应当不断地去与顾客接触，培养你的人脉资源，这样你销售起来才会事半功倍、得心应手。

8　人脉法则：打通人脉就是打通钱脉

人脉是金，有人脉就有钱赚

人脉等于钱脉，人脉在销售中起着不可忽视的作用。因此，聪明的销售员应当不断地去与顾客接触，培养自己的人脉资源，这样工作起来才会事半功倍。

有一种说法叫做：五个朋友决定你的前程，细细想来，还真有些道理。

如果你生来没有富爸爸，也没有机会结识富家女，那么你还有第三个扭转命运的机会——从现在起，累积你人脉资源，扭转命运。你现在几岁？除了金钱、专业知识，你有多少人脉？

为什么说，三十岁以前靠专业赚钱，三十岁以后靠人脉赚钱？十倍速的时代，你意识到人脉竞争力的重要性了吗？

到底什么是"人脉竞争力"？相对于专业知识的竞争力，一个人在人际关系、人脉网络上的优势，就是我们定义的人脉竞争力。

专业与人脉竞争力是一个相乘的关系，如果光有专业，没有人脉，个人竞争力就是一分耕耘，一分收获。但若加上人脉，个人竞争力将是"一分耕耘，数倍收获"。

哈佛大学为了解人际能力对一个人的成就所扮演的角色，就曾经针对贝尔实验室顶尖研究员做调查。他们发现，被大家认同的杰出人才，专业能力往往不是重点，关键在于"顶尖人才会采用不同的人际策略，这些人会多花时间与那些在关键时刻可能有帮助的人培养良好的关系，在面临问题或危机时便容易化险为夷。"

当然，人脉是可以无限扩大的，如果你能够不断运用过去的人脉扩大现有的市场，同时努力建立良好的关系，顾客会用一张大的订单回报你的。

人脉不是名片的无限量增加，而是人际资源由量到质的飞越，作为一个销售员，你必须努力与顾客建立良好的关系，这样才能打开更广阔的销售员空间。

熟人好办事，先做好熟人生意

熟人包括你的亲戚、朋友、商业伙伴、以前的顾客、同学、校友、同事、邻居、棋友、票友、舞会上遇到的陌生人、垂钓的鱼友、运动组织的成员、你所参加的俱乐部的成员、朋友的朋友、伙伴的朋友和所有不是十分陌生的人。

为了拓宽你的业务，你必须不断扩大你的熟人圈。你可以通过加入各种社会团体、群众组织、体育活动组织，诸如专业团体、行业协会、街区组织等，多参加一些社会活动来扩大自己的接触圈。多一个朋友多条路，多一个信息资源，每一个朋友身后又有许多看不见的，你未知的关系网，这些关系网上的各类人就是你的潜在顾客。

广泛接触人的目的是为了生意，但不能把生意写在脸上，挂在嘴上，让人明显感到你功利主义的商人气息而引起反感。

接触人，首先是销售你个人，让顾客接受并喜欢你。让顾客觉得你诚实可信，有能力，吃苦耐劳，有事业心，乐于助人，为人随和，能愉快与人相处，就很不错了。这些给人的印象和感觉不是假做，不是逢场作戏，而是努力使自己真正成为一个让顾客接受并喜欢的人，一个值得信赖，人品不错的人。

做事之前先做人，学会做人，善解人意，会站在别人角度考虑问题，你就会站在顾客角度考虑你的生意，你就会知道从哪方面抓住顾客的心理，把你所接触的人，你的朋友，都变成你的顾客。

通过接触、熟悉以后，无论什么时间，有机会，你都要巧妙地告诉人们你在做什么，向人们介绍你所做的事情的意义和前景。

如果你自我感觉良好的话，你可以告诉人们你干的是如何认真，如何辛苦，如何的漂亮有成绩。要做到这一点，你可以把前后的故事联系起来，谈谈你的工作经验，滔滔不绝地谈谈有关你的能力，你生意的前景，你的生意能为你的朋友——你的听众带来哪些益处，提供哪些服务，能满足你潜在顾客的哪些需求。

这些用嘴说的广告，面对面的交谈比通过电话和信函联系更容易使你接近顾客，更容易使人相信、接受。

宣传自己并没有什么不道德的，关键是恰到好处，这也是商业广告的一部分。重要的广告宣传是让人了解你的生意，并对你的生意感兴趣。要做到这点并不难，只要你让人们感到并实际能做到：你的生意比同类型其他人的生意价格低，服务好，有特色，你的朋友在你这里能得到较优惠的价格和优质的服务。比如你开饭店，你的熟人、朋友在你的饭店消费，能比在其他饭店吃得舒服、可口、便宜，那么，下次他还会来，而且会介绍新的朋友、新的顾客来。

生意刚开始，最难的是寻找最初上门的顾客，你可以通过在你的熟人朋友中发展你生意的"消费会员贵宾卡"，持卡消费享受打折及其他优惠，这也是招揽最初顾客的办法。对主动上门的最初顾客，也应热情相待，视为贵宾，使其成为你的长期顾客。

总之，开发新顾客难，维护老顾客更难。要重视你的熟人朋友，使他们得到实惠，成为你的长期顾客。只要你做得认真，以诚相待，顾客的朋友，朋友的朋友，这些潜在的顾客都会成为你的顾客。万不可做"熟杀熟"，这无疑是销售行业中的"自杀行为"。

亲不亲故乡人，依靠老乡关系做生意

要想认识许多人，你必须接触他们，而要想跟他们建立良好的关系，你要花更多的时间、精力，这样做是值得的。

不过，尽快建立一个好人缘的比较省事的方法是利用你现有的"关系网"，以这张网为基础进行"编织"，你的网会扩大得很快。这就跟蜘蛛织网相似，在旧网上织一个新网总要比重新纺织快得多。

人与人之间的相识、交往，不可能凭空地进行。总是因为某个偶然的机会，或者因为学习、工作等把天南海北、五湖四海的人吸引到某一空间从事某一活动，由于交往的频繁往复，人们就相互认识了，也许这些就是缘分，如果你懂得珍惜这种缘分，学会利用这种缘分，那么你很快就能建立一个好人缘。

那么，怎样把握好这种缘分呢？

中国人有很重的乡土意识。住在某一地区的人们往往会受那个地区环境的影响而形成具有地方特色的风俗习惯、礼仪人情,从而孕育了绚丽多姿的中国各民族、各地区的特色文化,其中包括语言、服饰、生活方式,等等。各地区的文化往往成为那个地区人们生命力、凝聚力、亲和力的纽带。

当你身处异地,忽然发现自己土生土长,跟随了自己、萦绕在耳边十几年的方言和交往方式失去了交流的功能时,你才会深刻体会到自己处在一个完全陌生的城市,再也不能用以前的那一套去和周围的人相处了,这时,你必须"脱胎换骨"。

"美不美,家乡水;亲不亲,故乡人。"当我们在异地碰上老乡时,共同的乡土文化会立刻把我们靠拢在一起,用自己的方言谈起家乡的山水人物,那是多么美好的交流时刻。所以,利用老乡关系建立人缘那是很自然的事。

我国清朝时京城设有各地区的"同乡会馆",这对初来乍到的"远方来客"是个极好的求助之地。在中国大城市的许多高校刚开学时,也常常会有各种形式的老乡会,借以联络感情,重温久别的乡音或者有困难时可以互相帮助。

当你身处大城市,初次和人打交道时,在适宜的场合,不妨问一下对方的老家。如果真的碰到你的老乡,那你们的交往就可以很顺利地进展下去。你们很快就可以找到有关你们家乡的话题。如果你的交际得力的话,你很快可以成为他亲密关系网中的一员,然后再利用他的关系,在他的指引和介绍下,你肯定可以很快交结到好人缘。

同窗如手足,借助校友关系做生意

如果你大学毕业,掐指算一算,从小学到大学你可以有多少同学?按中国现在通行的9年义务教育制,再加3年高中,4年大学本科,这16年的正规教育时间,按保守的数字计算,你的同学可能不下200人!200人,一个多么可观的数字,但也请你仔细算算:这200人中,和你保持经常联系,具有良好关系的人又有多少?少于10人、20人?多于10人、20人?20人以上?也许这样一算,你自己都会觉得可惜,因为昔日几年、十几年前跟你一起坐在同一教室里,在同一老师的教导下念着同一本书的"同窗"你可能记不起他们的名字了,甚至他们现在在哪儿都一无所知!

所以，同窗之情、同师之谊是很值得珍惜的。尽管十几年前的同学彼此见面时再也见不到小学时的纯真，初中时的意气风发；尽管彼此可能身处不同的社会职位，但无论扮演什么角色，在几年、几十年前，你们在同一个小小的舞台——学校里扮演过同一角色：学生。回想起当年的学习生活，人物"典故"，谁能不为之兴奋激动？

所以我们建议：如果你有心，无论你现在的事业成功与否，你可以找一个适当的时间（一般是节假日，最好的时间是春节期间）搞一次同学会，当然组织筹备会花去很多时间精力，但这是一项很有价值的工作。在同学会上，你可以追寻往昔的难忘岁月。虽然未必有"忆往昔峥嵘岁月稠"，但至少你们可以找回那段共有的美好时光。

还有，如果你的同学建议组织搞同学会或请你参加，你务必要全力以赴，尽可能地参加。如果一时脱不开身而未能赴会，这可能会成为你一生中很大的遗憾。而对你的人际交往来说，真是一笔巨大的损失。

对一位大学毕业生来说，庞大的同学关系简直就是巨大的财富。因为大学一般吸收学生面广，在大学校园里，你可以接触到五湖四海各具特色的同学，甚至世界各地的人，这对扩展你的知识面，建立关系网是个极为有利的条件。

顾客如父母，与顾客成为知心朋友

我们都知道："朋友间是无话不说的。"如果我们与顾客成了知心朋友，那么他将会对你无所顾忌地高谈阔论。这种高谈阔论中，有他的忧郁，有他的失落，同时也有他的高兴，这时你都应当和他一起分担。他可能会和你一起谈他的朋友，他的顾客，甚至让你去找他们或者帮你电话预约，这样你将又有新的顾客出现。

同时，当你在和他谈不高兴的事时，特别是工作上的困难时，他很可能会主动地帮助你，介绍新的顾客与你认识或者帮你直接把生意做成，使之成为你永久性的顾客。

一个冠军销售员曾经说过，他得到的最有价值的一条销售经验就是："与每个顾客都成为朋友。"这条建议看上去很简单，但那位冠军销售员发现友情经常在交易中成为决定性的因素。虽然你有好的产品及价格,但竞争者的产品可能与你不相上下,这时顾客如何抉择?最后交易总要落到顾客感觉最好的销售员身上。而让顾客喜欢你的最好办法就是成为他的朋友。

不少人不重视人际关系是因为缺乏远虑。他们只关心第二天结果如何,而不考虑如何从根本上提高自己获取成功的能力,以及如何能使自己长期地在有利的环境中工作。

目光短浅的人必然会忽视"特殊关系"所能带给他们的好处。例如,他们从未想到,与在急于求成的谈判中节节让步、提供低廉的报价相比,如果把这笔损失的差额早些投资在维持和巩固良好关系上,结果可能更为经济划算。他们没有认识到,虽然前者使他们更容易敲定眼前的一份合同,但后者却为他们奠定了基石,令他们在日后的更多份合同中,在价格上不必大举"割肉。"因此,与人交往合作的能力,还包含了进行战略性的长远考虑和行动的能力。

人脉法则活学活用:平时多烧香,急时派用场

建立人脉关系的最基本的原则就是:不要与顾客失去联络。不要等到需要获得别人帮助时才想到别人。人脉就像一把刀,常磨才不会生锈。有时候,半年以上不与一位朋友联系,就有可能失去这位朋友。

优秀的销售员深知主动与朋友联系十分重要,他们几乎都有一个相同的习惯,就是每天打5~10个电话,这样不但能扩大自己的交际范围,还能维系旧情谊。如果一天打通10个电话,一周就有50个,一个月下来,便可到达200个。这样一来,你的人际网络每个月大概都可多十几个"有力人士"为你打通关节。

法国有一本《小政治家必备》的书,书中教导那些有心在仕途上有所作为的人,必须起码搜集20个将来最有可能做总理的人的资料,并把它背得烂熟,然后有规律地去拜访这些人,和他们保持较好的朋友关系,这样,当这些人之中的任何一个人当起总理来,自然会为你的仕途铺开一条坦途。

相比之下,现代人生活忙忙碌碌,没有时间进行过多的应酬,日子一长,许多原本牢靠的关系就会变得松懈,朋友之间逐渐互相淡漠,这是很可惜的。所以,

8　人脉法则：打通人脉就是打通钱脉

一定要珍惜与朋友之间的友谊，即使再忙，也别忘了沟通感情。

平庸的销售员常有忽视"感情投资"的毛病，一旦交上某个朋友，就不再去维护和发展双方之间的联系，长此以往，两个人的关系自然就淡薄了，最后甚至变成了陌路人。

可见，"感情投资"应该是经常性的，不可似有似无，要做到常联系、常沟通。

事实上，优秀的销售员建立良好人脉也不需做很多，只是有时间便去朋友家走一走，也许只是随意地寒暄几句，也许进行一次长谈，总之，我们在努力加深对方对自己的印象，让彼此之间越来越熟悉，关系越来越融洽。

真正善于利用人际关系的销售员都有长远的眼光，他们会早做准备，未雨绸缪，而绝不会"平时不烧香，临时抱佛脚"。

9 礼仪准则：
礼赢天下客，礼招天下财

定律释义：

礼仪是人与人相处的好坏印象的来源，销售员必须多在这方面下工夫。销售员对自己的长相是无法选择的，理智的顾客不会多加苛责，但不讲礼仪则是不会被人认可的。

销售礼仪是指销售员在业务活动过程中应遵循的行为规范与准则。它指导和协调销售员在业务过程中实施有利于处理关系的言行举止。业务礼仪是销售员各种优秀特质的"藻饰"，是销售员在业务工作场合中的"通行证"和"推荐书"。

9　礼仪准则：礼赢天下客，礼招天下财

不要让销售败在不懂礼仪上

销售员在工作当中应时刻提醒自己不要忘记交际礼仪，以免因此错失良机。日本销售大师原一平就曾有过一次因忽略礼仪而遭遇挫折的经验。

有一次，原一平和一位资深的同事一起去作顾客拜访。在访问一家百货店之后，那位同事觉得很劳累，好在预定的访问任务完成得不错，只剩下有限的几处。原一平决定自己单独前往，留那位同事在百货店休息。

完成了剩下的几处访谈之后，原一平已累得东倒西歪，连步子都迈不稳了。那天恰巧又比较热，原一平不由自主地放松了自己，帽子歪斜着，衣扣不整，敞着领口。他匆匆忙忙赶回那家百货店会合同事，推开玻璃门，边喊边闯进去。在原一平心里，和那百货店的老板已经是很熟了，便把应该有的礼貌仪容全都抛在了一边。

那位同事已经先走了，百货店的小老板见了原一平那副模样大为不满，愤怒地说：“早知道你们是这副模样，我压根儿不会投你们明治的保险。我信任明治保险，没想到你们这些员工却是这么无礼、随便……”

一席话把原一平骂醒了，他完全没有料到自己一时的不修边幅，竟然会带来这么严重的后果，不仅损害了公司的信誉，没准还会使已经达成的协议前功尽弃，甚至还会影响附近其他的准顾客。

想到这里，原一平大汗淋漓。原一平急中生智，立即跪倒在小老板面前，伏地向他道歉。

这个动作有些夸张，让那个小老板愣住了，但也最彻底地表达了原一平的诚意。这件事的结果终于发生改变，原一平和小老板消除了不愉快，反而还更亲近了。小老板主动提出把保险金额提高，比已商定的数额高了好几倍。

虽然最终原一平通过自己的诚恳挽回了败局，而且还取得了出乎意料的结果，但原一平的心里并不轻松，好多天都被自责和羞愧缠绕着，这是根本不该发生的事！那一刻，原一平的自制力、人格修炼、事业心都到哪去了？跪下道歉是万不得已的举动，他已感到无路可走，可无论怎么说，那对人的自尊仍然是一种伤害。

从此以后，原一平时刻注意保持自己的风度和礼仪，再也不敢有一丝懈怠。

销售中名片的使用要领

名片是销售员进行人际交往中的重要工具，需经常使用，而且至关重要。一个优秀的销售员，应该重视名片，学会恰当使用。

1. 恭敬递送名片

递送名片时，应该以谨慎的态度，恭敬礼貌地递给对方。

在递出名片时，销售员切忌采用如下方法：捏住名片的一部分递出去；以指尖夹着名片递出。这两种递法容易将尖利的地方朝向对方，是极不符合礼节的。正确的递法应是：手指并拢，将名片放在掌上，用大拇指夹住名片左右两端，恭敬地送到对方胸前；或食指弯曲与大拇指夹住名片左右两端奉上。名片上的名字反向对己，使顾客能够清楚地念出自己的名字，并且要走到使对方容易接到的距离递送上去，这才是递送名片的最基本礼貌。

同样，拿出名片时，请不要忘记脸上带着微笑，并且不要慢慢吞吞、拖拖拉拉，因为如此会让对方有焦急的感觉，甚至对你的销售工作产生排斥感。

2. 端正递送名片的态度

出示名片时应严肃认真，不能采取随随便便的态度。初次交往时顾客会凭销售员出示名片时的态度来衡量其人品，判断是否值得交往。外出时，销售员应事先将名片放在易于取出的地方，在适当时机顺手掏出，恭敬地递给对方，并客气地说："这是我的名片，请以后多加联系。"这必然留给对方一个较好的印象。

3. 礼貌接受名片

必须礼貌地接受名片，其基本原则是：双手都空着的时候，必须双手去接；接过对方的名片后，一定要专心地看一遍，切不能漫不经心地往口袋中一塞了事；同时与几个人交换名片，且又是初次见面时，要暂时把名片按照对方席位的顺序放在桌上，当与对方交谈，边谈边记住对方的姓名和脸孔后，才在适当的机会把名片收起来。

假如同时有几个顾客在场，就必须记清顾客和名片的位置，绝对不可以张冠

9　礼仪准则：礼赢天下客，礼招天下财

李戴，念错名字，因为如此将会使顾客们对你及你所销售的产品大打折扣。

4. 妥善保存名片

如果错把别人的名片递送给对方，将是一件非常失礼的事情，而且也会造成尴尬的场面。

把名片放在西裤的后口袋里，会给人一种不尊重对方的感觉，所以名片还是放在西装上衣口袋比较好。

下面的这些细节也是销售员应十分注意的地方：

（1）名片夹也许会使用比较久，所以请购买品质好一些的。

（2）不要将名片放在车票夹、小笔记本里面，取用的时候很不方便也不体面。

（3）名片夹应该放在西装的上衣内袋，而不是裤袋里，尤其是后裤袋更不是用来放名片夹的。

（4）彼此交换名片的时候，应当是左手拿自己的名片，右手收取别人的名片，如此互相交递名片。

（5）交换完名片入座以后，要将对方的名片端正地放在自己的名片夹中。

（6）不容易念的姓名一定要向对方问清楚，但不要直接问这个字怎么念，你可以重复一下对方的姓名，不会的字做一个明显停顿，示意对方，通常对方都不会介意重复一次的。

（7）如果会谈的时候有会议桌，不用急于将名片收好，在收取了对方名片之后，如果有多人，应当按顺序放在桌面，临走的时候，一定要将名片收好。不可将其他东西放在名片上，这是一大禁忌。

戴尔中国区市场总监阚孝全说他去见顾客的时候常常讲这样一句话："你不买戴尔的产品没有关系，不过我的名片请你保存好放在桌面上，如果别的厂商过来洽谈时看到我的名片一定会比较紧张，这样你就可以拿到一个比较优惠的折扣了。"

名片看起来是一个很小的东西，但你是否尊重你的顾客却在这里表现得淋漓尽致。要成为优秀的销售员，这些起码的商务礼仪是必须熟练掌握的。优秀的销售员会使用特别的方式让别人留住名片。

简单握手中隐藏礼节大学问

握手原为交战双方的代表为了向对方表示自己已经放下手中的武器，决意言归于好的表示。当今，握手已成为人们进行日常交往不可忽视的身体语言之一。销售员在销售员活动中，为了增进与顾客间的友谊，必然要经常拜访顾客，在与顾客见面时，与其握手是必不可少的礼节之一，在握手时应该注意以下问题。

1. 握手的主动和被动

一般情况下，主动和对方握手，表示友好、感激和尊重。在别人登门拜访时，主人应先伸手；离别时，先伸手握别的应是客方。主、客双方在别人引见或介绍时，一般是主方、身份等级高或年龄较大的长者先伸手；在异性人员之间，男性一般不宜主动向女性伸手。无论在何种场合，当你发现对方不怀好意，企图侮辱自己的人格时，即使他主动伸出手来，你也可以拒绝和他握手，以示抗议。

2. 握手时间的长短

握手的时间一般以 3~6 秒为宜，关系密切时可稍长一些。

3. 握手的力度及双方间的距离

握手的力度指用力的大小，常表示感情的深浅程度；与对方握手一般应走到对方的面前，彼此间的距离必须合适。

4. 出手的快与慢

握手时出手快常表示握手出自真诚、友好、乐意交往，重视发展双方的关系；握手时出手慢常表示握手缺乏诚意、信心不足，无进一步深交的愿望。

5. 握手者的面部表情

人的面部表情丰富多彩，研究表明，一般人的面部表情达 200 多种，可想而知，那些电影明星的面部表情就更多了。所以，有的书籍称："脸部是人体中提供非语言感情传递最多的场所。"握手时，握手者的面部表情应为发自内心的喜悦和表达真诚的笑容。

6. 脸的朝向和身体的弯度

握手时脸的朝向一般为面对面对视；身体的弯度依对方的条件而定。握手的

9 礼仪准则：礼赢天下客，礼招天下财

一般程序为：轻轻敲门，进入，东西放在合适处，走到顾客的面前握手，轻轻把对方拉向自己，晚松手一秒钟。

需要特别注意的是：握手不宜隔着桌子，应付了事；握手前应对手进行必要的清洁处理。

在餐桌上显示你的修养和风度

中国人在很多时候都喜欢在饭桌上解决问题，这已经成为一种习惯。销售员在工作中，势必需要和顾客一起用餐。始终记住，吃饭这件事情看起来不起眼，说起来是有大讲究的。

1. 用餐地点的选择

中国的一句古话叫做"客随主便"，但有时也应该在选择用餐地点之前征求顾客的意见。如果是比较重要的顾客，应该先在比较好的饭店预约包间，否则，就只有带着自己尊贵的顾客在那些好吃的饭店门口排队等候，或者坐在吵闹的大堂，根本没有办法在饭桌上交流。如果去拜访远方的顾客，需要在顾客所在地宴请对方的话，不妨请对方代为安排用餐地点，但是千万记住，在结账的时候一定要主动诚恳。因为中国人的习惯，往往会主动争取付钱，以表示礼貌，万不可认为这是在顾客的地方，应该是顾客结账。

2. 吃饭的礼仪

因为工作的性质可能你需要接触各种各样的食物，但是各种菜式的吃法各不相同，如果实在不知道怎么吃的话，有两个办法是比较奏效的：让其他人先动手，自己再跟着模仿；或者在吃之前诚实地向别人请教。千万不要不懂装懂。无论是中餐、西餐还是日本料理，下面这些餐桌礼仪都是通用的。

（1）不要让同桌的人产生不快的感觉，更不要因为过于激动把食物喷出来。

（2）不要在满口食物的时候张嘴说话，一来发音会很不准确，二来别人看你满嘴食物也会觉得很恶心。

（3）不要狼吞虎咽，如果小口小口地吃的话，很少会遇到满嘴食物咽不下又需要回答顾客问题的时候。

（4）在咀嚼或者喝茶喝汤的时候，发出很响的声音，即是失礼的；勺子和筷子也应该注意，不要弄得稀里哗啦地响。

（5）一定要用手帕或者纸巾擦嘴，千万不可用手抹嘴。

3. 饮酒的礼仪

首先，吃饭的时候喝不喝酒、喝什么酒都应该由顾客决定。特别是喝不喝酒一定要顺从顾客的意思。

喝酒的量也要由顾客来决定。东方的礼仪比较喜欢谦虚，顾客也一样，在喝酒的时候肯定会谦虚地说够了。这个时候你如果不劝酒，显得小气，没有诚意；但是劝酒也要有个度，适可而止，如果顾客比较郑重其事一再表示"不能再喝了"，就应该停止再劝酒了。而如果你很喜欢喝酒，而且你也是海量的话，那么记住，一定不要以自己尽兴为标准，如果顾客开始点主食了，就应该和顾客一样点主食，而不应让顾客在一边吃主食，自己仍在喝酒。销售员在工作当中应时刻提醒自己不要忘记交际礼仪，以免因此错失良机。

礼仪准则活学活用：销售员个人卫生自测

销售员在包装好自己后去与顾客见面时，个人卫生这件事最重要，但却又经常被人忽视。也许你非常在意穿着得体的衣服并且面带笑容，但是你未必特别留意个人卫生。不修边幅、蓬头垢面会给顾客留下恶劣的印象，直接影响业务活动进行，甚至会导致销售事业的最终失败。所以，注意卫生细节是非常必要的。

时常自测一下：

（1）头发是否有讨厌的头屑？看起来是否健康亮泽？

（2）眼角是否有眼屎？

（3）鼻子是否露出了鼻毛？

（4）牙齿是否洁白干净？

（5）口气是否有异样的气味？

（6）颈部，尤其是后颈和耳后的位置是不是和脸一个颜色？

（7）指甲里是否有污垢？又是否干净？

(8)最后,请确认自己的身上没有不愉快的味道散发出来。

其实,个人卫生可以包括许多方面。例如:在谈生意时用手挖鼻孔或掏耳屎。这好像和卫生无关系,但如果你用手挖了耳屎,请问你该将它放在何处?你要么把它放在你所坐的椅子上,要么把它丢在地上,这样的习惯会令人作呕。

10 贝吉尔信念：
拜访量与业绩成正比

定律释义：

著名保险销售员法兰克·贝吉尔有一个成功的工作信念：销售就是要主动去争取顾客，一个能力再平凡的人，只要能遵守每天认真而确实地拜访5个顾客的原则，热忱地把保险的好处与他人分享，这样就能成功了。

贝吉尔从事保险行业的第一年即拜访了1 849人，有82个潜在保险户，但只成交66件，只有1/29。后来当贝吉尔技巧逐渐成熟，经验日益丰富，达到每天拜访3个人，即有一位成交的工作效率。20年中，他每天拜访5人次，一生累计有4万人次的拜访记录，成果自然丰盛。

销售员的两个大敌：一为偷懒，坐而不行；一是未能充分利用时间。唯有严于律己，自我管理，才有充分的生机。有推才有销，有动才能活，有访才有结果。销售员的业绩是和拜访量成正比的。

10 贝吉尔信念：拜访量与业绩成正比

拜访顾客的次数要足够多

要想使你的业绩更加出色，你必须保持以下几个数量足够多。

1. 准顾客数量要足够多

所谓销售，就是你找到一些人，然后把东西卖给他。一般而言，你的销售额与你所寻找到的准顾客数量成正比。如果你寻找到10位顾客做成一笔生意的话，那么，你寻找到100位顾客就可能做成10笔生意，找到1 000位顾客就可能做成100笔生意。正如英国的一句销售格言："你的准顾客多，你的钱包就不会瘪。"

原一平拥有2.5万名顾客，这就是他做生意的最大资本。相反，有一些销售员每天出门销售时还在考虑，今天我向谁销售呢，这是无法造就一个成功销售员的。

2. 拜访顾客的次数足够多

美国由销售员起家成为亿万富翁的"刷子大王"佛勒说："你敲门的次数越多，你的销售业绩就越高。"

销售员不仅要拜访更多的顾客，而且对同一位顾客也要做多次拜访。日本最佳销售员平均每得到顾客一份订单，需要对他拜访6.4次。他们不厌其烦地拜访顾客，以致有的顾客对他们说："你这种顽强的劲头，我算服了。"于是，下决心购买。然而，有一些销售员只拜访顾客一两次，甚至一次，被拒绝后就不再去销售。平均法则对销售员提出了忠告：在断了念头之前，还是要增加拜访次数。

不播种就不能发芽，销售员的播种就是一次又一次地拜访顾客。

3. 被拒绝的次数足够多

销售员在面对顾客拒绝时继续销售的次数越多，你的销售业绩就越高。

以年签订4 988份合同而创世界纪录的日本销售大王齐滕竹之助向五十铃公司销售为例，他在3年内拜访顾客300多次，每次碰壁之后毅然继续销售，终于说服以不参加保险为企业原则的五十铃公司投了保。一位超级销售员提出，销售员应以他听到的顾客说"不"的次数多少拿奖金。

4. 向顾客提出成交次数足够多

如果你没有拿到订单，你就是在为竞争对手工作。没有成交就是失败。销售员得到订单的可能性,与他向顾客要订单的次数成正比。

美国一位超级销售员依自己的经验指出,一次成交成功率为10%左右。他总是期待着通过两次、三次、四次、五次、六次的努力来达成交易。据调查,销售员每获得一份订单需向顾客提出4.6次成交要求。在第一次提出成交要求遭拒绝之后你不再努力了,就不会有第4.6次后的成功。毛泽东同志曾说:"胜利就在于再坚持一下的最后努力中。"你再坚持提出一次成交要求,就有可能达到目标。

5. 拥有忠诚顾客的数量足够多

销售员所拥有的老顾客数量越多,销售业绩就越好。

拜访顾客前先做好自我检测

如果你希望成功地拜访顾客,仅仅具备了足够面对拒绝的勇气是远远不够的,还必须做好充足的准备工作。凡事预则立、不预则废,拜访也是如此。在试图说服顾客之前,必须首先从以下三个方面自我检测一下。

1. 自己是否具备明确的目标

如果你不知道自己的方向,那么,从哪个方向吹来的都是逆风。在说服对方之前,你必须明确,通过说服,自己希望达成什么样的目的,希望对方采取怎样的行动,什么样的结果是自己可以接受的,而什么样的目标是不可接受的。

2. 自己是否了解对方的需求

除非你有绝对的权威,否则,你很难让对方完全按照你的意图做事。可以说,任何人都希望按照自己的想法自由来去,他们完成某件事或者不做某件事的原因往往都要考虑自身的利益。在说服对方之前,你必须了解对方的需求是什么,这样就可以避免把自己的主张强加到对方头上,让对方感觉不到任何动力。

3. 最有效的说服方法是什么

曾经有个伟大的销售员说过,他销售的任何一件商品,都不是商品,而是他自己。任何人都是感性和理性的混血儿,说服他人不能完全按照自己的想法和意见,要尊重对方的观点,最有效的说服方法是以理服人,以情动人。

当你头脑中迸发出一个充满创意和智慧的好点子的时候,你应该如何说服对方接受你的想法呢？一个简单有效的方法就是影响了一代美国人的本杰明·富兰克林在遭遇困难时所使用的方法，不妨把它称为"富兰克林说服法"。

在遇到问题的时候，富兰克林会拿出一张白纸，然后在中间画一条横线，在横线的上半部分写上"赞成"两个字，而在横线的下半部分写上"反对"两个字。在"赞成"那一栏，富兰克林会列出支持某一行动或想法的全部理由，而在"反对"那一栏，他会列出所有反对这一行动或想法的全部理由。在富兰克林看来，支持某一行动或想法的理由就是采取该行动或想法的好处，反对这一行动或想法的理由就是采取该行动或想法的坏处。如果好处多于坏处，那么，富兰克林会认为这个行动或想法是可行的、值得提倡的；否则，他会认为这个行动或想法不可行，应该摒弃。

在说服顾客的时候，你可以借鉴富兰克林的做法。值得注意的是，无论是在赞成一栏还是在反对一栏，列出理由的时候不仅仅要从你自己的立场和思路考虑问题，而且要从对方的立场和思路考虑问题，也就是说，你所列出的好处和坏处更多的是体现对方的观点，而不能仅仅局限于我们自身。

从事销售工作要有大量的事前准备工作，准备越充分，成功的几率越大。可以用以下几个主要的问题予以规划准备：顾客的需求、需要及欲望是什么？商品服务的特性和优点可否满足上述要求？顾客的偏好、嗜好及特别的兴趣是什么？顾客对何项条件会有排斥、异议及如何予以满足？等等。

如果我们认为好处多于坏处，那么在说服对方之前，我们已经具备了充足的信心，同时也可以让我们在说服过程中有备而来；如果我们认为好处少于坏处，那么，我们就可以提前"预知"在说服对方时可能遭遇到的挫折、拒绝和反驳。

也许，这可以提醒我们，或者是我们对对方的了解还不充分，或者是我们考虑问题还不周全，或者是我们的想法有待完善，或者是我们需要做更多的准备工作。

拜访顾客的6个关键步骤

销售员在销售时应做到步步为营，只有取得每一步的成功，才能赢取最终的胜利。我们可以将销售过程大体分为以下6个步骤。

1. 目标顾客开发

想要拜访顾客，首先要有顾客。茫茫人海，你的顾客究竟在哪里呢？我们必须了解及确认你的潜在顾客在何处。销售员应将目标顾客层予以分级分类，以便能有效率地寻找开发。

2. 引起注意，予以接近

所有事物的开始最为重要，可以预先拟一份1分钟或5分钟自我介绍的开场白，将顾客可能想有的动机予以全面地涵盖，再视实际情况随机应变。

引起顾客注意，予以接近有以下必须注意的几点：以有创意的、具有幽默感的开场白、话题来引起顾客的注意，也可就地取材，灵活地恭维顾客，"您今天穿得服装高雅漂亮，非常适合您这样高雅的女性。""您如此忙碌，真是年轻有为（或老当益壮），应多向您学习。""您在地方上是人人称赞的企业家，奉献公益，服务大众，令人敬佩。"

除了恭维赞赏顾客之外，一般可采用有趣的运动项目、旅行见闻、新闻话题、政经情势、社会现象、流行风尚、健康、娱乐等话题来打破心墙，先寒暄了解其背景资料，拉近心理上的距离，培养好的商谈气氛。

3. 引起兴趣，促销说明

一般而言，顾客最关心商品和服务内容的外观性、舒适性、经济性、方便性、价值性、耐久性、效益性、安全性……满足顾客想拥有比他人更好、更优惠、更便宜、不落伍、追求时尚、更优越、能获得他人之重视的想法来引起其兴趣，再予以有效完整的促销说明。也可以使用询问的方式，了解顾客最在意哪些方面，并予以重点强调。"您对省钱节流的方式一定很有兴趣吧？""您认为此种造型，很适合您吧？"……

4. 引起购买需求，解决异议

探知顾客最重要的需求面、需求点是什么，以独特的卖点，重点予以切入。

可以针对顾客过去的、目前的及将来的经验认知，以其最关心的话题导入商品主题，并强调价值的重要性。

引起购买需求，解决异议要注意：不要把行动慢的人错看为慎重的人；不懂的人错看为含蓄的人；没有立场的人错看为随和的人。

5. 采取行动，选择商品

只要顾客一表示肯定、认同，则可再次强调先前所诉求的重点，如省钱节流、相对赚钱、不购买的损失分析预估、名人选用、口碑、权威人士所举证的例子及感谢函、新闻报道、政府文件。不断地以理性、感性、证据、数字、公信力等来合理化、逻辑化地支持你的说法。不断地尝试以明示要求立即购买，或暗示主动拿笔或借笔帮顾客填写购买单并请其签名的方法来帮顾客选择商品，促成成交。

6. 满足需求，满意成交

在技巧方法上有以下几点可供参考：在最后的关键时刻，可立即以赠送小礼物、纪念品、请顾客喝饮料、吃饭或先收取订金等方式来促成成交；以夸赞顾客有眼光，懂得把握难得机会，会购买商品来赞许他以促成成交；以顾客朋友、顾问或助理的立场、身份帮顾客以最低的价格或获得最大的价值等以促成成交。成交时立即与顾客握手并感谢他、恭贺他、称赞他……并且不要忘了请其再推荐，以扩大战果。

贝吉尔信念活学活用：拜访顾客3要点

在对顾客进行电话拜访的时候，销售员还应当特别注意以下3个要点。

1. 重要的拜访应约定时间

在拜访顾客过程中，为了达到成交的目的，往往需要与顾客进行三番五次的沟通。在这一过程中，如果有重要的事情需要与顾客沟通，一定要事先约好时间。因此，重要的事情需要事先约定好时间，这样才能保证拜访计划的顺利进行。

2. 节省顾客的时间

每个人的时间都是一笔宝贵的资源，对于你的顾客来讲，他们一般都是企业或者是机关的领导人，他们的时间更为宝贵，在拜访过程中一定要节约他们的时间。一般情况下，问候他们的电话不超过1分钟，约访电话最多不能超过3分钟，产品介绍或服务介绍电话不要超过5分钟；如果与重要的顾客谈判，建立顾客关系的电话通常不要超过15分钟，否则就不再适合电话拜访了。

3. 把时间花在决策人身上

拜访顾客的目的是为了与顾客达成有效的协议，而达成协议的决定权一般掌握在决策人手中。这些决策人对企业单位而言主要是指公司的负责人、董事长、总经理、厂长等，对于机关事业单位而言主要是党委书记、厅长、局长、处长、主任等。在这方面，至少你要找相关的项目负责人，谁有决定权就在谁身上多花些时间。当然也不排除其他人员的辅助作用，但主要的精力还是要放在决策人身上，这样拜访的效率才会大大提高。

 登门槛效应：
心浮气躁是做销售员的大忌

定律释义：

登门槛效应由美国心理学家弗里德曼提出，又称得寸进尺效应，它告诉人们，一个人一旦接受了他人的一个微不足道的要求，为了避免认知上的不协调，或想给他人以前后一致的印象，就有可能接受更大的要求。这犹如登门坎时要一级台阶一级台阶地登，这样能更容易、更顺利地登上高处。

登门槛效应说明，在销售中，向顾客提要求时，要一个一个地提，先提小要求，再提大要求，这样能更容易被顾客接受。

欲速则不达,销售不能急于求成

很多销售员在销售中遭遇失败,往往是由于对成功销售的迫切心理所致。

每一个销售员都希望自己很快地提高销售业绩,往往急功近利,在销售中会犯心浮气躁的毛病,结果是欲速则不达。

缺乏经验的销售员常会天马行空,不按常理出牌。他们往往太过于在意自己在这一笔生意中所能得到的佣金,以至于有时会在示范产品或处理顾客的种种疑问前,就急于想做成这笔生意。

一位寿险销售员向某公司老总销售寿险时,先解说了他们公司所承接的各种险种。同时,他在谈话的过程中收集了这位老总的一些资料。之后,这位销售员拿了一本含有更多有关资料的小册子给那位老总。当老总在读那本小册子时,他观察了另一间办公室里的其他人。这时,他向老总问了办公室大小及公司员工总数等问题,他的问题甚至还触及了公司每个月的平均工作任务完成量。

每当这位销售员问一个问题时,那位老总就得停下来回答他的问题。因此,他也一直找不到之前自己究竟读到哪里了?在他整理思路以便接下去读那本小册子的时候,他的思路又被另一个问题给打断了。

这位老总根本无法专心去读那本小册子。最后,他终于受不了这种方式而将小册子放在了桌上。而且,他也不愿意再回答任何问题了。接着他对那位销售员说:"你为什么不写一份企业计划书给我看呢?"言语之间,我们可以感受到这位老总已经迫不及待地想送客了。

可以想见,这位销售员在他再一次造访那位老总时,完成那笔生意就比较困难了。

做销售工作要遵循规则,心浮气躁是做销售员的大忌,只有按照一定的程序,才能一步步地达成交易。

11 登门槛效应：心浮气躁是做销售员的大忌

销售中必须要登的几个门槛

登门槛效应在销售中的应用主要体现在销售过程中时机的把握上。首先，必须了解顾客完成消费行为的过程，一般来说，顾客在完成购买行为的过程分为如下几个阶段。

1. 兴趣阶段

有些消费者在观察商品的过程中，如果发现目标商品，便会对它产生兴趣，此时，他们会注意到商品的质量、产地、功效、包装、价格等因素。当消费者对一件商品产生兴趣之后，他不仅会以自己主观的感情去判断这件商品，而且还会加上客观的条件，以作合理的评判。

2. 联想阶段

消费者在对兴趣商品进行研究的过程中，自然而然地会产生有关商品的功效以及他可能满足到自己需要的联想。联想是一种当前感知的事物引起的对与之有关的另一事物的思维的心理现象，消费者因兴趣商品而引起的联想能够使消费者更加深入地认识商品。

3. 欲望阶段

当消费者对某种商品产生了联想之后，他就开始想要这件商品了，但是这个时候会产生一种疑虑："这件商品的功效到底如何，还有没有比他更好的"，这种疑虑和愿望会对消费者产生微妙的影响，而使得他虽然有很强烈的购买欲望，但却不会立即决定购买这种商品。

4. 评估阶段

消费者形成关于商品的拥有概念以后，主要进行的是产品质量、功效、价格的评估，他会对同类商品进行比较，此时店员的意见至关重要。

5. 信心阶段

消费者做了各种比较之后，可能决定购买，也可能失去购买信心，这是因为：商品的包装陈列或销售员促销方法不当，使得消费者觉得无论是怎样挑选也无法挑到满意的商品；销售员专业知识不够，总是以"不知道""不清楚"回答顾客，使得消费者对商品的质量、功效不能肯定；消费者对卖方信誉缺乏信心，对售后服务没有信心。

6. 行动阶段

当消费者决定购买，并对店员说"我要买这个"，同时付清货款，这种行为对销售员来说叫做成交。成交的关键在于能不能巧妙抓住消费者的购买时机，如果失去了这个时机，就会功亏一篑。

7. 感受阶段

购后感受既是消费者本次购买的结果，也是下次购买的开始。如果消费者对本次结果满意，他就有可能进行下一次的购买。

了解顾客每个阶段的心理想法和消费动机，然后采取有针对性的措施，对症下药，逐步提出你的要求，就很容易让顾客同意你的观点，从而达成销售。因此，门槛要一步一步登，要求要一个一个提，这是销售员在销售中必须把握和运用的一个准则。

先提小要求，再提大要求

一下子向别人提出一个较大的要求，人们一般很难接受，而如果逐步提出要求，不断缩小差距，人们就比较容易接受，这主要是由于人们在不断满足小要求的过程中已经逐渐适应，意识不到逐渐提高的要求已经大大偏离了自己的初衷；并且人们都有保持自己形象一致的愿望，都希望给别人留下前后一致的好印象，不希望别人把自己看做"喜怒无常"的人，因而，在接受了别人的第一个小要求之后，再面对第二个要求时，就比较难以拒绝了，如果这种要求给自己造成的损失并不大的话，人们往往会有一种"反正都已经帮了，再帮一次又何妨"的心理。于是登门槛效应就发生作用了，一只脚都进去了，又何必在乎整个身子都要进去呢？

男子求爱，直截了当会吓跑姑娘，从朋友做起，则易达成目标。一位男士遇到一位令自己心仪的女孩子，如果他马上直截了当地要与对方结为夫妻、共度一生，恐怕女孩子会在惊讶之余，对其避之唯恐不及。大多数男士不会这么莽撞冒失，他会邀请她一起吃饭、看电影、逛公园等，这些小要求实现之后，才顺理成章地

11 登门槛效应：心浮气躁是做销售员的大忌

提出求婚。

做父母的望子成龙，但人才的培养只能循序渐进而不能拔苗助长。尤其是对于年龄较小的孩子，可先提出较低的要求，待他（她）按要求做了，予以肯定、表扬乃至奖励，然后逐渐提高要求，逐渐实现他的人生目标。

同样的道理，在销售中，如果急于求成，期望顾客立即接受你的要求，那么往往是欲速则不达，结果是顾客对你反感，离你而去，你的订单自然无法签成，销售也就泡汤了。

例如，当顾客选购衣服时，精明的销售员为打消顾客的顾虑，"慷慨"地让顾客试一试，当顾客将衣服穿在身上时，他称赞该衣服很合适，并周到地为你服务，在这种情况下，当他劝你买下时，很多顾客难以拒绝。

在一般情况下，人们都不愿接受较高较难的要求，因为它费时费力又难以成功，相反，人们却乐于接受较小的、较易完成的要求，在实现了较小的要求后，人们才慢慢地接受较大的要求，这就是"登门槛效应"对人的影响。因此，销售员在销售时切忌一下子向顾客提出所有的要求，应当将你的要求分成几个小要求，一步一步地向顾客提出，这样不仅便于顾客接受，也有利于销售目标的最终达成。

与顾客沟通要有足够的耐心

销售员在与顾客沟通的过程中，最忌讳的是急于求成。急于求成的销售员往往没有耐心与顾客沟通，而没有耐心的销售员是很难取得顾客的信任，获得销售成功的。

和顾客沟通感情就必须有耐心，不能急于求成。急于求成的销售员往往认为自己的时间宝贵，却没有考虑到如果交易没有达成，其实质就是浪费时间。这种现象正好像为了贪图便宜，购买了许多质量差、价格又很低的产品，但是每一件产品都不能使用，结果浪费了大量的钱。如此购买倒不如就选择一个质量有保证、价格较高的产品。销售员与其在有限的时间内试图和两位顾客沟通，倒不如在有限的时间内和一位顾客达成交易。

耐心是一个销售员应该具备的基本素质，销售本身的基本特征就是从拒绝开始。如果销售员没有耐心，一遇到拒绝就立即放弃，是很难取得成功的，同时也会给顾客造成不好的印象。

过去注重理论的专家们为成交规划了四步骤：第一步是接近，取得和顾客接触的机会；第二步是销售，既销售自己，又销售产品；第三步是拒绝处理，通常也叫异议处理，这是谈判的磨合过程；第四步是促成，主要是向顾客提出成交要求。理论专家们强调必须按部就班，否则就是急于求成。这种理论是有一定道理的，虽然销售员可以通过试探来寻找成交的时机，但是就达成交易的全过程来看，这种模式往往比较多见。

销售员缺乏耐心，处处急于销售，其结果是造成销售业绩不好。有些销售员上来就是一句："你买不买？"这样直接地问倒不如说是问顾客："你出不出钱？"这样的交易方式怎么能够成功呢？

有些销售员之所以没有耐心，往往是因为以下几个原因：

一是过去经验表明，在大多数情况下要被拒绝，即使产品介绍得再好，顾客也不一定买，反正想买的人就会买，不想买的人就算怎么说也不会买的。销售员的这种观点是根本错误的，大多数顾客是有产品需求的，除非销售员硬是要给盲人销售近视镜。顾客有需求就可以引导，而销售员引导顾客需求的方式就是通过产品介绍。

二是销售员本身缺乏耐心。缺乏耐心的人很难做好销售工作，真正成功的销售员往往是有十足耐心的。但是耐心是可以锻炼和培养的，销售员可以通过不断地训练来培养自己的耐心。当销售员求见一位顾客时，发现自己已经没有耐心的时候，就要不断地告诫自己要坚持，坚持到最后。只要这次坚持的时间够长，就会成为下次商谈的标准时间，这和锻炼中的"第二次呼吸"是一个道理。

三是销售员希望节省时间多见一位顾客。两鸟在林，不如一鸟在手。那些试图通过节省时间来多见一位顾客的销售员往往由于缺乏耐心而被顾客拒绝。与其这样不断地追求新顾客，倒不如在老顾客身上获取更好的销售业绩。

总之，销售员千万不要陷入缺乏耐心的陷阱之中，因为缺乏耐心是对顾客的不尊重。如果一个销售员在会见其顾客的时候显得很匆忙，谁又能保证该销售员在销售产品的时候不会因为匆忙而犯错呢？

11 登门槛效应：心浮气躁是做销售员的大忌

细心是销售员必须具备的品质

有一个商人，到外地去买了一车的沉香，运回故乡来贩卖。结果因为沉香较昂贵，所以只有很少人购买。而旁边刚好有一个卖木炭的小摊，因为木炭便宜，一下子就卖光了。

这位商人眼见隔壁摊位的木炭一下子就销售一空，而自己的沉香却卖不出去，心中甚是着急，左思右想，他终于想出了一个办法。

于是他用火将整车的沉香烧成木炭，果真一下子就被大家抢购一空，他也高兴地回家了。但其实，他这次亏了很多钱。

销售的目的并不仅仅是将产品卖出去，而是以合适的价格卖给需要的人，虽然卖出去的目的达到了，但是失去的可能更多。

有一些销售人员的性子太急，做事总是匆匆忙忙的，尤其是在销售的成交阶段。

有一对姓马的夫妇，因为丈夫工作需要，全家搬到一个新的地方居住。刚刚搬到新地方，他们的孩子自然觉得新鲜得不得了，总是喜欢跑出去玩。

有一天，这对夫妇出门了，回来的时候却发现自己的小儿子不见了，这可把他们吓坏了，于是开始分头去寻找。他们还报了警，而且，因为这对夫妇所住的地方不是很大，所以不一会就有很多人都帮着找。

但是，就在这么一个节骨眼上，一个不知深浅的销售员却凑到马先生跟前向他销售保险，当时马先生很生气，没好气地说："拜托，等我把儿子找到再说好吗？"

谁知这位销售员看马先生没有反对便开始喋喋不休，大谈保险的种种好处，还想让他停下来听他讲，这下可把马先生气坏了，马先生忍无可忍地对销售员大吼："你如果肯帮忙把我儿子找回来，那么保险业务的事情咱们日后找个时间再谈。但是，我警告你，你现在要是再跟我提什么见鬼的保险业务，就请你先滚出去！"

销售员被马先生说得面红耳赤，夹着公文包灰溜溜地走了。马先生这才注意到，这个销售员名义上是来帮助自己找儿子，实际上却早就计划好要来乘机做销售，这可把马先生的肺都气炸了。他等销售员走出去后，狠狠地把门摔了一下。

最后，在大家的帮助下，马先生找回了自己的儿子。但是从此以后，马先生很痛恨这个销售员,而且经常给别人讲述这件事情并描绘销售员的长相,这下销售员的业绩就可想而知了。但他怪不得别人,难道还有比他更不谙人情世故、不识时务的吗?

细心是销售人员必须具备的重要品质。急功近利,行事冲动,极易导致销售失败。尤其是在促成阶段,顾客在作出买不买、买多少、何时买等购买决策时,都不是一时冲动,他们需要权衡各种客观因素,如产品特征、购买能力等,同时还要受到主观因素的影响,如心情好坏等。因此,购买决策过程是一个极其复杂的过程,并不是一蹴而就的。在这种时候,销售人员应该给顾客合理的考虑时间,并耐心等待顾客作出决定。

登门槛效应活学活用:先得寸再进尺

日常生活中有这样一种现象,在你请求别人时,如果一开始就提出较高的要求,很容易遭到拒绝;而如果你先提出较低的要求,别人同意后再增加要求的分量,则更容易达到目标。

心理实验证明登门槛效应的存在,先得寸再进尺,往往能实现目标。

那么,到底怎样做,才能有效改变顾客的态度,让顾客接受你的要求呢?以下介绍几种比较常见的方法。

1. 适当的信息重复

重复的真正意义是使人们获得积极的熟悉感,从而更倾向于认同和选择。不过,只有适当的重复才可以增加人们的接受性。过分的重复将产生惯性,会使消费者由于厌倦不再注意那些信息。所以,聪明的广告商总是以丰富、变化的广告画面与创意去重复强调同一主题,而很少以广告的反复播放来获得重复效果。可口可乐就是以独具风情的广告来打开不同国度的市场的。

2. 唤起情绪的信息

大量研究表明,新信息激发的不同情绪状态对人的态度改变效应不同。美好的事物总会唤起人们愉悦的心情。所以,化妆品的销售小姐总是靓丽逼人,其示范行为往往会引起爱美女性的注视。

11 登门槛效应：心浮气躁是做销售员的大忌

一天，为了打发等人的无聊时光，我在商场的时装区里闲逛。

"小姐，今年的最新款，您喜欢可以试试。"一位热情的导购小姐向我介绍。

"哦，我只是随便看看。"

"没有关系，不过，我觉得这款特别适合您，您可以试试。"

"根据您的气质就知道您穿什么样的衣服好看。不信您可以试试效果怎么样。"

"没事儿，您试完了不买也没事儿，您就当尝试一下全新的风格，如果真的适合，还可以指导您以后买衣服的方向，是不是"，导购小姐一边说一边将衣服从衣架上摘下来放在我手上，"试衣间在那边。"

"您看，我说得对吧，多好看，简直就像给你量身定做的一样！"……

就这样，在本来并没有购衣计划的情况下，我买了那件衣服。

12 曼狄诺定律：
微笑可以换取黄金

定律释义：

曼狄诺定律由美国作家F·H·曼狄诺提出，是关于微笑效应的一个理论。曼狄诺认为，微笑的力量是巨大的，微笑如同伸出的温暖的手，能接近双方的距离，能起到化干戈为玉帛的神奇作用。

微笑是世界上最美的行为语言，虽然无声，但最能打动人；微笑是人际关系中最佳的润滑剂，无须解释，就能拉近人们之间的心理距离。微笑能够征服顾客，微笑能创造销售奇迹，微笑可以创造财富。如果你希望顾客愿意和你交往，那么你一定要记住：和顾客交谈时，一定要心情愉悦，保持自然的微笑。

微笑——销售之神原一平的武器

  日本销售之神原一平25岁开始从事人寿保险，30岁创下日本人寿保险的"第一招揽业绩"。从此他一发冲天，屡创销售额的新高，自43岁起保持销售额全国冠军长达15年，并跻身"日本百万美元销售者俱乐部"17年之久，后来他还凭超人业绩成为该俱乐部终身会员。也就是说，原一平从业史的大部分，是在销售之王、百万美元销售额中度过的。

  如此骄人的成就使其他销售员钦佩不已。日本政府为表彰原一平的"贡献殊巨"，破例授予他"四等日旭小绶勋章"。之所以称之破例，是因为日本对绩效上佳的首相福田赳夫也只授了五等勋章。日本的经济界、实业界对原一平更是交口赞誉，诸如"最理想状态的销售员""热忱撼动人心的顶尖业务员""第一个国际扬名的保险业大王""笑容价值百万美金的销售之神"，等等。

  原一平总结他取得成功的秘诀，其中最重要的一项就是善于微笑。原一平身材较矮，其貌不扬，为扬长避短，苦练微笑。他特意买了一个能映现出全身的特大号镜子，每天利用空闲时间，不分昼夜加以练习。经过长期苦练，原一平终于练出了婴儿般的微笑，并在刻意修行中，练就了多达38种笑意的"笑容目录"！其项目之繁多、差异之细微，颇为翔实。总之，大凡生意场可能用得着的笑，原一平尽皆备下，一旦需要便从容自然地投向对方，以求在双方相顾而笑中收得回报。

  原一平认为，对销售人员而言，"微笑"至少有下列10大好处。

  （1）能消除自卑感。

  （2）能使你的外表更迷人。

  （3）能把你的友善与关怀有效地传递给准顾客。

  （4）能感染对方，让对方也笑，营造和谐的交谈氛围。

  （5）能建立准顾客对你的信赖感。

  （6）能拆除你与准顾客之间的"篱笆"，敞开双方的心扉。

  （7）可以消除双方的戒心与不安，从而打破僵局。

（8）能去除自己的哀伤，迅速重建自信心。

（9）是表达爱意的捷径。

（10）会增进活力，有益健康。

原一平的笑达到了炉火纯青的地步，这对他事业的成功起了极大的作用。

因此，销售人员一定要记住，真诚动人的微笑会令顾客倍感亲切，难以忘怀；会使顾客心里觉得像喝了蜜一样的甜美。如果销售人员展露的笑容缺乏自然感和亲切感，那就要像原一平那样，每天抽空对着镜子勤加练习。

用微笑能创造销售奇迹。有人说"原一平的微笑价值百万"，其实，每一名销售人员只要能够以充满自信真诚的胸怀，用婴儿般的微笑面对自己的顾客，也一定能够用自己的微笑来征服顾客，创造人生的财富。

面带三分笑，生意跑不了

我国有句俗语，叫"非笑莫开店"，意思是做生意的人要经常面带笑容，这样才会讨人喜欢，招徕顾客。这也如另一句俗话所说："面带三分笑，生意跑不了。"纽约一家大百货商店的人事部主任也曾公开表示，他宁愿雇用一个有着可爱微笑的小学未毕业的女职员，也不愿雇用一位面孔冷漠的哲学博士。

试想，如果你面前有两个同事，一个人满面冰霜、横眉冷对；另一个人面带笑容、温暖如春，你更愿意与哪个交往？当然是后者，很多人都会毫不犹豫地这样回答。对于同事尚且如此，更何况是从未谋面和交往过的陌生人呢？微笑，在人与人之间成功搭建了一座沟通的桥梁。

一套高档、华丽的衣服能引人注意，而一个亲切、温和、洋溢着诚意的微笑，则更容易让人亲近，也更容易受人欢迎。因为微笑是一种宽容、一种接纳，它缩短了彼此的距离，使人与人之间心心相通。喜欢微笑着面对他人的人，往往更容易走入对方的天地。

一个在工作中总是充满真诚的微笑的销售员，会让顾客觉得你非常友善，他也会明白你的心意："我喜欢你，我很高兴见到你。"

著名"旅馆大王"希尔顿从微笑中受益匪浅。自1919年他用借来的5 000美

12 曼狄诺定律：微笑可以换取黄金

元创办了第一家希尔顿旅馆后，到 1976 年时，他的资产已达数十亿美元，在世界五大洲的各大都市拥有用希尔顿命名的旅馆 70 多家，并且吞并了世界许多著名的大旅馆，如号称"旅馆之王"的纽约华尔道夫的奥斯托利亚旅馆。

希尔顿的成功固然靠他敏锐的经营眼光，但是却更靠他独特的服务艺术。希尔顿旅馆的服务是世界上任何旅馆都无法比拟的，"微笑"是举世无双的服务的核心体现。

希尔顿曾在一次新旅馆营业员工大会上问大家："现在我们旅馆新添了第一流的设备，你们觉得还应该配上哪些第一流的东西，才能使顾客更喜欢希尔顿旅馆呢？"员工纷纷提出自己的意见，但是希尔顿并不满意，他笑着摇摇头说："你们想想，如果旅馆只有第一流的设备，而没有第一流服务员的微笑，顾客会认为我们提供了他们最喜欢的全部东西吗？如果缺少服务员美好的微笑，好比花园失去了春天的太阳与春风。假如我是顾客，我宁愿住进虽然只有破旧的地毯，却处处见到微笑的旅馆，而不愿走进只有一流设备但不见微笑的地方。""希尔顿的微笑"给希尔顿带来了信誉和成功，赢得了四方来客，创造了茂盛财源。

自我销售高手、著名钢铁企业家施瓦伯先生曾经说过他的微笑能抵得上 100 万美元。这大概是在向人们暗示微笑的真理，施瓦伯的性格魅力，以及他那令人称道的能力，几乎是他取得成功的所有原因。而他的个性中最具魅力之处，就在于他那能够打动一切人的迷人微笑。

微笑亲近财富，没有微笑，财富将远离你。

微笑帮你打开销售之门

如果说行动比语言更具有力量，那么微笑就是无声的行动，是你递给顾客最温暖、最具有亲和力的一张名片。这张名片的有无完全可以决定你能否拿到订单。

底特律的哥堡大厅举行了一次巨大的汽艇展览会，人们蜂拥而至，在展览会上人们可以选购各种船只，从小帆船到豪华的游艇都可以买到。

有一位来自中东某一产油国的富翁，他站在一艘大船旁对站在他面前的销售员说："我想买艘汽船。"这对销售员来说，是求之不得的好事。那位销售员很周到地接待了富翁，并详细地介绍了这艘船的性能和优点，只是他脸上冷冰冰的，没有丝毫笑容。

富翁看着这位销售员那张没有笑容的脸，还没等销售员介绍完，就转身走开了。

他继续参观，到了下一艘陈列的船前，这次他受到了一个年轻销售员的热情招待。这位销售员脸上挂满了笑容，那微笑像太阳一样灿烂，使这位富翁有宾至如归的感觉，所以，他又一次说："我想买艘汽船。"

"没问题！"这位销售员脸上带着微笑说，"我会为你介绍我们的产品。"之后，他微笑着向富翁简单地介绍了这艘汽船的性能与优点。

虽然这位销售员的介绍并不如前面那位精彩和详细，这位富翁还是交了定金，并且对这位销售员说："我喜欢人们表现出非常喜欢我的样子，现在你已经用微笑向我表现出来了。这次展览会上，你是唯一让我感到自己受欢迎的人。"

第二天，这位富翁带着一张支票回来，购下了价值2 000万美元的汽船。

和顾客第一次接触时，销售员脸上灿烂的笑容往往能够让顾客放松对销售员的戒备，没有几个人会拒绝笑脸迎人的销售员。相反，即使是十分专业的销售员，如果满脸阴沉的话，也往往会遭到顾客的拒绝。

微笑比语言更有力，微笑表示的是"你好""我喜欢你""你使我感到愉快""我非常高兴见到你""和你说话我很高兴"等。因此，脸上常带微笑的人，总是更容易成功。因为一个人的笑容就是传递他的好意的信使，他的笑容可以照亮所有看到它的人。没有人喜欢帮助那些整天皱着眉头、愁容满面的人，更不会信任他们；很多人能够在社会上得以立足，正是从微笑开始的；还有很多人在社会上获得了极好的人缘也是从微笑开始的；很多人在事业上畅行无阻，亦是通过微笑获得的。微笑是十分奇妙的，它能在生活中荡开一层层涟漪，使生活的湖泊呈现出一种源自于生命深处的美感。

伟大的销售员都能给顾客留下好感，这种好感可以创造出一种轻松愉快的气氛，是销售员销售自己、销售产品，获得财富的基础，而微笑正是打开这扇财富之门的金钥匙。

12 曼狄诺定律：微笑可以换取黄金

你对顾客微笑，顾客就对你微笑

微笑传递着友善、礼貌、亲切和温馨的气息。微笑虽然没有给别人任何物质，微笑者亦没有花费多少精力，但它给领受者一种无限舒心的感觉。

微笑作为无言的销售技巧，可以将友好、融洽、和谐、尊重、自信的企业形象和温情的气氛传染给客人，为成功的服务打下良好的基础。微笑，人皆会之，似乎不值一提，然而要笑得自然、亲切、得体，笑出魅力，却并非易事，如能将微笑修炼到如此程度，还有什么样的顾客不可以征服呢？

作为一名销售员，你能否把自己的产品销售出去，往往取决于你留给顾客的第一印象。在顾客的第一印象中，你的衣着打扮固然很重要，但最重要的是你的精神状态。所以，当你踏入顾客的办公室时，如果你让顾客首先看到的是一张阳光灿烂的笑脸，那么，你留给顾客的第一印象就非常好，因为亲切而又自然的笑容永远是受欢迎的。

第一次拜访顾客时，如果你带着一张灿烂的笑脸进门，它可以让你省去很多程序性的介绍和麻烦。微笑就像三春的阳光，能融化堆积在人们心灵之间的冰雪，改变顾客的心情，制造出你与顾客交流所需要的和谐的气氛，当然，这种微笑首先也会改变你自己。对于销售员来说，微笑是一张心灵的名片，必不可少。你呈递给顾客的第一张名片如果是笑容的话，那对于你的顾客来说，它远比你身上穿什么样的衣服更重要。

作为销售员，如果脸上总是能面带微笑，且善于因人因事而适度微笑，则对于你来说无异于拥有一笔巨大的无形资产。在人们的工作和生活中，没有一个人会对一位终日愁眉苦脸的人产生好感。相反，一个经常面带微笑的人，往往会使他周围的人心情开朗，受到周围人的欢迎。在一般情况下，如果你对别人皱眉头，别人也会用皱眉头回敬你；如果你给别人一个微笑，别人就会用更加灿烂的微笑回报你。

所以，作为销售员，你必须会笑，美好的笑容是你事业成功的助推器！

其实，不只是销售。人生在世，很多时候，我们都不得不面对冷漠的面孔、阴郁的眼神、恶意的中伤和阴险的陷阱……但无论有多少阴霾笼罩着我们的心灵，我们都应笑对人生。在我们的生活中，一抹微笑就是一道阳光，它能照亮我们自己的心灵。

曼狄诺定律活学活用：销售员微笑细节训练

微笑，它不花费什么，但却创造了许多奇迹。它丰富了那些接受它的人，而又不使给予的人失去什么。它产生于一刹那间，却给人留下永久的记忆。

微笑可使人际关系和谐和快乐，建立人与人之间的好感，它是疲倦者的休息室，沮丧者的兴奋剂，悲哀者的阳光。所以，假如你要获得别人的欢迎，请给人以真心的微笑。

当成千上万的销售员用微笑去迎接顾客，然后再回来看看收获，就可以清楚微笑有多大的价值。

带着一种轻松愉悦的心情去同一些满腹牢骚的人交谈，一面微笑，一面恭听。过去很讨人厌的家伙，变成了一个受人欢迎的人；过去很棘手的问题，现在变得容易解决了。

毫无疑问，微笑带来了许多方便和更多的收入。你可以发现以前同别人相处很难，现在可完全相反，你学会了赞美、赏识他人，努力使自己用别人的观点看事物。从此你就会快乐、富有、拥有友谊与幸福。

如果你脸上天生没有微笑，那么你要练习，在你声音里加进微笑，当你讲话的时候就微笑，单独一个人的时候，也一样微笑。

你得去练习，去微笑，使你脸上泛起微笑为止。

你要做到下面这几点。

1. 当你不想笑的时候也要笑

或许你认为太难了，我不高兴，难道还要去微笑吗？是的，你要做到，无论你心情多么沉重，多么哀伤忧郁，你都不要让别人知道。把烦恼留给你自己，让别人相信你现在非常愉快，在沟通中，让人以为你是愉快的总是好的。

2. 在不高兴的时候仍然要保持微笑

每当你感到不喜欢笑的时候，就应该是你笑得最多的时候。

3. 感染身边的人

当你高兴的时候，人们认为你感觉很好，很快乐，于是他们也会跟着你笑。

4. 让别人分享你的快乐

当你开始与别人分享你的快乐，你就会发现，这些人脸上永远伴着微笑。

5. 用你整个脸去微笑

你要明白，一个美丽的微笑并不单属于嘴唇而已，它同时需要眼睛的闪烁、鼻子的皱纹和面颊的收缩。一个成功的微笑是包括整个脸的笑。

6. 时刻注意自己的表情

把你深皱着的眉头舒展开来，当你做这个动作时，它就变成了一个微笑。

7. 运用你的幽默感

任何人都有幽默感，只不过有人把它深藏在无人知道的角落里。你也有幽默感，当你跟别人在一起时，可以说说笑话，那样有助于你练习微笑。但是这里所说的笑话不是那种低级趣味的笑话，或是寻别人开心的恶作剧，指的是好的、真正有趣的笑话。

上面所说的都是你练习微笑的方法，如果你是一个害羞的人，在别人面前无法自由自在地笑。那么，再告诉你一个方法：那就是你在镜子前自己练习微笑，等你脸上泛起了真正的笑容后再到人们面前去表演。

13 6+1 缔结法则：
不会提问就不会做销售

定律释义：

世界著名销售员原一平在销售寿险时，总爱向顾客问一些主观答"是"的问题。他发现这种方法很管用，当他问过五六个问题，并且顾客都答了"是"，再继续问保险上的知识，顾客仍然会点头，这个惯性一直保持到投保。

原一平搞不清里面的原因，当他读过心理学上的"惯性"后，终于明白了，原来是惯性化的心理使然。他急忙请了一个内行的心理学专家为自己设计了一连串的问题，而且每一个问题都让自己的准顾客答"是"。利用这种方法，原一平取得了很多大额保单。这种方法后来被称为"6＋1缔结法则"。

销售离不开提问，通过提问，销售员可以引导顾客的谈话，同时取得更确切的信息，支持自己产品的销售。

让你的顾客不断地点头说"是"

"6+1缔结法则"告诉我们:假设在你销售产品前,先问顾客6个问题,而得到6个肯定的答案,那么接下来,你的整个销售过程都会变得比较顺畅,当顾客和你谈产品时,不断且连续地点头或说"是"的时候,你的成交机遇就来了。

每当我们提一个问题而顾客回答"是"的时候,就增强了顾客的认可度,而每当我们得到一个"不是"或者任何否定答案时,就降低了顾客对我们的认可度。这就如同你面前的顾客是一团熊熊烈火,千万不要让他熄灭,你只要不停地加上一些汽油,使得这团火更加旺盛,一直保持到成交的那一刻。那么,你肯定会说服他购买产品的。

在销售中,平庸的销售员经常被一些突如其来的问题弄得目瞪口呆,败下阵来。其实,只要你牢记你的目的,预先堵住可能造成麻烦的漏洞,创造一种安全的销售气氛,主导整个沟通过程,大部分问题是完全可以消弭于无形之中的。

让我们来看看销售员最怕、最头疼的三句话。

辛辛苦苦地谈完了,好不容易说服了对方,冷不丁听到对方说一句:"不错不错,我要跟××商量商量。"

不断地转换角度促成,对方仍淡淡地说:"我还要考虑考虑。"

优秀的销售员一开始同顾客会面,就留意通过提问向顾客做些对商品的肯定暗示。

"夫人,如果你的家里如装饰上本公司的产品,那肯定会成为邻里当中最漂亮的房子!你想一定是这样吧?"

"本公司的储蓄型保险是你最好的投资机会,5年后开始返还,你获得的红利正好可以支付你的儿子的大学费用!我想你不会不在意这样一笔开支吧?"

做出诸如此类的暗示后,要给顾客一些充分的时间,以便使这些暗示逐渐渗透到顾客的思想里,进入顾客的潜意识里。

当销售员认为已经到了探询顾客购买意愿的最好的时机,就这样说:

"夫人,你刚搬入新建成的高档住宅区,难道不想买些本公司的商品,为你的新居增添几分现代情趣吗？"

"为人父母，都要尽可能地让儿女受到最好的教育，怎么样，你考虑过筹集费用的问题吗？我劝你向本公司投保。"

"你有权花钱买到最佳商品，你可别错过这个机会，买我们的商品吧！"

优秀的销售员在交易一开始时，利用这个步步深入的提问方法给顾客一些暗示，顾客的态度就会变得积极起来。等到进入交易过程中，顾客虽对优秀的销售员的暗示仍有印象，但已不认真留意了。当优秀的销售员稍后再试探顾客的购买意愿时，他可能会再度想起那个暗示，而且还会认为这是自己思考得来的呢！

顾客在商谈过程中长时间的讨价还价，办理成交又要经过一些琐碎的手续，所有这些都会使得顾客在不知不觉中将优秀的销售员预留给他的暗示，当做自己所独创的想法，而忽略了它是来自于他人的巧妙暗示。因此，顾客的情绪受到鼓励，会更热情地进行商谈，直到与销售员成交。

怎样提问顾客才愿意听

通过提问，销售员可以引导顾客的谈话，同时取得更确切的信息，支持其产品的销售。

绝大多数的人都喜欢"说"而不喜欢"听"，他们往往认为只有"说"才能够说服顾客购买，但是事实是：顾客的需求和期望都只能由"听"来获得。试问，如果销售员不了解顾客的期望，他又怎么能够达成销售员所签订单的期望？

对于销售员来说，在交谈的同时还必须辅之以一定的提问，这种提问的目的就是为了使交易迅速达成。提问时必须使听者有这样一种强烈的印象，该销售员是信心百倍而且认真诚恳的。提问中必须考虑以下问题。

一是音高与语调。

低沉的声音庄重严肃，一般会让顾客认真地对待。尖利的或粗暴刺耳的声音给人的印象是反应过火，行为失控。销售员的声音是不宜尖利或粗暴的。

二是语速。

急缓适度的语速能吸引住顾客的注意力，使人易于吸收信息。如果语速过慢，声音听起来就会阴郁悲哀，顾客就会转而做其他的事情；如果语速过快，顾客就会无暇吸收说话的内容，同样影响接收效果。销售员在向顾客提问的过程中，最忌讳的是吞吞吐吐，犹豫不决，听者往往会不由自主地变得十分担忧和坐立不安。

三是强调。

销售员在交谈过程中应该适当地改变重音，以便能够强调某些重要词语。如果一段介绍没有平仄，没有重音，顾客往往就无法把握销售员说话的内容，同时强调也不宜过多，太多的强调会让人变得晕头转向、不知所云。

一般来说，销售员对顾客的提问可以分为选择式提问、开放式提问和封闭式提问。选择式提问在前面的选择成交法中已经介绍得比较清楚，这里重点介绍一下开放式提问和封闭式提问。

开放式提问的目的在于取得信息和让顾客自由表达其看法和想法。它是指能让潜在顾客充分发挥地阐述自己的意见、看法及陈述某些事实现况的提问方式。通过开放式提问取得的信息主要集中在以下几个方面：一是了解目前的状况及问题所在；二是了解顾客的期望；三是了解顾客对本产品的看法和对竞争对手产品的看法；四是让顾客自由表达观点。这类的询问句一般有："您的意思是……"，"那您怎么认为"，等等。

封闭式提问是让顾客就某个主题明确地回答"是"或"否。"这类提问的目的是为了获取顾客的确认和缩小谈话的范围。销售员进行产品销售有明确的销售目的，但是顾客并不知道。顾客在倾诉自己的想法时，销售员是不宜打断的。但是可以通过封闭式的提问来将顾客的思考范围界定清楚，避免顾客离题太远，也节约销售时间。

要想好了再向顾客提问

为了让你的问题能在顾客心中留下印象，要满足以下几个条件。

第一，想从这问题得到什么样的资料？

第二，提出这个问题之后，能否因此判断这位准顾客的资格？

第三，要取得所需的资料，必须提出一个以上的问题吗？

第四，你的问题能不能让准顾客思考？

第五，你提出的问题能不能把你与其他竞争者区别开？

"万事开头难"，销售也是这样。怎样开头、从何说起、提问什么、如何提问，销售员也是颇费踌躇的。

开场白的好坏，几乎可以决定一次销售访问的成败。换言之，好的开场白就是销售成功的一半。大部分顾客在听销售员第一句话的时候要比听后面的话认真得多。听完第一句话，很多顾客就自觉或不自觉地决定了是尽快打发销售员走还是和他继续谈下去。

有些销售员为了吸引顾客的注意力，或者活跃气氛，经常会出"奇问""奇言"，这需要掌握好时机、对象和语言的分寸，千万不要危言耸听，俏皮话也应少讲。开场白之后，就进入了谈话阶段，这是销售的中心主题，也是销售成交的核心部分。人们交谈一般都是有目的的，如通知消息、征求意见、双方合作等，尤其是有功利性的目的，要想通过销售解决矛盾，就必须具备一定的条件，这种条件主要有合契、有益、相酬。

1. 合契

它是指话能投机，双方默契于心，互相投合。在心理上趋同，就能互相理解、体谅。这是办成事情的心理基础，没有这个基础，你问你的，我说我的，你谈你的，我想我的，也就说不到一起，再好的提议，也会当成耳边风，至多不过敷衍一阵，也就没有办成事情的希望。

2. 有益

如果甲方提到的问题，对乙方有益，也会引起乙方的兴趣，进而加以考虑。这种利益包含多种意思，如经济利益、政治利益、学术效益、人际效益、社会效益等。趋利避害是人之常情，对人有益，就会引起趋利的动机与行为。在双方合作过程中，往往要做到双方兼得利，才能协商解决存在的矛盾。

3. 相酬

征求对方合作，总不能让对方白劳心血，至少要有口头上的酬谢，甚至是一定的物质酬谢。不管是何种酬谢，只要是正当的公允的，就是合理的效益。

总之，通过口头的提问，能够引起顾客的注意，从而也能让你的资料在对方心中留下强烈的印象。方法多种多样，要灵活运用。

锤炼向顾客提问的技巧

销售行为的成功,很大程度上依赖于销售人员对顾客的了解程度。因此向顾客提问的过程是销售人员获取价值信息的重要过程。提问,就是发现问题、解决问题的最好方式。学会提问,善于提问,是成功销售的又一技巧。

销售中的提问是非常重要的。有人说,没有不好的销售结果,只有不好的发问方式;因为你的发问方式已经决定了这样的销售结果。有很多的销售员被培训要时刻迎合顾客的需求,而不是引导顾客的需求,现象就是顾客一个劲地在问,弄的销售员疲于应付,总处于被动。顾客一直在提问,是在探你的底牌。而你不知道顾客真正关心的是什么,主要的问题在哪里。向顾客提问也需要掌握技巧的,恰到好处的提问,可以大大减少沟通的进程,快速打开顾客的心扉。

1. 掌握提问技巧的好处

一般地说,和顾客打交道时,提问要比讲述好。销售工作从某种程度上与医生有着异曲同工之妙。中医讲究的望、闻、问、切四种疗法,在销售界同样适用。销售人员必须掌握察言观色的技巧,同时还必须学会根据具体的环境特点和顾客的不同特点进行有效的提问。在生意场上,巧妙地向顾客提问对于销售人员来说有着诸多好处。

第一,发现顾客需求。发现顾客的购买意图,以及怎样让他们从购买的产品中得到他们需要的利益,从而就能针对顾客的需要为他们提供恰当的服务,使买卖成交。

第二,保持良好的互动关系。当销售员针对顾客需求提出问题时,顾客会感到自己是对方注意的中心,他会在感到受关注、被尊重的同时更积极地参与到谈话中来。

第三,掌控谈话进程。主动提问可以使销售员更好地控制谈话的细节以及沟通的总体方向,更容易引着顾客按照自己的思路走。经验丰富的销售员都善于利用提问来逐步实现自己的销售目的,并且还可以通过巧妙的提问来获得继续与顾客保持友好关系的机会。

第四,避免出现误会。在与顾客沟通的过程中,很多销售员都经常遇到误解顾客意图的问题，不管造成这种问题的原因是什么，最终都会对整个沟通造成非常不利的影响，而有效的提问则可以减少这种问题的发生。

所以，当你对顾客要表达的意思或者某种行为意图不甚理解时，最好不要自作聪明地进行猜测和假设，而应该根据实际情况进行提问，弄清顾客的真正意图，然后根据具体情况采取合适的方式进行处理。

2. 一次只问一个问题

在与顾客交谈时，一次不能连续问几个问题，只能一次问一个，而且要等他回答后才问下一个。比如说有的讲师讲课时会问："各位，成功需要下定决心对不对？"结果没有一个人反应，他还继续问："一个人成功需要努力对不对？"又是没有人回答，他又问："一个销售员成功需要很好的销售技巧对不对？"还是没有人回答。这样会越问越死。而在我的讲课中当我问"各位，一个人要成功，需要下定决心，是还是不是？"学员如果不回答，我就不问下一个问题，我会选一个学员代表来回答，我会一直等到有人回答为止。

3. 再问一遍

你前面问过的问题在后面的谈话中又再问一遍，或对方不回答就再问。有很多销售新手不懂这个，每次连续问几个问题，人家不知道回答哪个，要不就是问一个问题顾客没有给他回应，没有沟通，然后他就又问另外的问题，这样顾客是基本上没有心情听你讲话的，拉动不了他的成交情绪。要明白，顾客要产品的同时还要从中得到精神上的享受。

4. 注意重复、停顿、反问

重复，就是当对方没有回答时你要重复一遍，当对方没有搞清楚什么意思时你要重复一遍，当对方对你说的事情没有高度重视时你要重复一遍。停顿，就是你提问后，一定要停顿一下，给顾客留下足够的回答空间。很多销售员爱犯的毛病是沉不住气，自己先开口或自问自答。通常在提问之后，马上闭口、停顿，眼睛注视顾客，颔首微笑，直到顾客说出他所要听的信息。顶尖的销售高手非常注意提问之后的处理，他们努力克服提问后的惯性论述。反问，反问就是当对方问了一些你觉得不好直接回答的问题时，你可以反问对方。比如：有人问"老师，我能不能免费听你的课？"我就说："你觉得可以吗？"他说可以，我就说："你觉得可以，那其他人怎么想呢？你免费，其他人交费，合理吗？你让我做人公平一点好吗?"

5. 对于提问的忠告

在约见顾客之前,销售人员应该根据实际情况针对最根本的销售目标进行逐步分解,然后根据分解之后的小目标确定各个小问话。这样一来,既可以避免因谈论一些无聊话题而浪费彼此之间的时间,又可以循序渐进地实现你的目标。

要尽可能地站在顾客的立场上提问,不要紧紧围绕着自己的销售目的与顾客沟通。

初次与顾客接触时,最好先从顾客感兴趣的话题入手,不要直截了当地询问顾客是否愿意购买,一定要注意循序渐进。

6+1 缔结法则活学活用:避免无效提问

如果提问的内容和方式掌握不好,销售员就容易陷入如下一些误区。

1. 将提问变成盘查

如果销售员反复地询问顾客是否愿意购买,会使顾客感觉到被逼问的被动,觉得销售员的提问是盘查,从而对销售员感到反感。如此一来,前面的一切努力都失去了作用,最后很有可能会导致销售失败。

2. 不围绕销售目的提问

在何种情况下会使销售员的提问偏离销售目的呢?例如问题太过于宽泛,让顾客听了以后不知道如何回答,那么,这时顾客对问题的回答就可能失去方向,此时顾客也会给你一个朦胧的答案。所以,在提问的过程中,一定要注意提问的问题不易太长,要简洁明确。

3. 使关系变得紧张

如果在提问时只是从自身的角度去考虑如何提问才能达到目的,而不考虑语气、语调和语速或者说话方式,就可能使顾客产生反感,从而可能给双方的交谈造成紧张的气氛。

4. 失去对时间的控制

这是销售员常常会遇到的一个问题,尤其是一些从事销售工作多年的人。有多年销售经验的销售员通常与顾客建立了良好的私人关系，所以在交谈的过程中会提到很多题外话。作为一位销售员，必须惜时如金，只有这样，才能保证自己在一定时期内按时完成自己设定的任务。而且，顾客购买与否并不会随着时间推移而变化，其购买欲在交谈开始几分钟内已经确定。如果一味地害怕得罪顾客而不敢果断告辞，那就会浪费掉很多宝贵时间。所以，我们一定要敢于告辞，但也要巧于告辞。在这种情况下，销售员可以同顾客说："跟您聊天让我的收获很大，听得我连时间都忘了！我还约了人，不得不告辞了！真希望以后能有机会经常来和您聊聊！"这么讲，一方面告诉对方自己确实喜欢听下去，因为他是一个素养很高的人；一方面强调自己还有别的事情要去办，对不能继续听下去十分遗憾！

5. 提起使顾客反感的问题

在引导劝说顾客实现成交的过程中，切忌向顾客发布"最后通牒"。这种做法往往引起顾客反感，内心感到受到伤害，从而终止谈判，拒绝成交。销售过程中一定要尊重顾客，在谈话时，不要争辩和主动挑起争端，应避免使用带有挑战性的反问口气，多用商量性的肯定口吻，这样会使对方感到易于接受。

14 费斯诺定理：
销售听和说的比例是 2∶1

定律释义：

费斯诺定理由英国联合航空公司总裁兼总经理费斯诺提出，是指人有两只耳朵却只有一张嘴巴，这意味着说得过多了，说的就会成为做的障碍，人应该多听少讲。

作为一个成功的销售员要善于倾听，懂得"两只耳朵一张嘴"规则，所以用于听和说的比例是 2∶1。销售员靠"喋喋不休""高谈阔论"是没用的，而是要拿出更多的精力来听。

倾听——乔·吉拉德的销售法定

让我们看世界上最伟大的销售员乔·吉拉德的故事，或许可以从中得到一些启示。

几年前，吉拉德从一个到他的车行来买车的人那儿学到人际交往中极为重要的一招。

当时那位顾客花了近半个小时才下定决心买车。吉拉德所做的一切只不过是为了让他走进自己的办公室，签下一纸合约。

当他们向吉拉德的办公室走去时，那人开始向吉拉德提起他的儿子，说他儿子就要考进一所有名的大学。他十分自豪地说："吉拉德，我儿子要当医生。"

"那太棒了！"吉拉德说。当他们继续往前走时，吉拉德向其他销售员们看了一眼。吉拉德把门打开，一边看那些正在看着吉拉德"演戏"的销售员们，一边听顾客说话。

"吉拉德，我孩子很聪明吧？"他继续说，"在他还是婴儿时我就发现他相当聪明。"

"成绩非常不错吧？"吉拉德说，仍然望着门外的人。

"在他们班最棒。"那人又说。

"那他高中毕业后打算做什么？"吉拉德问道。

"我告诉过你的，吉拉德，他会在最好的大学学医。"

"那太好了。"吉拉德说。

突然，那人看着他，意识到吉拉德完全忽视了他所讲的话。

"嗯，吉拉德，"他突然地说了一句"我该走了"就这样他转身走了。

下班后，吉拉德回到家回想起今天一整天的工作，分析他所做成的和失去的交易，又开始重新考虑白天见到的那位顾客。

第二天上午，吉拉德给那人的办公室打电话说："我是乔·吉拉德，我希望您能来一趟，我想我有一辆好车可以卖给您。"

"哦，世界上最伟大的销售员先生，"他说，"我想让你知道的是我已经从

14 费斯诺定理：销售听和说的比例是2∶1

别人那儿买了车。"

"是吗？"吉拉德说。

"是的，我从那个欣赏我、赞美我的人那里买的。当我提起我为我的儿子吉米感到骄傲时，他是那么认真地倾听。"

随后他沉默了一会儿，又说："吉拉德，你并没有听我说话，对你来说我儿子吉米成不成为医生并不重要。好，现在让我告诉你，你这个笨蛋，当别人跟你讲他的喜恶时，你得听着，而且必须全神贯注地听。"顿时，吉拉德明白了他当时所做的事情，意识到自己犯了个多么大的错误。

从那以后，每个进入店内的顾客，吉拉德都要问问他们是做什么的，家里人怎么样，等等。然后吉拉德再认真地聆听他们讲的每一句话。大家都喜欢这样，因为那会给他们带去一种被重视的感觉，而且让他们感觉到你是十分关心他们的。

吉拉德在自己的销售生涯中，非常注重倾听的作用，倾听使他赢得了无数顾客的尊重，也为他带来了辉煌的业绩。他将自己的倾听技巧归纳为以下12条。

（1）把嘴巴闭起来，以保持耳朵的清明。

（2）用你所有的感官来倾听。别只听一半，要了解完整的内容。

（3）用你的眼睛倾听，目光持续地接触，这样能显出你听进了每一个字。

（4）用你的身体倾听。运用肢体语言来感受，可倾身向前，脸上保持全神贯注的神情，表示对他讲话的专注。

（5）当一面镜子。别人微笑时，你也微笑；他皱眉时，你也皱眉；他点头时，你也点头。

（6）不要打岔，以免引起别人的烦躁和不快。

（7）避免外界的干扰。必要时请秘书暂时不要把电话接进来。

（8）避免分心。把电视、音响设备关掉，没有什么声音比你正倾听的那个人的声音更重要。

（9）避免视觉上的分神。不要让一些景象干扰你的眼睛。

（10）集中精神。随时注意别人，不要做其他分散精力的事，如看表、抠指甲、伸懒腰等。

（11）倾听弦外之音。通常，没有说出来的部分比说出的部分更重要。要注意对方语调、手势的变化。

（12）别做光说不练的人，把仔细倾听当做你的行动之一。

销售不仅要会说，更要会听

良好的倾听技能是成功地进行沟通及销售的关键。销售员应该运用倾听技巧，与顾客之间建立平等的双向互动的交流，并且通过介绍产品或服务，帮助顾客完成购买的心愿，满足需要，解决问题，或找出实现愿望的方法。虽然能言善辩是一位优秀销售员必须具备的重要能力之一，但是，成功的销售员不仅仅是一位口齿伶俐的说客，而且也是一位出色的听众。

多数人想当然地认为倾听是一种与生俱来的技能。他们错将听见某人说话当做倾听行为。通常，他们最多吸收 25% 的谈话内容。

倾听是一门必须学会的技巧，它和与生俱来的听截然不同。倾听是有目的的听觉。这是一个相当积极的过程，人们必须专心倾听说话者所说的内容。在同一个时间内，我们会听到许多声音，但是，我们会有目的地、有选择地听某种特定的声音。在我们的社交谈话中，我们只需要理解意思，有大致的信息、概念及感觉。然而，倾听却需要专心、思考和注意力。

有效的倾听与单纯的专心倾听是不同的。反馈或释义能够使销售员和顾客之间沟通的意思更加准确和清楚，因为这种技巧能够显示出具有强烈欲望的销售员发现自己是否完全理解了顾客的意思。有效的倾听也可以说是一种有选择性的倾听。

当我们有效地倾听时，就能对听到的东西进行消化、综合、分析，并理解其中的真实意思，以及哪些东西没有说到。良好的倾听，意味着对说话人所说的内容获得了完整、准确的理解。倾听的目的，不仅在于知道真相，而且在于听众能够自己理解出所有事实，并且评估事实之间的相互联系，进而努力寻找信息所传达的真正含义，这样的倾听才是富有意义的。销售员自我设定倾听的目标，不但可以为自己明确倾听方向，而且也有利于自己专心倾听。有组织的倾听，有助于销售员快速而完全地从顾客那漫无边际、毫无章法的谈话中跳出来，抓住顾客谈话的重点，达到自己倾听的目的。

销售员进行良好的倾听的两个主要目标，就是要告诉顾客：自己非常专心地倾听他们的说话，而且也完全了解顾客所说的意思。最好的办法就是在倾听时尽量不要分心，更不要假意倾听。

在必要的时候要对顾客表现出同情心。这意味着你理解他的心情，明白他的观点，但并不意味着你完全赞同他们的观点，而只是了解他们考虑问题的方法和对产品的感觉。

销售员在专心倾听时，可以不时地作些反应性回答，比如"噢，是的""你是对的""我知道你的观点"或"当然"，等等。这些用词都是你在倾听时偶尔插话的关键词，这样，顾客就会觉得你真的在听他的话，而且相当赞同他的看法。另外一些更加具体的反应性回答包括"这一点对你很重要，不是吗？""我能想象出你当时的感受"，"我想多了解一些事件的细节。"

正如上面提到的要向顾客表示你已经了解他们的心情，如对顾客说："我明白你的意思""很多人这么看""很高兴你能提出这个问题""我明白了你为什么这么说"，等等。

在倾听后与顾客的交谈中，关键是学会使自己的音质与环境和言辞相协调。以明快、轻佻的语调与顾客进行交谈显然不合适，这时你应该表现出经过精心润色、专业化的音质。它会将你的关切之情、高效的工作态度和尽快解决问题的良好愿望传递给顾客。

销售员倾听时应该注意技巧

倾听者不仅是听，而且要完全听进去。如果顾客说话时，销售员忙于其他的事情，如看报或者注视远方，顾客就完全有理由怀疑销售员没有倾听他的谈话，他也完全有理由拒绝销售员成交的要求。

此外，如果顾客从销售员的说话内容和方式作出判断，认为销售员并不可信，他们也很有可能不会听销售员的讲话。对于销售员来说，最为重要的不是他所传递信息的内容，而是把信息传递给对方所使用的方法。倾听就是一种很好的激励方法，倾听对方谈话的实质就是鼓励对方仔细倾听销售员所要传递的信息。

销售员倾听时应该注意技巧。通常销售员倾听顾客谈话时容易犯的毛病就是只摆出倾听顾客谈话的样子，内心却等待机会将自己想说的话说完。这种沟通方式的效果是相当差的，因为销售员听不出顾客的意图，听不出顾客的期望，其销售自然也就没有目标。培养倾听的技巧可以在以下几个方面努力。

1. 培养积极的倾听态度

站在顾客的立场考虑问题，了解顾客的需求和目标。销售员有时候应该反问一下自己，既然顾客都有耐心倾听我对产品的介绍，我又为什么没有耐心倾听顾客对需求的陈述呢，将顾客的陈述当做是一次市场调查也是相当不错的主意。

2. 保持宽广的胸怀

不要按照自己想要听到的内容来作出判断，对顾客的陈述不要极力反驳，以免影响沟通的正常进行。

3. 让顾客把话说完

不要打断顾客的谈话，顾客也没有时间整天对你这样说下去，他的倾诉也是有限度的，销售员应该让顾客把话说完，让他把自己的需求说清楚，销售员才能够依照顾客的表述来决定自己该说什么和怎么说、该做什么和怎么做。

4. 不要抵制顾客的话

即使顾客对销售员采取批评的态度，也应该请顾客把话说完，以便找到可以解释的地方。抵制顾客的话往往会导致顾客对你的话也采取抵制态度。

5. 站在顾客的立场上想问题

顾客的诉说是有理由的，他不会平白无故也不会不着边际，关键问题就是销售员如何理解顾客的诉说。销售员应该从顾客的诉说中找到顾客的隐情，以便采取有针对性的销售。

此外，聆听顾客讲话，必须做到耳到、眼到、心到，同时还要辅之以一定的行为和态度。

倾听也是一门艺术，并不是人人都能做到、做好。怎样学会倾听呢？销售员在倾听时应当注重以下几方面。

一是身子稍稍前倾，单独听顾客的谈话，这样是对顾客的尊重。

二是不要中途打断顾客，让他把话说完。打断顾客的谈话是最不礼貌的行为。

三是注视顾客的目光，不要东张西望。

四是面部要保持很自然的微笑，适时地点头，表示对顾客谈话的认可。

五是适时而又恰当地提出问题,以配合对方的语气来表达自己的意见。

六是可以通过巧妙地应答,将顾客的谈话引向所需要的话题。

把握倾听原则,发挥倾听价值

良好的倾听技巧可以帮助销售人员解决与顾客沟通过程中的许多实际问题,可以说,在一场成功地与顾客沟通过程当中,有效倾听所发挥的作用绝不亚于陈述和提问。

戴尔·卡耐基曾说,在生意场上,做一名好听众远比自己夸夸其谈有用得多。如果你对顾客的话感兴趣,并且有急切想听下去的愿望,那么订单通常会不请自到。

确实,倾听是了解顾客需要的第一步。听顾客说出他的意思是销售员决定采取何种销售手段的先决条件;听顾客抱怨更是解决问题,重新让顾客对商品产生信心的关键。

沟通是一个双向互动的过程:销售员需要通过陈述来向顾客传递相关信息,以达到说服顾客的目的。同时,销售员也需要通过提问和倾听接收来自顾客的信息,顾客的需求和意见,顾客遇到的难题等。如果不能从顾客那里获得必要的信息,那么销售人员的整个销售活动都将事倍功半。销售员要想有效发挥倾听的价值,需要掌握以下几个原则。

1. 专心倾听原则

专注就是用心聆听,人在心亦在。这是有效倾听的基础,也是实现良好沟通的关键。疲惫的身体、无精打采的神态、消极的情绪等都会让倾听失效,还有那些看表、玩手机、摸腰包、拿东西、接电话等行为都是不够专注的表现,要知道,如果不够专注,听得不够认真,顾客会很快察觉到,会影响顾客的情绪,也影响到顾客对你的信赖感。倾听不仅仅只是听的问题,必须积极、专心,还要借助分析、理解和判断等活动,还需要运用多重感官的综合行为。不仅耳朵要听,同时眼睛要观察,手也要记笔记。

2. 巧妙提问原则

倾听,往往要和引导性提问结合起来,才能发挥最大威力。为此,销售人员必须学会引导和鼓励顾客谈话。为使整个沟通实现良好的互动，更为了销售目标的顺利实现，可以通过适当的提问来引导顾客敞开心扉。你可以通过开放式提问的方式使顾客更畅快地表达内心的需求，比如用"为什么……""什么……""怎么样……""如何……"等疑问句来发问。在每个阶段，提问都推动着销售对话的进程。

顾客会根据销售人员的问题说出自己内心的想法。之后，销售人员就要针对顾客说出的问题寻求解决问题的途径，这时，销售人员还可以利用耐心询问等方式与顾客一起商量，以找到解决问题的最佳方式。

3. 及时回应原则

顾客在倾诉过程中需要得到销售人员的及时回应，如果销售人员不作任何回应，顾客就会觉得这种谈话非常无味。点头、微笑、肯定，身体前倾，眼神交流等这些方法都是一种回应。我们说"是的""对的""我也有这样的感受""我能完全理解你的心情"等，都能及时表现出你对顾客的关注。回应可以使顾客感到被支持和认可，当顾客讲到要点或停顿的间隙，适当给予回应，可以激发顾客继续说下去。

4. 复述原则

复述就是倾听时先记住对方说话的重点，然后你再复述一遍。这样做，一方面可以向顾客传达你一直在认真倾听，另一方面，也有助于保证你没有误解或歪曲顾客的意见，从而使你更有效地找到解决问题的方法。例如："您的意思是要在合同签订之后的20天内发货，并且再得到5%的优惠吗？""如果我没理解错的话，您更喜欢弧线形外观的深色汽车，性能和质量也要一流，对吗？"复述还会让顾客觉得你重视他，他会很高兴，这样一来，他就不会拒绝你，买单也就不成问题了。

5. 分享原则

很多人都不懂与人分享的好处，我每次跟人谈话结束的时候，都会讲"今天跟您的交谈让我深受启发，收益很多！"销售沟通中的分享很重要，它能在分手的一刹那给顾客留下美好的感觉和回忆。

你要善于讲分享的话语，比如可以说"你讲的……对我很有帮助，特别是在……方面我很有触动"等。分享会产生很大的力量，它对下一次成交有很大的帮助。

有效倾听是一种需要不断学习和锻炼的技巧。

 **费斯诺定理活学活用：销售员要当一名好听众**

倾听顾客谈话，能够赢得顾客好感。销售员成为顾客的忠实听众，顾客就会把你引以为知己；反之，销售员对顾客谈话时心不在焉，或冒昧打断顾客谈话，或一味啰啰唆唆，不给顾客发表意见的机会，都会引起顾客反感。

销售员应该如何做，才能当好一名听众呢？

（1）带着真正的兴趣听顾客在说什么，把它当成一种享受，把注意力集中在顾客身上。

（2）永远也不要假设你知道顾客要说什么，因为这样会分散你的注意力，你就不会认真地去听。

（3）不要漫不经心地听。边听边思考，理解顾客说的话，真正做到听进去。这是你能让顾客满意的唯一方式。

（4）把脑子里最重要的位置留给顾客。

（5）倾听是一件容易做到的事，特别在你心中有话要说，或者受到外界干扰时，要学会克制自己，排除干扰。

（6）听的时候看着顾客的眼睛，观察他的面部表情，注意他的声调变化。优秀的销售员应当学会用眼睛来听。

（7）可能的话用笔记下顾客说的关键词语，它会帮你更认真地倾听，并且记住对方说的话。

（8）不要相信顾客说的每一句话，对有些话要打个问号。

（9）不要轻易插嘴打断顾客的话头，或让他缩短谈论。

（10）记住，顾客喜欢谈话，特别是喜欢谈他们自己，谈他们感兴趣的问题，他们谈得越多，越感到痛快，就越会倾向于购买你所销售的产品。人们都喜欢好听众，所以，要耐心地听。

但是，现实中有的销售员很想用心倾听顾客的谈话，但却做不到，是什么原因使你不能很好地倾听顾客呢?

要想成为一名善于倾听的优秀销售员,还必须防止以下情况的发生:

(1)喜欢抢着说话,常常将顾客的话打断,以致顾客无法说下去。

(2)听到不同意的观点或是顾客说错了便急于反驳对方。

(3)认为无关紧要或没兴趣的话,便不注意去听,以致注意力无法集中。

(4)急于记住每件事情,结果重要的事情反而没有注意到。

(5)在顾客未全部说出自己的想法时,就轻易地作出结论。仿佛顾客要说的自己早就知道了。

(6)当买方有多人在场时,你常忽略你认为不重要的人所说的话。

(7)由于时间紧迫,还要赶下一个约会,心中烦躁不安,因而也就无法细听顾客唠叨。

15 皮革马立翁效应：
尊重带来意外回报

定律释义：

1968年，美国心理学家罗塔尔森和雅各布森做了一次有趣的试验：他们对一所小学的6个班的学生成绩发展预测，并把他们认为有发展潜力的学生名单用赞赏的口吻通知学校的校长和有关教师，并再三叮嘱对名单保密。实际上，这些名单的人名是他任意选取的。然而让人出乎意料的是，8个月以后竟出现了令人惊喜的奇迹：名单上的学生个个学习进步、性格开朗活泼、求知欲强、与教师感情甚笃。

为什么8个月之后竟会有如此显著的差异呢？原来，这些教师得到权威性的预测暗示后，便开始对这些学生投以赞美和信任的目光，正是这种暗含的期待和赞美使学生增强了进取心。这种由于教师的赞美、信任而产生的效应，他们把它命名为"皮革马利翁效应"。

在这个世界上，不管是谁，都是希望得到别人重视的。给顾客以重要的感觉，是获得顾客信赖的首要途径。销售员要善于付出真情，才会换来顾客的真诚相待。

没有尊重就没有销售

"皮格玛利翁效应"留给我们这样一个启示:赞美、信任和期待具有一种能量,它能改变人的行为,当一个人获得另一个人的信任、赞美时,他便感觉获得了社会支持,从而增强了自我价值,变得自信、自尊,获得一种积极向上的动力,并尽力达到对方的期待,以避免对方失望,从而维持这种社会支持的连续性。

然而,遗憾的是,在现实生活中,人们似乎都已经遗忘"信任""期待"和"赞美"这几个词了,他们对身边那些在生活、工作和学习中一时不理想的人们往往不是给予鼓励和耐心地帮助,而是讽刺、挖苦,并且总是用一种老眼光和轻视的态度冷落他们,使他们的自尊心和自信心大大地受到伤害以至于感到心灰意冷,气馁自卑,甚至性格孤僻、沉默寡言,长此以往,便使他们禀性难移了。

玛丽·凯化妆品公司的创始人玛丽·凯在她的畅销书《玛丽·凯论人事管理》里面写道:"每个人都与众不同。我真的相信这一点。我们每个人都会自我感觉良好,但我认为让别人也这么想同样重要。无论我见到什么人,我都竭力想象他身上显现一种看不见的信号:让我感觉自己很重要。我立刻就对此作出反应和表示,于是奇迹出现了。"

这就难怪玛丽·凯能够成为美国历史上成功的女商人之一。她懂得如何让别人自我感觉良好,从而达到销售的目的。

没有人喜欢在别人的面前显得地位低微,即使是在做一件不太大的事情,你也要看到他做的事情的重要性。因为,任何事情都会有智慧的亮点,你要善于抓住那些亮点。

这实际上就是去设法让人们知道你对他们真的很感兴趣。下面是几位优秀销售员的经历。

当一位满身尘土、头戴安全帽的顾客走进店里时,销售员就对他说:"嗨,你一定在建筑行业工作吧。"很多人都喜欢谈论自己,于是销售员尽量让他无拘无束地打开话匣子。

"您说得对。"他回答道。

"那您负责什么,钢材还是混凝土",销售员又提了个问题想让他谈下去。两个人就这样聊了起来。

还有一个销售员问一位顾客做什么工作时,他回答说:"我在一家螺丝机械厂上班。"

"那您每天都做些什么?"

"造螺丝钉。"

"真的吗?我还从来没见过怎么造螺丝钉。哪天方便的话,我真想上你们厂看看,您欢迎吗?"

销售员做的只是让他们知道他重视顾客们的工作。或许在这之前,从未有谁怀着浓厚的兴趣问过他这些问题。

等到有一天销售员真的去工厂拜访那位顾客的时候,那位顾客喜出望外。他把销售员介绍给年轻的工友们,而销售员则趁机送给每人一张名片。正是通过这种策略,优秀的销售员获得了更多的生意。

对每个人都重视,并养成一个良好的习惯,你就会发掘出更多的潜在顾客。没有人不喜欢别人的尊重,尊重的作用是相互的,你在尊重别人的同时,可能一个潜在的顾客就产生了。

时刻让顾客感到自己很重要

哈佛大学著名心理学家威廉·詹姆士曾经说过:"人类本质中最热切的需求,是渴望得到他人的尊重和肯定。"这是每个人都有的心理需求,不管是在生活中还是工作中,人们都希望受到重视,希望能够突显自身的地位和价值。因此使人感觉到自己是重要的,往往会给对方以心理的满足,使他们产生愉悦感,这样彼此交流起来更加容易。

我们常说相互尊重是彼此之间进行交流合作的基础,那么提升别人的重要性,也是对人尊重的一种方式。让对方觉得在你心里他是很重要的,那么对方就会获得强烈的安全感和归属感,就会将心倾向于你,对你表示信任。在销售工作中,让顾客感到自己很重要,既是对顾客的尊重,也会使销售员得到顾客的青睐,顺利购买销售员的商品。销售也是一种人际交往，是销售员与顾客结识并建立关系的过程。只有建立起好的关系，才会增进彼此之间的感情，使顾客心甘情愿地购买你的商品。所以销售员与顾客之间不仅是简单的买卖关系，更重要的是一种情感的交流。

人们的情感是变幻莫测的，而引发情感变化的因素有很多，有的会使情绪变坏，有的则会激发人们的正面情绪，"一句话可以把人说笑，同样一句话也可以把人说跳"，只有善于调动人们积极的情绪，让对方感受到自己是受重视的，才会使彼此之间更加容易沟通。

对于销售员来说，打动顾客心灵的最好方法，就是巧妙地表现你衷心地认为他们很重要。当顾客光临你的商店来购买商品，销售员态度冷漠，不理不睬，顾客肯定会生气地离开，而且赌气以后再也不来买东西，当你到顾客家里销售商品，却对顾客表现得不够尊重，顾客稍微挑剔一点，销售员就厌烦，甚至和顾客争论或者发脾气，那么这样的销售员也一定会被顾客轰出门。销售行业奉行的宗旨是"顾客是上帝"，作为一种服务行业，销售员应该以友好的态度，努力为顾客提供优质的服务，让顾客体验到"上帝"的感觉。如果销售员总是想把顾客踩在脚下，使劲儿地剥削他们的钱财，这样必然会失去所有的顾客，最终走向失败。

对别人表示关心和重视，能够换回对方积极的回应。能够把顾客放在心上的销售员，顾客也会把他放在心上。"让顾客觉得自己很重要"是打动顾客内心的一个重要原则，这就需要销售员在细微处给予顾客最真挚的接纳、关心、容忍、理解和欣赏。

销售员要学会关心别人，在这个世界上，每个人都有遇到困难、感到难过的时候，而此时就是最需要别人关心的时候，不管是亲人、朋友还是陌生人，也许只要一句简单的安慰或者问候，就可以给他莫大的温暖和鼓励。学会关心别人，帮助别人，这样当你需要关心和帮助的时候，就会有很多的人向你伸出援助之手。别管这个人是你的亲人、朋友还是陌生人，当他们需要的时候，如果销售员可以慷慨地献出自己的真心和爱心，说不定哪天他们就会成为你最忠实的顾客。对他人表现出诚恳的关心，不仅可以让你赢得朋友，也能令你的顾客对你和你的产品报以忠诚。

15　皮革马立翁效应：尊重带来意外回报

赞美是个相当神奇的魔法

赞美是个相当神奇的魔法。我们都会为爱的礼赞而兴奋不已。赞美可以激励准顾客建立他们的自我形象，并使他们喜欢我们。赞美的话对准顾客的冲击是相当深刻的。为什么不一见面就使用赞美顾客的方式呢？不要觉得害羞，不要畏缩，勇敢地说出来，这会带给准顾客无以比拟的价值感，让他感到自己是个重要的大人物。

销售技巧中虽然会用到一些称赞的语言，但若是运用不当，就会出现相反的效果。也就是说，在赞美对方时，首先要考虑到一个事实，那就是顾客可以接受哪些称赞的话，倘若适得其反，不如不用。身为销售员，反应能力一定要快，当顾客出现反感时要立即打住，避免墨守成规而形成僵化的销售局面。否则经常如此，销售能力不但不会提高，而且还会给人一种令人作呕的虚伪形象。

赞美顾客要讲究一定的技巧。如果不审时度势，不掌握良好的赞美技巧，即使销售员出于真诚，也会将好事变成坏事。在赞美顾客时，以下技巧是可以运用的。

1. 因人而异

顾客的素质有高低之分，年龄有长幼之别，因此要因人而异，突出个性，有所指的赞美比泛泛而谈的赞美更能收到较好的效果。

2. 详细具体

在和顾客的交往中，发现顾客有显著成绩的时候并不多见，因此销售员要善于发现顾客哪怕是最微小的长处，并不失时机地予以赞美。让顾客感觉到销售员真挚、亲切和可信，距离自然会越拉越近。

3. 情真意切

说话的根本在于真诚。虽然每一个人都喜欢听赞美的话，但是如果销售员的赞美并不是基于事实或者发自内心，就很难让顾客相信销售员，甚至顾客会认为销售员是在讽刺他。

4. 合乎时宜

赞美顾客要相机行事。开局赞美能拉近和顾客的距离，到交易达成后再赞美顾客就有些过。如果顾客刚刚受到挫折，销售员的赞美往往能够起到激励其斗志的作用。但是如果顾客取得了一些成就，已经被赞美声包围并对赞美产生抵制情绪时，再加以赞美就容易被人认为有溜须拍马的嫌疑。

美言俘虏顾客心，嘴甜能吃热豆腐

赞美是每个人都希望听到的。当销售员面对顾客时，适时、适度的赞美对销售活动起到推波助澜的作用。

一次，李强在机场候机，因时间还早，他看了看自己的皮鞋觉得该请人擦一下。李强很乐意机场的擦鞋童为他服务，因为这是一位全世界最杰出的"擦鞋童"。

李强来到擦鞋童的摊位，有两个人在等候。不久，擦好鞋的客人起身准备离去，擦鞋童请李强就座，李强坐下来时他正为上一位客人找钱，李强看了看标价，决定花1元钱随便擦一下就行。

擦鞋童问李强要哪一种服务，李强回答说只要一般的服务。他退后一步，看着李强疑惑地问，一般的服务？李强心想这个家伙并非简单的人物，但自己是不会让他得逞的，于是坚定地说要一般的服务，并相信他会做得很好。擦鞋童脸上的表情并未有所变化，也没有再说什么，只是拿出工具开始擦鞋。

当擦完一只鞋后，擦鞋童问李强："这是你的鞋吗？"

李强回答说："的确是。"

擦鞋童说："这真是一双好鞋，应当值不少钱。"

李强回答说："的确值不少钱，但我不嫌贵，因为穿在脚上觉得很舒服。"

在擦鞋之时，擦鞋童摸着李强的一条裤脚说，这是他所触摸过的最不寻常的布料。擦鞋童说的没错，李强的裤料的确非比寻常，是上等的布料。擦鞋童告诉李强这种特殊的衣料来自爱尔兰，至少可以穿上5年的时间。然而李强却说，这是以低于市价买的，他已经穿了7年还看不到磨损，这是一套极佳的衣服。

当李强告诉擦鞋童这些事情时，擦鞋童又指着上衣问，这是哪一种衣物？李强说出服装的名字，擦鞋童惊奇的赞道："老天！这是极佳的服装，这可值不少钱吧？"

15　皮革马立翁效应：尊重带来意外回报

李强说："这种服装价格的确不便宜。"

李强身上穿的这套服装，上衣较裤子更昂贵，整套服装花了2 000多元。

在他们交谈之间，擦鞋童已为李强擦好了鞋子。李强曾在海军服役时有过两年的擦鞋经验，因此，他能评估擦鞋童的工作成效，他知道，擦鞋童使用布拍他的鞋子时有两个用意，其一是：他在卖弄自己所完成的工作；其二是让等候的客人知道他仍在忙着。

擦鞋童突然停下手，看着李强的眼睛说：

"你也知道，这真的是一项耻辱，一个花1 000多元买鞋的人，一个花2 000多元买衣服穿的人，一个尽一切努力要让自己给人最好印象的人，竟然不愿多花1元将他的鞋擦亮一点。"

李强无奈地回答道："好吧！好吧！"

擦鞋童就这样令李强感到羞愧而成功地多赚了他的钱。当然，擦鞋童也把李强的鞋擦得光洁无比。

不知道你会怎么想，其实李强花1元钱就足够了。不过，当李强付过钱后，像个帝王一般昂首阔步地走开时，心里想说，这家伙怎么会待在这里为人擦鞋呢？

李强看了看钟，算计着，从坐下来到擦完鞋只过了3分钟的时间，擦鞋童就赚走了2元，也就是说，他一小时可以赚到60元。

一小时赚60元，一天下来就有480元（以工作8小时计），当然，这是不可能的，我们就以半数计之，一天赚240元应不在话下。

当然他实际赚的绝对比估算要多得多，因为他是一个专业的销售人才，最佳的擦鞋童。

李强在一年后又回到那个机场，并再度来到擦鞋童前擦鞋……

作为销售员，在拍"马屁"的时候，一定要拍在"马屁股"上，如果拍在马蹄子上面，你会死得很惨。其实，无论怎样拍马屁，关键在于自己怎么算计。勿以事小而不为，从小处大声夸赞，说不定是一条通向成功的捷径。

每个人都需要别人的赞美。时时用使人愉悦的方法赞美顾客，是博得顾客好感的最佳方法。不要吝于赞美顾客，要把你的掌声和鼓励不失时机的送给你的顾客。顾客受到激励后，也会更加努力地对你，你也将可以得到更多地回馈。

皮革马立翁效应活学活用：牢牢记住顾客的姓名

有一位经营美容店的老板说："在我们店里，凡是第二次上门的，我们规定不能只说'请进'，而要说：'请进！小姐（太太）。'所以，只要来过一次，我们就存入档案，要全店人员必须记住她的尊姓大名。"

如此重视顾客的姓名，使顾客感到备受尊重，走进店里颇有宾至如归之感。因此，老主顾越来越多，自然生意愈加兴隆了。

安德鲁·卡内基被人誉为钢铁大王，但他本人对钢铁生产所知无几，他有几百名比他懂行的人在为他工作。他致富的原因是什么呢？他知道怎样利用顾客的名字来赢得顾客的好感。比如，他想把钢轨出售给宾夕法尼亚铁路公司，当时，那家公司的总裁是齐·埃德加·汤姆森，卡内基就在匹兹堡造一座大型钢铁厂，并取名为"埃德加·汤姆森钢铁厂。"这样，当宾夕法尼亚铁路公司需要钢轨的时候，就只从卡内基的那家钢铁厂购买。

在任何语言中，对任何一个人而言，最动听、最重要的字眼就是他的名字。

当你走在陌生人群中，突然听到有人呼唤你的名字，会有什么感受？兴奋！假如这个能叫出你名字的人是曾经向你销售过某种商品的人，这丝毫不影响你的愉快情绪，只能加深对他的好感。这种销售技巧被人们叫做记名销售法则。真心地向顾客求教，是使顾客认为在你心目中他是个重要人物的最好办法，既然你如此看得起他，他是不会不给你面子的。

难道你比罗斯福和拿破仑第三还要忙吗？

当然，你没有。

但是，你为什么记不住别人的名字呢？

罗斯福总统知道一种最简单、最明显、最重要的得到好感的方法，就是记住别人的名字，使人感到被重视。曾经发生过这样一件事：克莱斯勒公司为罗斯福制造了一辆汽车。当汽车送到白宫的时候，一位机械师也去了，并被介绍给罗斯福。这位机械师很怕羞，躲在人后没有同罗斯福讲话。罗斯福只听到他的名字一次，但当他们离开的时候，罗斯福寻找到这位机械师，和他握手，并叫着他的名字，谢谢他到华盛顿来。机械师深受感动，数年以后还经常提起这件事。

15 皮革马立翁效应：尊重带来意外回报

拿破仑三世（即拿破仑的侄子）曾自夸说，虽然他国事很忙，但他能记住每一个他所见过的人的姓名。所以你要知道，记不住下属的名字，忙是最蹩脚的借口。

当然，记住顾客的名字，并不是一件轻而易举的事，需要下一点工夫，还得有一套行之有效方法。一般记住大量名字的方法，有如下几种。

1. 正视别人

现代社会，人际关系越来越疏远，甚至有些人还会认为正视别人是不礼貌的事。为了增进记忆人名的能力，必须克服这些感觉。当你正视对方时，对方会感到激动，因为正视对方表示对他很感兴趣，因而对方也将注意你。

2. 注意对方特征

当把注意力集中在对方的面孔上时，尽量找出有关的资料记忆。人有多方面的特征，有外型的特征，如眼睛特别大、胡子特别多、前额很突出……；也有职业上的特征、名字上的特征，等等。把这些特征联系起来，记住名字就没有那么难了。要找出特殊之处，譬如"浓眉""塌鼻子""焦红的头发"或者有伤痕。卡通或漫画最能将个人独特之处借简单的两三笔线条表示出来。假如能发展这种能力，对你的识人本领将有莫大的帮助。

3. 认真记忆

记住别人的名字有时相当困难。也许某人能在短时间之内注意10张面孔，却无法同时注意10个姓名。在宴会中，主人总是匆匆忙忙地介绍每位客人，往往你还没来得及注意，介绍已经完了，这样便无法分析姓名及其特征。有时候只得请介绍者介绍得慢一点。若是可行的话，你不妨主动走到别人面前对他说："刚才介绍得太快了，我实在无法记住你的名字。我叫×××，你呢？"这样你就有机会记住对方的名字，并且试着找出这个人的特点。

4. 特色记忆

找出姓名的特色可从下面三点考虑：

一是这个名字是否与众不同或很有趣？

二是这个名字是否很普通？

三是名字和你所看到的面孔配不配？

最重要的是把注意力放在名字上。假如你听到一个名字能够把它以句子的形式复述出来，对记忆将大有帮助。比如说"布朗先生，真高兴认识你"，把注意力直接放在姓名上,并且把名字和面孔进行比较,有助于把姓名和面孔联系在一起。

5. 多与顾客接触

见面的次数多了,你想忘记都难了。

既然你并不是日理万机,那就不妨试试看吧,也许你想象不到记住顾客的名字对你征服人心有多么大的帮助。

被人记住姓名,可以满足人性的最基本需要——感觉自己重要,以及受到别人的接受和尊重。

记住人名,是创造自己对别人影响力的一种手段。

据说俄罗斯前邮政总局局长杰姆·弗雷有惊人的记忆人名的能力,他能记住4 500多人的姓名,因此常常令人倍觉亲切。虽然一般人不必表现出这种卓越的记忆力,但是一定要能叫出经常往来的顾客,以及常相往来朋友的姓名。

记住你的顾客的名字,这将充分表现你对他的重视。人是崇尚礼尚往来的动物,你重视他,他也会重视你。

16 示范效应：
演示就是最好的推销

定律释义：

一项调查结果显示：假如能对视觉和听觉做同时诉求，其效果比仅只对听觉的诉求要大8倍。在销售中，销售人员使用示范，就是用动作来取代言语，能使整个销售过程更生动，使整个销售工作变得更容易。

任何产品都可以拿来做示范。而且，在5分钟所能表演的内容，比在10分钟内所能说明的内容还多。好产品不但要辩论，还需要示范，一个简单的示范胜过千言万语，其效果可让你在一分钟内，作出别人一周才能达成的业绩。

卖产品不如卖效果

销售人员销售的对象是商品，但是你应该明白的是，有时候卖商品不如卖效果。

比如别墅、名车、高尔夫会员资格等高级别的商品，它们往往是地位与身份的象征，所以，你就应该在这个"地位与身份"上大做文章；汽车、音响、录像机、旅行、空调设备，是人们追求舒适和欢乐所要求的，所以，对这类商品，你就要不遗余力地向顾客强调它们的使用效果及卖点所在；对于微波炉、复印机、全自动洗衣机、电脑等商品，你应该在功能和经济性上给对方"利诱"；而对于钢琴、大型音响设备、昂贵的化妆品、珠宝等，可以称之为"奢侈品"，你便可以抓住顾客的虚荣心大加渲染。抓住你的产品会导致的效果，有侧重地加以说明，便会恰到好处地吸引住你的顾客。

国外一个著名的销售员曾说过："如果你想勾起对方吃牛排的欲望，将牛排放在他面前，固然有效。但最令人无法抗拒的是煎牛排的'吱吱'声，他会想到牛排正躺在黑色的铁板上，吱吱作响，浑身冒油，香味四溢，不由得咽下口水。"正是这种"吱吱"的响声使人产生了联想，刺激了人的欲望。

为了使顾客产生购买的欲望，仅让顾客看商品或进行演示还是不够的，同时还必须对他们加以适当的劝诱，使他们的头脑中呈现出一幅美景——该商品的良好使用效果。

有一位销售空调的高手，他从来不滔滔不绝地向顾客介绍空调机的优点如何如何，因为他明白，人并非完全因为东西好才想得到它，而是由于先有相应的需求，才会感到东西好。如果没有需求的话，东西再好，他也不会买。

所以，他在销售产品时并不说"这样闷热的天气，如果没有冷气，实在令人难受"之类的刻板的套话，而是把那些有希望购买的潜在顾客，想象成刚从炎热的阳光下回到一间没有空调的屋子里的人，然后再诚恳地对他说："您在炎热的阳光下挥汗如雨地工作后回家来了。当您一打开房门，迎接您的是一间更加闷热的'蒸笼'。您刚刚抹掉脸上的汗水，可是额头上立即又渗出了新的汗珠。您打开窗子,但一点风也没有。您打开电扇,吹来的却是热风,使您本来就疲劳的身体更加烦闷。可是,您想过没有,假如您一进家门,迎面吹来的是阵阵凉风,那将会是一种多么惬意的享受啊!"

那些优秀的销售人员都明白,在进行关于商品说明的时候,不能仅以商品的各种物理性能为限,因为这样做,还难以使顾客动心。要使顾客产生购买的念头,还必须在此基础上为顾客勾画出一幅梦幻般的图景,这样才能大幅度地提升商品的迷人魅力。

介绍产品时要突出优势和卖点

销售人员在向顾客介绍产品时首先要弄清楚,哪些是产品的基本性能特征,哪些又是产品的卖点。一般来讲,产品的性能特征就是指产品的具体事实,如产品的功能特点和具体构成,而产品的益处指的是产品对顾客的价值,也就是该产品的卖点所在。在介绍产品时,要把产品的特征转化为产品的益处,如果不能针对顾客的具体需求说出产品的相关利益,顾客就不会对产品产生深刻的印象,更不会被说服购买。如果针对顾客的需求强化产品的益处,顾客就会对这种特征产生深刻的印象,从而被说服购买。

1. 掌握有效说明产品卖点的方式

一般来讲,无论销售人员以何种方式向顾客介绍或展示购买产品的好处,通常会围绕以下几个方面展开。

(1)省钱。

(2)方便。

(3)安全。

(4)关怀。

(5)成就感。

针对这些方面,销售人员要根据不同的顾客采用下面不同的说明方法。

(1)"产品先进的技术会给你带来巨大的效益。"

(2)"方便的使用方法会给你节约大量的时间。"

（3）"这种产品可以更多地体现你对家人的关心和爱护。"

（4）"产品时尚的外观设计可以体现出您的超凡品位。"

当然，销售人员应该注意的是，说明产品的卖点时，必须针对顾客的实际需求展开。如果提出的产品卖点并不符合顾客的需要，那么这种产品的性价比再高，也不会引起顾客的购买兴趣。

2. 突出产品的优势与卖点

当顾客说出愿意购买的产品条件时，销售人员要将自己的产品特征和顾客的理想产品进行对比，明确哪些产品特征是符合顾客期望的，顾客的哪些要求难以实现。在进行一番客观的对比后，销售人员就能有针对性地对顾客进行销售。

（1）突出产品的卖点与优势。销售人员要强化产品的卖点与优势，对顾客发动攻势。如："您提出的产品质量和售后服务要求，我公司都可以满足您，一方面，我公司的产品的特点在于……另一方面，我公司为顾客提供了各种各样的服务项目，如……"在强化产品优势时，销售人员必须保证自己的产品介绍是实事求是的，并且要表现出沉稳、自信和真诚的态度。

（2）弱化那些无法实现的需求。无论销售人员多么努力地向顾客表明产品的各项优势，可聪明的顾客还是会发现，销售的产品在某些方面达不到理想要求，这是不可避免的。如果你的产品达不到顾客的要求，可以运用以下两个方法来弱化顾客的异议：其一，只提差价。这种方法适用于很多产品的销售。如："只要多付1000元，您就可以享受到纯粹的夏威夷风情。"其二，进行贴近生活的比较。这要求销售人员对自己的产品要有较深的理解，并且这种理解符合大多数人的生活习惯。如："您只要每周少抽一包烟，购买这个产品的钱就出来了。"

介绍产品时要调动顾客的想象力

通用电气公司几年来一直想销售教室黑板的照明设备给一所小学。可联系了无数次，说了无数的好话均无结果。这时一位销售员想出了一个主意，使问题迎刃而解。他拿了根细钢棍出现在教室黑板前，两手各持钢棍的端部，说："先生们，你们看我用力弯这根钢棍，但我不用力它就又直了。但如果我用的力超过了这根钢棍最大能承受的力，它就会断。同样，孩子们的眼睛就像这弯曲的钢棍，如果超过了孩子们所能承受的最大限度，视力就会受到无法恢复的损坏，那将是花多少钱也无法弥补的了。"

没过多久，通用电气公司终于如愿以偿了。

在向顾客介绍你的产品时，充分调动顾客的想象力是非常重要的。如果能让顾客自己来计算数字那就更好了，因为这样做给他们的印象更深，理解也更透彻。

一个牙医做得更绝，他把患者的X光片放在墙上，使患者一坐下就可以看到自己牙齿损坏的情况。然后，牙医就会说："不要等牙坏到不能用的程度才来看病。"

在销售的过程中，出示一定的实物，再说一些能够调动顾客想象力的专业语言，就能够令顾客在事实的基础上，发挥自己的想象力，从而产生认同商品的看法。

人的想象力是惊人的，对于同一个事物，不同的人会得出不同的看法。因此，这就要求销售人员能够用自己的专业语言为顾客的想象力铺平道路，并限制或发展顾客的想象空间，这就像制造一个固定的空间，固定的路径，引导顾客朝着自己设定的方向想象，从而达到销售的目的。

香港一家专营胶粘剂的商店，为了让一种新型"强力万能胶水"广为人知，店主用胶水把一枚面额千元的金币粘在墙壁上，并宣称："谁能把金币掰下来，金币就归谁所有。"一时，该店门庭若市，登场一试者不乏其人。然而，许多人费了九牛二虎之力，仍然徒劳而归。有一位自诩"力拔千钧"的气功师专程赶来，结果也空手而归。于是，"强力万能胶水"的良好性能声名远播。

同样的道理，在销售的过程中，充分调动顾客的想象力，会对你销售的成功有很大的促进作用。

一般的轮胎销售人员可能这样平淡地介绍自己的产品："这种轮胎货真价实，持久耐用！"

一个具有想象力的销售人员可能会说出这样一段充满戏剧效果的话："您正带着孩子们以每小时80千米的速度驱车快速行驶，突然感到车下出现一连串的激烈颠簸，迫使您将车驶到路侧。原来您的车撞上了路面的一条钳口般的长裂纹……震得你浑身骨头都快散了架，震得汽车上的螺栓嘎吱乱叫！您不必担心您的轮胎，只要把紧方向盘就会万事大吉，这种轮胎可以应付任何道路状况！"

上述两种介绍产品的方式，效果孰好孰坏，不难分辨。

介绍产品要实话实说

销售人员为了销售产品，增加业绩，往往会对产品进行有效的宣传，但任何一种宣传都要诚实，要实话实说，要对消费者负责。不能为了一时的销售业绩，就过度地去介绍产品的优点，甚至去夸大产品的性能和价值。

销售人员向顾客介绍产品的过程，是努力促成交易的过程，是需要展示产品特色和优点的过程。只有努力张扬产品的好处，吸引顾客的兴趣，才能保证销售工作顺利进行。但在这个过程中，过分夸大产品的优点，势必让可能对产品市场比你还了解的顾客因此不再信任你；不知情的顾客购买产品后，如果发现产品并没有你所夸耀的好处，就会对你产生抗拒和厌恶的情绪，不会再继续购买你的产品。

那么，销售人员应该如何做到客观地向顾客介绍产品呢？

1. 要客观地介绍产品

销售人员在介绍产品的时候，要尽量保持简单明了。这样不但可以突出产品的特性，还能让顾客容易接受。

"这种无油烟炒锅，炒菜时不但没有油烟，还不会糊锅。"

"这款手机虽然价格便宜，但支持蓝牙、红外和数据线，扩展功能强。"

"这种复印机只要扫描一次，就可以复印很多次，而且每次复印效果同样清晰。"

销售人员应该注意，在介绍产品使用的资料时，要绝对真实可靠，因为它展示的是该产品的主要功能和特性，如果存在虚假信息，必然会产生不利的影响。

2. 介绍产品时要扬长避短

任何一个产品，都存在好的一面以及不足的一面。作为销售人员，应该站在客观的角度，清晰地分析产品的优势，对于产品的缺点，要懂得尽量去回避，而不是去欺瞒顾客。

扬长避短是一种口才技巧，其目的主要是为了转移顾客的注意力，要大力强调产品的特色和优点，而对于顾客没有提到的产品缺点，销售人员就不要画蛇添足地多说，否则就会令自己的产品缺点曝光，阻碍销售工作的顺利进行。

3. 重点介绍产品的优点

顾客购买产品，必然是他认为这种产品给他带来的收益和好处超出了付出，一般来讲，顾客都希望产品可以提供以下功效：

（1）带来更多的收益。

（2）节省时间和精力。

（3）身份和地位的象征。

（4）满足健康和安全的需求。

（5）时尚的、引人注目的、品位的体现。

因此，销售人员在向顾客介绍产品时，仅仅是说明和示范产品的特性是不够的，还要根据顾客的实际需要，找出顾客最关心的点，然后用产品中可以满足这一需求的优势，向顾客重点介绍，这样才能真正打动顾客。如果顾客一旦觉得你的产品的某些优势正是他所需要的，即使他明白产品存在一些缺陷，还是可以接受的。

因此，当销售人员在对顾客进行产品介绍时，要在避免夸大优点的基础上，认真琢磨产品的特性是如何让顾客受益的，然后针对不同顾客的关注点，有目的地采用不同的介绍方式。

示范效应活学活用：做一名合格的产品专家

要想成功地打动顾客，销售人员要将产品的优越性以最吸引人的方式或语句展示给顾客，因而销售人员自己应先对所销售的商品有一个正确的、透彻的认识，把自己训练成为一个产品专家。

如果说，销售95%靠的是热情，那剩下的5%靠的就是产品知识。销售人员成为产品专家的意义何在呢？答案是，销售人员必须能够回答顾客提出的任何问题，毫不迟疑并准确地说出产品的特点，熟练地向顾客展示产品。只有具备了专业的、丰富的产品知识，才能信心十足，才能产生足够的热情，成为销售专家。现在，许多顶尖销售人员最引以为傲的，不是自己的销售业绩，而是他们在其产品或服务方面的渊博知识无人能及。

因此,销售人员在进行销售之前,一定要对产品的以下基本特征有充分地了解。

1. 产品的名称

有些产品的名称本身就具有特殊的含义。这些名称包含了产品的基本特征,有可能也包含了产品的特殊性能等,所以销售人员必须充分了解这些内容。

2. 产品的技术含量

产品的技术含量指的是产品所采用的技术特征。一个产品技术含量的多少,销售人员应该心知肚明。在销售时,要扬长避短,引导消费者认识产品。

3. 产品的物理特性

产品的物理特性包括产品的规格、型号、材料、质地、美感、颜色和包装等。

4. 产品的效用

销售人员应该知道产品能够为顾客带来什么样的利益,这是应该重点研究的地方。因为消费者之所以选择购买某种产品,正是因为该产品能够给消费者带去他所需要的效用。因此,销售人员应该注意以下几点:

(1)品牌价值:随着现在人们品牌意识的提高,对于很多领域内的产品,消费者比过去更加注重产品的品牌知名度。

(2)性价比:这是理智的消费者会着重考虑的因素,在购买某些价格相对比较高的产品时,这种考虑会更加深入。

(3)特殊卖点:指的是产品蕴涵的新功能、其他产品所无法提供的功能等。

(4)服务:现在人们越来越关注产品的售后服务,但是,产品的服务不仅仅指的是售后服务,还包含销售前的服务和销售中的服务。

17 布里特定律：
要想推而广之，必先广而告知

定律释义：

销售学者S·布里特指出，商品不做广告，就像姑娘在暗处向小伙子递送秋波，脉脉此情只有她自己知道。布里特定理就是从布里特的这句名言里得出的：要想推而广之，必先广而告知。在销售领域，善于宣传是获取成功的重要因素。

欲要销售先要宣传，再好的产品缺少宣传的手段，也难以让广大消费者了解认同，打开销路。销售，不仅是指销售员向顾客进行面对面的说服推介，还体现在运用广告、打折优惠等多种促销手段带动销售，扩大销售量。这种促销手段是对产品基本利益的补充，并在短时间内改变了产品在消费者心目中的价格和价值。

酒香也怕巷子深，货好也要宣传巧

几十年前，京剧大师梅兰芳初次到上海演戏，戏院老板把上海一家最有名的报纸的头版整个买了下来，大做广告。第一天，整版上只印出3个字——梅兰芳。大家弄不明白是什么意思，马上引起了兴趣与推测。第二天，报纸上还是这3个字。好奇者纷纷打电话给报馆，报馆答曰："明日见分晓。"因为广告所造成的神秘感，关注的人越来越多。直到最后一天，整版广告才在"梅兰芳"3字下面刊出一行小字：梅兰芳，京剧名旦，某日假座某某剧院演出京剧《宇宙锋》《贵妃醉酒》《霸王别姬》。

结果，此广告激起了上海人的好奇心。大家蜂拥购票，都想先睹为快。梅兰芳的沪上演出因此大获成功。

上面这个故事，是中国广告史上一个经典的案例。中国人有句老话："酒香不怕巷子深。"认为如果酒酿得好，酒香就会飘得很远，就不用摇旗呐喊，自然就会有顾客光临，就是在很深的巷子里，也会有人闻香知味，前来品尝，不会因为巷子深而却步，终究会找到它。引申为东西或产品很好，哪怕不去做销售推广、广告宣传，寻找起来十分困难，人们（消费者）也会知道它，并自觉发挥个人积极性、主动性，历尽艰辛地去寻找它。在许多国人心目中，好的产品无需过分地渲染和夸赞。在这种观念下，人们往往忽视了对商品进行宣传。

20世纪90年代以前，这种思维左右着中国企业界和企业家，他们认为只要自己生产出好的产品，消费者就会源源不断而来。这是典型的"产品时代"思维，然而事实是好产品很重要，但却不是企业取得市场成功的充分条件，如果仅仅以为有了好的产品就如"皇帝女儿不愁嫁"一样的话，那等待企业的将是市场的冷淡反应和销售的迟钝反应。所以哪怕是像梅兰芳这样近代最具盛名的京剧艺术家的表演，也需要广告这个方式让广大的百姓知道。

当今的社会是一个信息高速传播的时代，以赚钱盈利为目的的商家，怎么会消极地等待一个偶然路过的人的发现呢？深巷中的酒，谁能闻得到？好酒也需要包装和宣传！在市场经济中求生存发展的企业，特别是中小企业，如果还存在酒香不怕巷子深的观念，闭关自守的话，必将被淹没在残酷的市场竞争的洪流中。有人称广告是"促进生产的润滑剂"，是"利于竞争的帮手"，这是肯定了广告在经济建设中的作用。

在市场经济条件下，商品的内在十分重要，但是外在的包装和宣传也同样重要，商品宣传的好坏和到位，决定了这件商品的知名度与接受度，因此也就与商品的出售程度密切相关。如今，广告作为商品经济的产物，商家要想扩大商品的销量，想要赚得丰厚的利润，就必须用各种办法扩大商品的知名度。广告，无疑扮演了极其重要的角色。

俗话说，货好还得宣传巧。一则好的广告，能起到吸引消费者的眼球，诱导消费者的兴趣和感情，刺激消费者购买该商品的欲望，直至让消费者心甘情愿地掏腰包付款。

广而告之，让人人皆知

1988年夏天，在委内瑞拉经营的肯德基公司，苦于其炸鸡无人问津，在媒体上做了这样一则广告宣传：即日起到肯德基用餐超过50美元时，只要再加付10美元，就可以得到一只市价为25美元的冰桶，且冰桶里会灌满5公升的可口可乐，另外还送10张可口可乐"续桶券"，在夏季里，顾客可凭一张券在肯德基用餐，若消费超过15美元，可免费在冰桶中加满5公升的可口可乐。

广告一传开，委内瑞拉人疯狂地涌入肯德基店里，去抢购灌满可口可乐的冰桶（只是先得花50美元吃一顿），不出三个星期，肯德基食品的销量大幅攀升。

此则广告显然采用了"施以小惠"的宣传技巧：它避而不谈向顾客销售炸鸡之事，而只强调自己将优惠或免费赠送冰桶和可口可乐。如此的"天赐良机"，顾客能不动心吗？

广告作为商品经济的产物，无疑正日益在搞活经济的舞台上，扮演着越来越重要的角色。一则好的广告，能起到诱导消费者的兴趣和感情，引起消费者购买该商品的欲望，直至促进消费者的购买行动。

可口可乐公司前总裁伍德拉夫有句名言："可口可乐99.1%是水、碳酸和糖浆，如若不进行广告宣传，谁去喝它呢？"可口可乐畅销全世界，打进了一百多个国家和地区的市场，被人们视为是美国精神的象征。可口可乐如此受人们喜欢，除其他原因外，广告作用不可低估。可口可乐公司从1886年开始，就不惜工本，充分利用广告手段来扩大产品销路。1886年，可口可乐公司的营业额仅有50美元，广告费就花了46美元；1901年，其营业额为12万美元，广告费花了10万美元；如今的广告费每年平均6亿美元以上。我们细算可口可乐广告费占营业额的比例：1886年为92%，1901年为83%。可能正是这种惊人之举使99.1%都是水、碳酸和糖浆的饮料，卖了个世界第一名。

提高商品的知名度是企业竞争的重要内容之一，而广告则是提高商品知名度不可缺少的武器。精明的企业家，总是善于利用广告，提高企业和产品的"名声"，从而抬高"身价"，推动竞争，开拓市场。

广告在传递产品信息方面，是最迅速、最节省、最有效的手段之一。好的产品借助于现代化科学手段的广告，其所发挥的作用不知比人力要高多少倍。好的广告不仅能为企业带来经济效益，还有利于树立企业的社会形象。广告能使经济效益和社会效益很好地结合起来。两者相辅相成，互相促进，企业整体机能作用就能更好地得到发挥。

打折促销，让顾客有便宜占

打折促销之所以有巨大杀伤力，在于满足了消费者的"占便宜和缺乏"的心理。第一个发明"跳楼大甩卖"和"买一送一"的人很伟大，他让消费者感觉占足了便宜。打折促销被商家用了很多年目前仍在沿用，成为很多厂商新产品入市、挤压竞争对手、老产品扩大市场份额等最常用的模式。

价格战是血淋淋的商战，无论促销是主动的，还是被逼的，总之呈现给消费者的是越来越多的实惠。既然现在厂商还乐此不疲，那么就要提高促销效率，别促而不销，因为，某个商品打折之后，留给消费者的心理价位就是你打折之后的，当你再想恢复原价，消费者就不买账了，所以，打折促销关键在"销"。

首先就是在促销活动中，尽量使折扣商品价格直观，体现出实惠。有调查机构发现，某些商品标注"立即节省……元"比标注"原价……，现价……"销量大得多，这是因为，这两个促销用语有很大的心理差别，打折的目的还是销售，要让消费者感觉实惠，而"原价……，现价……"很大程度上使消费者认为是一个陷阱，而"立即节省……"颇有些人文关怀的温暖，让消费者心里感觉是少花了钱，占了便宜。

其次是操作要简单，避免烦琐。一些大卖场经常搞一些促销活动，比如买商品花多少费用后，送你多少券，但这些消费券还只能在特定商品区购买，很多商品还不参与，经常看到有些消费者持优惠券却买不到自己喜欢的商品。这种操作模式会使消费者产生上当的感觉。目前很多大卖场改变策略，无论你买什么，只要达到费用等级，就直接降低商品价格或返现金，反而真正促进了销售。

最后就是在打折促销时尽量体现差异化，比如附送赠品的策略就可以增强对消费者的吸引力，增加消费者尝试购买的概率。或者是联合促销，两个或者两个以上的品牌合作开展促销活动，提升各自的品牌和服务，同时采取利益分享，实现双赢。还有就是通过公关方式进行促销，比如举办公关活动，专题活动，公益活动等，这些会很快在消费者中迅速传播，使品牌得到提升，并直接带动销量。

优惠越多，顾客越多

给顾客各种优惠，满足其"占到便宜"的心理，不断让其尝到甜头，这样才能培养出顾客的忠诚度。西部航空公司的购票优惠方式可谓是层出不穷，即使像史先生这样不满足那些优惠条件，但公司还是能想方设法为其争取其他优惠，这无疑会使史先生对其充满好感与信任，一番感恩戴德之后，自然而然地也就成为了其忠实的顾客。当你给出的购物优惠条件越多时，能够覆盖到的消费群体也会更广泛，所起到的促销作用也会更大。一家受顾客拥戴的公司，应该就是像西部航空公司一样，能够给顾客一种安全感与信任感，因为它能设身处地为顾客利益着想，把顾客放在第一位，即使是在优惠政策上，也极力为顾客争取。对于史先生来说，西部航空公司就像一位在其最困难的时候伸出了援助之手的好朋友。

与顾客打交道的过程，可以说是一个博弈的过程。顾客当然知道你不可能会做亏本的生意，所以他们砍价的目的也是期望尽量不要被你赚到太多的利润，从而提高自己所购商品的性价比；你当然是希望销售利润越多越好，但是过度赚取顾客利润会容易失去客源。除了考虑到其他商家的竞争之外，应当考虑采用一些优惠政策，这样就能与顾客建立长久的关系。

哪种商品更划算，往往也就越可能受到顾客的追捧。而那些优惠策略，恰好能直观地留给顾客"划算"的印象，从而激发出他们的购买欲望。但并不是每种优惠形式都能奏效，在选择给予顾客优惠的方式上，有些细节尤其要引起注意。

1. 不要以次充好来忽悠顾客

夸大某商品的价格，再给予一些购买优惠，看起来似乎是个很完美的策略，然而一旦被顾客识破，免不了会被打上"奸商"的标签，何况顾客购买之前都会对该同类商品进行比较和了解。

2. 适当采取差别优惠策略会比一般优惠更有效

比如，消费满100元减20元，满200元减50元等。通过这种差别优惠策略，利用顾客爱"占便宜"的心理，鼓励其多多消费。

3. 人情化的优惠策略更是一种战略

比如，在母亲节那天给所有母亲半折的消费优惠，给所有残障人士消费打八折的优惠，等等。这种带有公益性质的优惠不但能吸引更多的顾客，更能为小店赢得更好的口碑。

免费赠样品，勾起顾客购买欲

对于一些会在日常生活中用到的商品，免费赠送是一种非常有效的促销手段。

免费赠送的促销方式由于不具有明显的功利性，并且购买决定权掌握在消费者手中，再加上周到细致的人性化服务，就会比较容易被广大的消费者所接受，至少不会被拒绝。免费赠送方式虽然需要花费较多的成本，但其极易使得顾客对产品产生依赖，因此许多企业推出新产品时乐意采用。

以赠送样品来促销，能够创造高的试用率和品牌知名度，使促销试用者成为真正的消费者。如果产品还具有独特的卖点，不妨运用样品赠送的促销方式，不仅有利于产品迅速推广，同时还能有效打击竞争对手，抢占市场份额。

17 布里特定律：要想推而广之，必先广而告知

但并不是所有的产品都适合赠送样品的方式，它一般只适用于大众化消费品行业。一般在新产品上市一个月前开始实施，配合适当的广告宣传效果会更佳。样品赠送方式也有许多种，常见的有如下几种：

1. 卖场赠送

选择在卖场进行赠送样品，能直接普及目标人群。如果顾客在卖场得到能够立即体验的样品，马上就可以产生消费。

2. 邮寄赠送

将样品通过邮局等，直接送到潜在消费者手中。当然这种方式受限于商品体积、重量等因素，更多的是一种广告行为。

3. 附带赠送

通常是将一种非竞争性的、并且与该商品有内在联系的商品附送免费样品，通过这种连带关系来促进顾客消费。

4. 针对性赠送

一般用于赠送品价值较高、目标群体又有一定针对性的情况。将某个地区的准目标群体筛选出来，再把样品有针对性地送到他们手中，这样既能直击目标群体又能节省费用。

在新产品入市推广或是行业后起之秀抢占强大竞争对手市场时，免费样品赠送被认为是获得消费者试购最有效的方法，它对挖掘潜在顾客，吸引新的消费人群，唤起消费者对新包装的注意与兴趣也都具有极其良好的效果。

布里特定律活学活用：口碑销售的魅力

"好酒不怕巷子深"，在一些现代销售人士看来，这与现代销售理念是不相符的。实际上，这句话中隐含着一个古老但非常有用的促销产品和服务的手段——口碑销售，这是一种不需要高成本投入而又成效显著的方法。

实施组合口碑销售的三个步骤，如下所示。

1. 口碑销售第一步——鼓动

赶潮流者是产品消费的主流人群，即他们是最先体验产品的可靠性、优越性

的受众，也会在第一时间向周围朋友圈里的人传播产品本身质地、原料和功效，或者把产品企业、商家5S系统、周密的服务感受告诉身边的人，以此引发别人跟着去关注某个新产品、一首流行曲或是新业务。

宝洁公司的Tremor广告宣传曾引起各方关注和讨论，我们觉得在口碑销售上Tremor广告做足了"势"，靠大家的鼓动和煽情提升产品的认知度，宝洁虽投入了一定时间和精力，但实现了口碑销售的低成本策略。

我们深信，鼓动消费精英群体、口碑组合化、扩大化，就能拉动消费，使产品极具影响力。的确，像宝洁、安利、五粮液等这些品牌公司，在口碑销售上一直在努力，一方面，调动一切资源来鼓动消费者购买欲；另一方面，大打口碑销售组合拳，千方百计扩大受众群，开展"一对一""贴身式"组合口碑销售战术，降低运营成本，扩大消费。

2. 口碑销售第二步——价值

传递信息的人没有诚意，口碑销售就是无效的，也失去了口碑传播的意义。任何一家希望通过口碑传播来实现品牌提升的公司，都必须设法精心修饰产品，提供健全、高效的服务价值理念，以便达到口碑销售的最佳效果。

当消费者刚开始接触一个新产品，他首先会问自己："这个产品值得我广而告之吗？"有价值才是他们在市场上稳住脚跟的通行证，因而他们所说的"口碑"必须是自己值得信赖的有价值的东西。

当某个产品信息或使用体验很容易为人所津津乐道，产品能自然而然地进入人们茶余饭后的谈资时，我们认为产品很有价值，因此也易于口碑的形成。

3. 口碑销售第三步——回报

当消费者通过媒介、口碑获取产品信息并产生购买时，他们希望得到相应的回报，如果盈利性企事业单位提供的产品或服务让受众的确感到物超所值，进而顺利、短期将产品或服务理念推广到市场，就会实现低成本获利的目的。

口碑销售作为一种新型的市场销售策略，同传统价格策略、促销策略和渠道策略一样，都是针对具体的市场情况而采取的创新策略。

虽说"好酒不怕巷子深，"但在如今竞争激烈的商业社会，再好的酒，也必须要宣传，才会有销路。口碑销售有其历史局限性，不可盲目推崇。

18 麦吉尔定理：
有千只舌头，就有千种口味

定律释义：

麦吉尔定理由美国罗思莱尔德风险公司前总经理A·麦吉尔提出。他指出：每一位顾客都用他自己的方式看待服务。这也是麦吉尔定理的完全解释，更形象一点的说法是：有千只舌头，就有千种口味。

不同类型的顾客对销售员的态度，对销售活动的反应是迥然不同的。一个销售员只有事先掌握这种情况，才能在面对各种类型的顾客时做到临阵不乱、沉着应战，才能使销售活动得以顺利进行。

对精明型顾客以销售自己为先

这种顾客都比较精明,并且都拥有一定的知识,文化素质比较高,能够比较冷静地思考,沉着地观察销售员。他们能从销售员的言行举止中发现端倪和问题,他们就像一个有才能的观众在看戏一样,演员稍有一丝错误都逃不过他们的眼睛,这种顾客总给销售员一种压迫感。

这种顾客讨厌虚伪和造作,他们希望有人能够了解他们,这就是销售员应利用的工具。他们大都很冷漠、严肃,虽然与销售员见面后也寒暄,打招呼,但看起来都冷冰冰的,没有一丝热情,没有一丝春风。

他们对销售员持有一种怀疑的态度。当销售员进行商品介绍说明时,他们看起来好像心不在焉,其实他们在认真地听、认真地观察销售员的举动,在推测这些说明的可信度。同时,他们在思考销售员是否真诚、热心,有没有对他说谎,销售员值不值得信任。

这些顾客对自己的判断都比较自信,他们一旦确定销售员的可信度后,也就确定了交易的成败。也就是说,销售员给这些顾客的不是商品而是销售员自己。如果顾客认为你对他们真诚,他们可以与你交朋友,他们就会把整个心都给你,交易也就成功了。但如果他们确认你有些造作,他们就会看不起你,会立即打断你的话,并且下逐客令把你赶走,没有丝毫商量的余地。

这类顾客的判断大都正确,即使有的销售员有些胆怯,但很诚恳、热心,他们也会与你成交的。

对付这类顾客有两种方法:一是脚踏实地,对其真诚、热心,不但商品品质好,你本身表现也应不卑不亢,温文尔雅,使之无话可说,对你产生信任;二是在某方面与之产生共鸣,使他们佩服你,成为知己,因为他们对朋友都是很慷慨的。具体操作方法就是与他们多谈,特别是多谈一些他们所喜欢的事物,这些都要在洽谈前经过调查,这样他们会认为你与他们有共同的话题,他们就会把你当做知心朋友对待,那交易自然也就成功了。还应当让他们尽量了解你的一些情况,并且告诉他们你的一些隐私,把他们当做朋友看待,这样,他们也会把你当朋友的。

另外,对于这类顾客有时也可用严肃的神情与之对阵,但要保持礼貌以及注意分寸,并且大方一点,对于他所要求的,要给予热心的支持。这样他就会认为你比较能干,有才能,会对你产生信赖,交易也就成功了。

对沉默寡言型顾客忌施压催促

这类顾客都不爱说话,但颇有心计,做事非常细心,并且对自己的事都有主见,不为他人的语言所左右,特别是涉及他们的利益时更是如此。

他们表面看起来都很冷漠,有一种对一切都不在乎的神情,使人难以与之接近。其实他们的内心都是火热的,你只要能点燃他们内心那把火,他们就会把一切都交给你。

这类顾客看起来有种让人觉得冷漠的感觉,他们对于销售员不在乎,对于销售的商品也不重视,甚至销售员在进行商品介绍说明时,他们也不说一句话,没有什么表情变化,冷淡淡的,其实他们在用心听,在仔细考虑,只不过不表现在脸上和话语中而是在他们的脑子里。

他们往往不提问题则罢,一提就会提出一个很实在、并且很令人头痛的问题。这时销售员不能蒙混过关,因为想要骗他们是绝对不可能的。如果你解决不了他们的问题,他们就会立刻停止与你谈话,因为他们本身就是惜话如金。所以销售员要小心地为他们解决问题,要抓住问题的关键所在。只要解答了他们的问题,他们就会立即要求购买商品,使交易成功。

对付这类顾客,千万别运用那些施压、紧逼迫问等销售方法,这样对他们一点用也没有,只会令他们生气,令他们对你产生厌恶心理。也不要盲目地夸耀你的商品,因为他们不会听你的,说了也白说,反而会令他们讨厌,他们会自己看商品样品,你只要做一些介绍说明,再解决一些他们提的问题,交易就成功了。

对这类顾客,首先在进行销售说明时,要小心谨慎,说得全面一点,绝不可大意,要表现出你的耐心,好像是你在问他问题。

介绍完之后,他会进行一段时间的思考,这时你要闭嘴,等他抬起头之后,会问你一些问题,这时你再回答。你可以顺便说些商品的优点,使他对商品产生更大的兴趣，这样达成交易的可能性就大了。

这类顾客也极易与人交朋友，只要你对他表现出耐心、真心，他也会用同样的态度来对待你，建立起友谊是没有多大问题的。

对忠厚老实型顾客要真诚以待

这类顾客对待每件事都很认真谨慎，他们不会轻易决定一件事是该做还是不该做。他们对于销售员都有一种本能的防御心理，对于交易也如此，所以这类顾客一般都比较犹豫不决，没有主见，不知是否该买，同样，这类顾客也不会断然加以拒绝。

这类顾客考虑的因素比较多，一般来说销售员很难取得他们的信任，但只要你能够诚恳地对待，他们一旦对你产生了信任，就会把一切都交给你。他们特别忠厚，你对他们怎样，他们也会对你怎样，甚至会超过你为他们所做的。

这类顾客通常情况下很少说话，当你向他们询问问题时，他们只是"嗯""啊"几句应付你。平时听你说话，他们只是点头，总觉得别人说的都对似的，他们一般不会开口拒绝别人。

销售员可以抓住这类顾客不会开口拒绝的性格特点促使他购买，只要一次购买对他有利或者觉得你没骗他，他就会一直买你的商品，因为他对你产生信任了。

反之，如果他认为这次你欺骗了他，即使你有十分好的商品他也不会理睬你，因为他认为你不值得信赖，不值得为你这种人承担一丝一毫的风险。

这类顾客还有一种通病，就是有时太腼腆了，所以对他们说话要亲切，尽量消除他们的害羞心理，这样，他们才能静下心来听你销售，交易也才能更顺利。而有过第一次成功圆满的交易后，这类顾客对于再一次的销售，只要销售员说上几句话，十拿九稳交易就又成功了，他们绝不会寻找理由拒绝你。

这类顾客，大多时候提出理由或是反对意见都会有些犹豫不决，他们会担心说出来伤害到销售员的自尊心。因此，销售员在处理他们不愿购买的理由时，一般是等到他们询问之后再有针对性地予以解决。

因此，对这些顾客要尽量亲切一些，不要欺骗他们，这样在保持信誉的同时，也可以增加销售员的直接收益。

对谨慎多疑型顾客要洞穿其心思

这类顾客心理是比较多疑的，可能是因为被人欺骗过。他们对任何事都抱怀疑态度，不仅仅对销售员怀疑，对商品本身以及销售员所说的话都怀疑，并且总认为别人在要计谋，在利用他，欺骗他。

这种人在家庭中、工作中活得比较忧郁，有较多烦恼，并且也令别人讨厌，使别人不愿与他们相处，因此他们很少有朋友。所以他们时常有一副很痛苦的面孔，一见销售员就会把所受的一切烦恼推给销售员。

对付这类顾客关键就在于消除他的多疑，以亲切、热诚的态度对他进行销售说明，不要与他争辩，只以沉着的态度与他交谈，尽量作出与他交朋友的姿态，并且要仔细观察他，研究他的心理变化，要随着他的心理变化而改变对他说话的策略，这样成交率才可能大一些。

这类顾客也可能会设计对付你，所以对他们要谨慎小心，不要落入他们的网中。

对付这类顾客的方法有两种：一是对他施以强硬态度；二是诱饵法。第一种方法就是要对他施加些压力，如果你过于迁就迎合他，一旦一言不合，他就会拂袖而去，所以还是要施加一定压力，迫使他成交。第二种方法就是装作自己什么也不懂，是比较柔和的人，借以松懈他的防备，然后反败为胜。

对夸耀财富型顾客要满足其虚荣心

这类顾客与上一类型顾客类似，重点并不是夸耀自己的知识面广，而是炫耀自己的财富。

这类顾客有两种类型：一种是真正拥有一定的财富；另一种则不是，他们只不过崇拜金钱罢了。

第一类顾客有钱,但不希望别人奉承他们,他们的主要目标是有个品质好、包装好的名牌商品。所以对这类顾客要诚恳地把商品的优点告诉他们,并且对他们的财富怀着一种不在乎的神情。这样顾客会对你这种神情产生好奇,然后你在他对你好奇的基础上,加快自己销售的步伐,他与你交易的成功率就增大了。

对于第二种顾客,你就必须对他们进行奉承,恭维他们,使他们知道你非常羡慕顾客有钱,满足他们的虚荣心。最后为了给他一个台阶下,使他能买你的商品,你就必须再作一些处理说明。你可以这样说:"您就先交订金吧!余款以后交,我相信您的付款能力和个人信誉。"这样他会很感激你的。

交易成功后,别忘了说一声:"还要请您以后多多关照。"

对于第二种类型的顾客,切不可揭露他们的虚伪面具,这样会伤他们的自尊心,使交易产生困难。

麦吉尔定理活学活用:人情练达皆生意

大千世界,芸芸众生。要想取悦每一个顾客,就要有一套应付不同类型顾客的洽谈方法。

对销售员来说,取悦顾客的才能是他所有才能中最重要的。销售员必须事先对每一位顾客进行分析研究,想出应付不同顾客的办法。只有让每一个顾客都感到高兴,销售才能进展顺利。

1. 取悦直性型的顾客

这一类型的人没有固定的性情,说他性情暴躁,有时候却又像一只绵羊;说他为人温和,有时又暴跳如雷。他们经常是喜怒哀乐,变化无常。

应付这类顾客的办法是:与他正面交谈时,尽量避免让他感情暴躁,绝对不能与他打硬仗。他硬的时候,你要软下来;等到他软下来的时候,你就要伺机进攻。因为这种人不会轻易听信他人的话,在打交道时要特别小心。

2. 取悦沉着型的顾客

这一类型的人,非常冷静,对于事物不容易产生兴趣,凡事都爱三思而后行。任何一件事,你若不向他好好地解释,使他完全了解,他就绝对不会接受你的建议。

18 麦吉尔定理：有千只舌头，就有千种口味

应付这类顾客的办法是：这种人看起来很难应付，但只要方法得当，反而会收到意外的效果。销售员只要用"道理"说服了他，生意就自然而然地做成了。

3. 取悦犹豫型的顾客

这一类型的人，对于事物总是犹豫不决，缺乏判断事物是非的能力，他害怕"决定"一件事物。这种人，必须有大批"顾问"或"秘书"人才在身边协助他。

应付这类顾客的办法是：销售员最好成为这类顾客的最佳顾问，替他做决定。在不损及他的自尊的前提下，有时候应先斩后奏，造成既定事实。

4. 取悦独尊型的顾客

这一类型的人是"普天之下，唯我独尊"。他以为天底下，他的意见是最完善的，他的观点是最正确的。他很顽固、不耐烦听不同的意见，决定事物的时间和方式都让人惊奇。

应付这类顾客的办法是：销售员面对这样的顾客时，往往自己认为对的，他认为不对。假如用正面攻击的方法，硬碰硬，和他对着干，销售员一定会吃败仗。因此，最好尽量采取和他妥协的态度取悦于他，一点一点地使他的主张接近你的想法。这就是所谓的迂回作战或者侧翼进攻的战术。

5. 取悦社交型的顾客

这一类型的人很会而且很爱说话，是所谓"长袖善舞"型擅长于社交的人。这种人，一见面似乎很容易被说服，但其时不易被说服。

应付这类顾客的办法是：事实上，这种人也是很难应付的。销售员必须自始至终保持清醒，千万不要被假象所迷惑，否则，往往会导致前功尽弃。

6. 取悦排他型的顾客

这一类型的顾客不善于交际，不轻易开口，但对于别人的话却很敏感。别人不当一回事的玩笑，有时会得罪他。他们很少有朋友。

应付这类顾客的办法是：尽量少和他说话，尽量附和他，让他喜欢你。一旦他喜欢上你，就会完全地信任你。

如果你能坚持顾客第一，事事能够取悦于顾客，使他愉快，那么你的生意必定成功。有一句商场金言"世事通达皆买卖，人情世故即生意。"作为销售员，不但要知道这句话，而且要牢牢地记住这句话。

19 光环效应：
制造光环赚尽天下眼球

定律释义：

光环效应又被称为晕轮效应，最突出的表现为人们对人、对事物的看法。比如说，如果认为某人具有某个突出优点，这个人就被积极肯定的光环所笼罩，并被赋予更多好感；如果认为某人具有某个突出缺点，这个人就被消极否定的光环所笼罩，甚至认为其他方面都不好。"爱屋及乌""情人眼里出西施"也是这一效应的突出体现。

在销售中，应用光环效应，借助某一特定事件或人物提升产品的亮点和美誉度，就能产生强大的销售影响力，赢得消费者的关注，获得良好的回报。

19 光环效应：制造光环赚尽天下眼球

强大的"光环"影响力

安踏，这个晋江鞋业的传奇，这个国内首屈一指的运动品牌，它的成功离不开它的销售手段。是什么让这家公司在短短十几年里那么成功，如此辉煌呢？在其销售手段中，"光环效应"的成功运用，为安踏取得了最大的先机。

讲述安踏的成功，似乎谁也绕不开孔令辉代言安踏这个事件。

职业经理人叶双全，向安踏总裁丁志忠详细地介绍耐克等国外品牌明星代言的做法并带来朴实有效的品牌销售理念。这种做法虽然在国外已经是很平常的手段，但是国内尚属空白，更为关键的是安踏极具开创性地采用了"体育明星＋央视"的手段。

1998年，体育界人士王奇征向安踏总裁丁志忠推荐孔令辉，随后很快就敲定了由孔令辉代言安踏。从1999年起每年80万超值签下孔令辉之后，丁志忠当时想去央视做广告，结果得到股东的一片反对声。股东反对的意见很强烈，因为当时安踏一年的利润不过400万，为CCTV5支付的广告费就需要300万。半年里的广告预算已经占到利润5/6。结果丁志忠还是坚持了自己想法，作出了这个极具风险的赌博。

结果孔令辉在2000年悉尼奥运会上发挥极其出色，他战胜老对手、瑞典乒乓球名将瓦尔德内尔，完成了自己的"大满贯"，他在那一届奥运会上成就了自己体育生涯的最精彩的一刻。许多观众至今对孔令辉激动的亲吻国旗的画面印象深刻，而安踏也因此迎来了第一次起飞。

这样的一举成功深刻影响到安踏的家族管理体系。孔令辉，中国杰出乒乓球运动员，也就是"体育明星＋央视"里的体育明星，伴随其奥运会冠军的光环与强势媒体的广告投放，一个品牌制造成功！

现在看来，安踏当年的决定，就有十分强大的光环效应。那是行业内第一次聘请体育巨星代言，自然容易获得关注。

光环效应在商业领域应用很广。比如，当今的房价上涨成为社会、民生、经济等许多方面的热点，北京的房价飙升更是其中最明显的，个中原因就在于北京有着"中国首都"这一耀眼的光环。

  有人说，北京的房产市场其实是在满足着来自全国的需求量。这样说可能一点都不过分。需求量几乎是任何一个商品交易市场得以繁盛的筹码。然而，对于极大程度上支撑着房价的需求量，它是如此巨大、似乎难以终结的原因，就是因为北京具有极其强大的光环效应。北京房价的附加值太多了，它带来的除了房子之外，还有一流的医院、教育机构、大型商业等其他附加项。

  北京的光环效应，随着外省人士购买力的上升，开始呈现出升级趋势。据伟业顾问的统计，外地顾客在京购房的户型面积亦呈下降趋势：1999年，外地顾客在北京购房的户型面积平均为206平方米/套，平均比北京本地购房顾客购房面积大46平方米/套；2004年，外地顾客购房的平均户型面积已经降至123平方米/套，与北京本地顾客持平。这表明不仅仅是有钱人，而且很多稍有购买力的外省人士都在涌向北京。这就是北京光环效应的强大吸引力。

  光环效应在现代商业经济中有着极为广泛的应用，只要能够找出吸引消费者的销售亮点，制造光环效应，就能产生强大的销售影响力，赢得消费者的关注，获得良好的回报。

让自己成为公众聚焦的中心

  众所周知，当国人已经觉察电子商务网站的威力的时候，阿里巴巴已经成为海内外有名的企业品牌。阿里巴巴因超速发展，成为世界公众媒体聚焦的中心。

  马云以独特的思维方式，发现机会，抓住机会，用最快的速度，率先把机会转化为财富。1995年，马云为帮一家企业追债来到美国，在美国第一次邂逅了互联网。回国后，马云借了5万元，迅速行动，创办了"中国黄页"网站。尽管网站创办后，几次上当受骗，但他始终坚信中国互联网时代的到来。1997年，马云带领团队来到北京，参加开发国家外贸部的官方站点和网上中国商品交易市场，经过一年多的时间，网上中国商品交易市场的净利润达到了287万元，初步尝到了互联网的甜头。1999年年初，马云又重返杭州，联合多位合作伙伴，以50万元人民币创建了阿里巴巴网站。2001年，阿里巴巴推出"中国供应商"服务，向全球推荐中国优秀的出口企业和商品；推出"阿里巴巴推荐采购商"服务，与沃尔玛、通用电气等联盟，共同在网上进行跨国采购；借助互联网力量，向国际买家展示了中国企业和为中国企业提供了买家。凭着这样超凡的思维、这样神速的速度，借势发展，阿里巴巴完全领跑了中国电子商务市场。随着阿里巴巴的突飞猛进，其知名度和影响力的扩大，它不仅垄断了机会，甚至垄断了市场。

归根结底，阿里巴巴之所以能成为国际关注的焦点，最为关键的是"垄断机会"。这种垄断带来的主要优势之一，就是光环效应。

在经济领域中，在对商品进行销售时，应该特别重视光环效应。比如，制造社会热门话题，在大中城市许多人都知道"光棍节"，但在有些地区了解这个节日的人还不多。某地的咖啡厅抓住了这个有利商机，抢先一步，先发制人。举办了一系列紧密联系"光棍节"的活动。通过这些活动，在当地造成一定的轰动效应，一时间"光棍节"和举办这些活动的咖啡店成为公众焦点话题。大众对新鲜出现在他们视野中的"光棍节"很感兴趣，并且在首次了解"光棍节"的消费者心目中，可以留下"某咖啡店让我知道光棍节"的印象和记忆，产生良好的社会效应和品牌传播价值，其所带来的经济收益也是不菲的。

围绕知名度和美誉度做文章

有一种现象是"光环效应"的突出体现。在现实生活中，我们往往看到很多的名人广告，歌星、影星、体育明星所作的一些宣传更容易被消费者所接受，这种名人效应也给销售工作带来了很多启示。顾客往往会相信一些知名度高的、信誉好的商品，这是顾客"求名心理"的突出体现。

求名心理是指相当多的顾客在购买商品时，喜欢选择自己所熟悉的，而在熟悉的商品中，又特别喜欢购买名牌产品。名牌产品是企业经过长期苦心经营而为产品或企业获得的市场声誉。在顾客眼中，名牌代表标准，代表高质量，代表较高的价格，也代表着顾客的身份和社会地位。顾客往往会为了追求产品的质量保证，或者为了弥补自己产品知识的不足而选购名牌产品。当然也有些顾客购买名牌是为了炫耀阔绰或者显示自己与众不同的身份和地位，以求得到心理上的满足。

不管顾客购买动机如何，名牌产品成为众多顾客的偏好是不争的事实。

购买名牌产品的顾客通常是高收入者和赶时髦者。他们对产品品牌往往十分敏感，品牌形象一旦受损，他们就很可能自动放弃购买。求名心理最多表现在顾客对服饰、轿车、烟酒等品牌的追求上。

求名心理在我国表现得尤为明显。有着光耀门楣和衣锦还乡传统的中国人在富裕以后的第一件事情就是确定自己的地位。改革开放30多年，我国消费群体发生了翻天覆地的变化，这些变化都导致了求名心理的产生，主要集中在：

一是年轻化。

英雄出少年，这种说法在网络经济时代表现得尤为突出。很多成功人士都年纪较轻，即使是年长的成功人士也出于对子女的溺爱，将大笔财富交给子女处理。因此，青年一代的消费热情产生了众多的消费热点和时尚，成功人士的年轻化更是带动了消费主体的年轻化。

二是富裕化。

我国居民生活水平迅速提高，在家庭收入中，食品支出的比重越来越小。产品消费中过去低价位的产品也开始转变为电脑、汽车、住房新三大件高价位产品。富裕的国人开始求名。

三是理想化。

富裕的人们开始了个性化消费，他们对新鲜事物孜孜不倦地追求，讲究消费品位。

基于以上三点，我们不难看出消费者的求名心理日益重要起来，因此销售员在进行销售的过程中，针对具有上述特征的人士要采用求名策略。重点宣传其产品的知名度和美誉度，还可以强调该产品生产企业的规模和实力，这些都能促进顾客购买。销售员进行销售的过程中，需要辅之以必要的广告宣传，比如销售员对产品进行介绍的同时，还可以引用一些名人的推荐或该产品在电视上的宣传。不过一般来说，如果该产品在电视展露程度比较高的话，就不会采用人员销售的方式来进行产品推广；相反正是一些展露程度很低的产品才十分依赖人员销售来打开市场。

在销售中在利用求名心理时，要注意不能给顾客造成价格相当便宜或者相当昂贵的印象。因为价格相当便宜，产品质量就值得怀疑；而价格相当昂贵，顾客一般不会在销售员手中购买产品。价格适中是最好的选择。

满足顾客"穿品牌就有面子"的心理

"买西服要路易·威登、Prada、ChristianDior，手表要Gucci、劳力士，皮鞋要老人头、POLO……"我们经常会听到自己身边的人这样说，穿品牌的衣服似乎能给自己带来更多的价值和自信，这就是我们通常说的，穿品牌就有面子。

不得不承认，在购买商品时，品牌会对消费者有一种强烈的购物导向。在购买绝大多数商品之前，消费者已经在自己的心中认定了一个或者几个可能的品牌，可能消费者以前使用过这些品牌的产品，也可能是通过他们的亲戚或者朋友介绍，或许仅仅是消费者在报纸上或者电视上看到过，但在购买时，这种潜在的影响力就会发挥其作用，甚至主导消费者的购物倾向，这就是品牌效应。

品牌价值包括品牌的外延和品牌的内涵，即产品的独特功能、被消费者认知的程度、产品所包含的价值和带给人们的利益构成的要素等。对于企业而言，塑造品牌的目的就是追求品牌所产生的效应，最终获得品牌效应所带来的回报。但对于消费者而言，追求品牌是基于对名牌企业的一种信任，这种信任恰恰是商品交易的基础，也因此名牌产品往往在价格上高于普通品牌，消费者选择品牌的原因中很重要的一点是品牌的价格，这是非常容易理解的问题。一般来说，牌子货，就是"贵"的象征。穿贵的衣服会显示出自己的身份、地位，会给自己带来面子。

64%的中国消费者认为奢侈品牌代表着成功，只有1%的人将奢侈品视为肤浅的代名词。新富阶层对品牌十分崇拜，愿意购买奢侈品牌。

我们并不奇怪为何这些品牌奢侈品更能吸引眼球，原因在于它们更频繁地出现在电视或时尚杂志上，如劳力士（Rolex）、卡地亚（Cartier）、爱马仕（Hermes）、香奈尔（Chanel）、万宝龙（MontBlanc）、古奇（Gucci）……"名人用名牌"是许多宣传广告的目的，也的确刺激和引导了一大批追随者，模仿名人的衣着装扮，从而满足仰慕名人的心理需要。曾在社会上流行过的"光夫衫""车子衫"就是明星效应的结果。此外，消费中追求高品质、高品位也是导致名牌产品流行的一个重要原因。

对美好事物的向往和追求是人类的天性，而名牌产品正是以其上乘的品质才被公认为名牌，消费者购买名牌产品，不仅是仰慕其品质，更可以从中增强信心，获得周围人的欣赏和尊重，从而获得极大的心理满足。销售中利用消费者的这一心理，加以因势利导，就能够达到预期的销售目标。

光环效应活学活用：制造名贵感

在日常生活中，我们总能看到一件在普通小店卖几十元的衣服，进入大商场的专柜，就卖到几百元，仍然有很多人愿意买。上万元的皮包、眼镜架、手表等，人们大呼天价的同时也能走俏。其实这就是运用光环效应，迎合顾客的奢侈消费心理。

因此，我们可以利用光环效应来探索新的经营策略。例如通过提升商品的包装档次，提高定价，给人一种"名贵"的感觉。或者借由媒体宣传，将自己的形象转化为商品或服务上的声誉，使商品附带上一种高层次的形象，给人以"超凡脱俗"的印象，这些都能加强消费者对商品的好感，从而激起顾客的购买欲望，提高商品的市场销售额。

师父为了启发徒弟，给他一块石头，叫他去地摊上卖。师父说："不要真的卖掉它，你只是试着卖掉它。注意观察，多问一些人，然后告诉我在市场它能值多少银子。"

徒弟看着这块虽然花纹很美，但很普通的石头，心中充满了迷惑，但他还是按照师父的话去做了。市场上有一些人看了石头想：它可以当成一个很好的小摆设。于是便出了价，想要买那块石头，但只不过才给了几个铜板，徒弟没有卖。回来后，他对师父说："它最多只能卖几个铜板。"师父说："现在你再去黄金市场看看，问问那儿的人，但是仍不要卖掉它，问问价就可以了。"

徒弟就又去了黄金市场，他后来从黄金市场回来时兴奋地对师父说："那里的人出了1 000两银子。"师父又说："现在你再去珠宝市场，看它能卖多少钱。"

于是，徒弟又去了珠宝市场那儿。他简直不敢相信，有些珠宝商愿意出5万两银子来买这块石头。这时徒弟仍没有卖。于是那群买家开始抬价——他们出到

19 光环效应：制造光环赚尽天下眼球

10万两、20万两、30万两。徒弟说："这样的价钱我还是不能卖，我只是问问价。"他心里却想："这些人疯了！我觉得地摊上的价格已经足够了。"

回来后，师父对他解释说："现在你明白了吧，人生就是要有自信，要敢于高估自己。"

在上面的故事中，虽然师父告诉徒弟的是做人的道理，但是从卖石头这个角度看，我们会发现，这种让人难以理解的现象背后其实就是光环效应在起作用。

从光环效应中，我们可以领悟一条销售规则，即价格越高的商品，越能受到消费者的青睐。其实这是一种正常的经济现象，因为随着人们消费能力的提高，单纯追求数量和质量的时代已经过去，人们更加注重商品的品位和格调。因此，在销售中可以瞄准消费者的这一心态，推动高档消费品和奢侈品市场的发展，从中获得利润。当然，好质量是前提。

20 刺猬理论：
与顾客不要靠得太近，也不要离得太远

定律释义：

刺猬浑身长满针状的刺，天一冷，它们就会彼此靠拢，凑在一块。但仔细观察后发现它们之间却始终保持着一定的距离。原来，距离太近，它们身上的刺就会刺伤对方或者被对方刺伤自己；距离太远，它们又会感到寒冷。只有若即若离，距离适当，才能既保持理想的温度，又不伤害对方。这就是刺猬理论的来历，也被称为心理距离效应。

刺猬理论也给销售工作提供了一些启示。有一个普遍的现象，当销售员认准一位顾客后，千方百计地想达到成交的目的，于是，销售员与顾客之间的共同话题就是关于产品、关于价格等，一切好像都是为了这一次的销售成功而设计的。其实，有的时候给顾客留下一定的空间，甚至放弃这次销售，在长远看来也是有好处的。

20　刺猬理论：与顾客不要靠得太近，也不要离得太远

成交要保留退让的余地

保留成交余地，也就是要保留一定的退让余地。

在中国，任何交易的达成都必须经历讨价还价，很少有交易是按最初报价成交的，尤其是在买方市场的情况下，几乎所有的交易都是在卖方作出适当让步之后成交的。因此，销售员在成交之前如果把所有的优惠条件都给了顾客，当顾客要求再做些让步才同意成交时，就没有退让的余地了。

所以，为了有效地促成交易，销售员一定要保留适当的退让余地。比如，一台电脑报价3 850元，当顾客说要优惠的时候，不能直接告诉他最低的成交价格，而是在3 850元的基础上适当地降一点，还要补充一句："这是最优惠的价格了，不能再降了。"

在正式面谈过程中，销售员应该及时提示销售重点，开展重点销售，告诉顾客，吸引顾客，说服顾客。在处理顾客异议时，销售员也应该提示有关销售要点，补偿或抵消有关购买异议。到了成交的阶段，似乎该说的都说了，该看的都看了，顾客已经明确了销售要点，不用再作更多地说明了。但是，为了最后促成交易，销售员应该讲究成交策略，遇事多留一手，等到成交时再一一提示有关有利于成交的销售要点和优惠条件，促使顾客下定最后的购买决心，有效地达成交易。

在实际销售工作中，销售员要注意提示的时机和效果，面谈内容应逐步深入，首先要诱发顾客的购买欲望，并且要留有一定成交余地，销售重点先留一手，到了最后的关键时刻再行提示，这是成交的最后法宝。但是，有些销售员不了解顾客的购买心理，面谈起来口若悬河，滔滔不绝，销售要点暴露无遗，这样既不利于顾客接受销售信息，又不利于最后成交。如果销售员在面谈时和盘托出，这样就会变主动为被动，因此，销售员应该讲究成交策略，多留几手绝招，除非万不得已，绝不轻易亮出王牌。既要及时提示销售重点，又要充分留有成交余地。例如，在成交关头，销售员可以进一步提示销售重点，加强顾客的购买信心，如"还有3年免费保修服务呢""还有两件赠品呢""还有这个特点"，等等。

另外，还应该特别指出，销售员也要为顾客留下一定的购买余地，即使这一

次不能成交，也希望日后还有成交的机会。

热情过度会让顾客"逃之夭夭"

大家一定有这种经历，有时候我们在专卖店或商场购物时，我们会碰到一些过分热情的导购，她们老远就会和你打招呼，当你走进她们的专柜时，她们更是尾随而至，寸步不离，并且喋喋不休地开始介绍她们的服装如何如何。作为顾客来说，喜欢有一种宽松的、自由的购物环境供他们观赏和挑选，不分青红皂白的介绍反而会让他感到一种无形的压力而趁早"逃之夭夭"，所以服务人员切忌"不要过分热情"。

在服务工作中，常常发生这种情况，尽管服务员满腔热情地为客人提供服务，但客人有时不仅不领情，反而流露出厌烦或不满的情绪。

是客人不通情达理吗？当然不是。这里有一个很重要的原因，那就是服务员没能充分了解客人的需求，实行无干扰服务。

所谓无干扰服务，就是指在客人不需要的时候感受不到，需要的时候招之即来的服务。在服务业中，机械的规范服务并不能换取客人百分之百的满意，这是因为服务需求的随意性很大，尽管服务员已尽心尽责，但客人会因其情绪、个人癖好、意外情况、即时需求等原因提出服务规范以外的各种要求。

这说明，标准化的规范是死的，而人的需求是活的。服务必须满足客人形形色色的需求，才能上一个新台阶。

就客人的需求而言，"无需求"本身也是一种需求，客人各种各样的需求中当然也包括"无需求"这种需求。因此，充分了解客人的这种"无需求"，有针对性提供无干扰服务，对于提高服务质量具有十分重要的意义。

那么，如何才能把握客人的这种需求，适时地提供无干扰服务呢？

首先，服务员要留心观察客人当时的体态表情。例如，有位服务员并未留心观察客人用餐时的体态表情，在外宾脸上已流露出不悦时，仍然热情地为其提供服务。殊不知，这种热情过度的服务反而易造成客人拘谨和压抑的感觉。

其次，服务员要注意分析客人的交谈言语或自言自语。客人的自言自语能够反映出客人的需求趋向。外宾已略显无奈地对老总说:"这里的服务真是太热情了,有点让人觉得……"服务员站在旁边服务,听到此交谈话语后,就应该领会客人的意思,站在远处为他们服务。然而这位服务员不但没领悟,还继续热情地为客人服务,从而进一步引起客人的厌烦情绪。

再次,服务员要注意客人所处的场所。一般来讲,选择安静角落就餐的客人,希望服务员站得远一些,尽量少打扰他们。例如,老总和外宾一开始就在一个比较僻静的地方坐下,本来就不希望别人打扰。服务员在向老总和外宾提供服务时,没有注意到客人就餐的场所,一味地按酒店规范提供服务,结果适得其反。

与顾客保持适度的距离

在办公室以外的地方,你和你的顾客朋友通常比较放松,谈话也常常涉及个人的情感世界与兴趣。因为共同的兴趣,你们之间的关系也会变得密切起来,建立起了亲密的友情。在很多情形之下,这种亲密的人际关系确实能够为后续的合作铺平道路,顺利地转化为生意关系;然而,在大多数情形下,出现这种情况却是弊大于利。

第一,过度亲密的人际关系有可能使商务关系受损。

友谊为双方都带来了不言而喻的责任。朋友之间就要始终互相关照,互相帮助,在商务中建立的友谊也不例外。你也许认识一些人,他们与某些顾客交往甚密。他们的产品总是能在顾客发布的广告中得到特别推荐,在商店里摆在特别显眼的位置。这确实很好,但却可能要付出代价。这种友谊大多数是短暂的。如果顾客换了工作、被解雇或退休了,而你却依然沿用以前的操作方式,关系就会以不愉快而告终。

一旦建立了友谊,有些销售人员就会把这些商场中的朋友视为当然的顾客,也就不再一如既往全心全意地提供服务。顾客方面会立刻感觉到这种懈怠,但是为了维持友谊,他们很少把自己的失望迅速反馈给这位销售员,而往往是听任情况继续恶化下去。

反过来,顾客方又将怎样回应呢?在这种情况下,买方常常会要求种种特别的优惠待遇，比如更大的折扣、优先购买权、宽松的退货条件与付款期限，等等。如果你答应了诸如此类的要求，就会伤及公司及其他合作伙伴的利益。其他的顾客或潜在顾客就无法分享这些只有"朋友"才能享受的额外服务，长此以往，会给公司的业务带来相当的负面影响。而且，如果你拒绝朋友的请求，就肯定会对友情造成伤害，一旦出现意想不到的状况的话，很可能连朋友都没得做了。

第二，会给公司带来昂贵的交际成本。

你在和顾客朋友交往的过程中通常会负担全部的娱乐交际花销，而且向关系密切的顾客提供第一流也是最昂贵的娱乐节目。这些顾客也就逐渐习惯于享受最好的待遇。

大多数时候，销售员会对交际费用设定一个上限，一般会是总销售额的 $0.25\% \sim 0.5\%$。比如一位顾客的月均购货额为 5 万元，按规定，你每月花费在这个顾客身上的钱就不能超过 250 元。在现在的社会中，这笔钱大约只够支付 4 人外出吃一顿普通的晚餐或几顿工作午饭、也许再买一件小礼物，根本不可能进行一些档次较高的交际活动，例如打一次高尔夫球等。但是顾客方代表却未必了解这些。他们可能提出超过你承受能力的要求。要亲口告诉一位朋友，凭他（她）这样的顾客，公司每月只能拿出 250 元来应酬，试问你能说得出口吗？

与商界的朋友应酬或者与顾客培养友情并没有错，但是如果这种关系过于密切就不妥了，明智的做法是与顾客保持一定的距离。应当设定一个界限，保持一点严肃和尊敬，并且明确双方的角色。如果这种关系处理不好，就很可能会出现不幸的局面。

第三，与某些顾客过度亲密的交际会造成各种关系难以平衡。

你一旦与某个买家建立了牢固的友谊，行业内的人们很快就会知道。你说其他的顾客对这种友谊会怎么看呢？帮助朋友、以最优惠的价格给朋友提供最好的产品与服务是顺理成章的事情。你在公司的竞争对手会不会知道呢？当然会。只要你在生意上为朋友提供了优惠的服务，其他人就一定会知道。即便你没有给朋友优惠，他们仍然会认为你的朋友占了便宜，你会两边不讨好。

适度冷淡更有利于成交

我们经常说销售员的销售态度一定要热情，但有时热情并不是包治百病的灵丹妙药，对于一些顽固的顾客，热情的销售方式并不适用。

一位顾客走进一家电器商店。他东看看，西瞧瞧，很快对一台音色清纯透亮、低音浑厚、震撼力强的音响产生了兴趣。

此时，一位男售货员热情地迎上来，满脸职业微笑，主动介绍这种新产品。他的介绍很在行、很流畅，从性能优势到结构特点，从价格比到售后服务，一一道来，并进行了演示。

起初，顾客被他那热情而熟练的介绍所感动，对产品产生了几分好感，本想问点什么，可是他连珠炮似的讲着，对方总也插不上嘴。他不管你懂还是不懂，也不管你反应如何，喋喋不休地讲下去，似乎你不掏出钱包他就绝不罢休。

于是，顾客的心里有几分不悦了，特别是当他褒扬自己的品牌而贬低其他品牌时，顾客不免对他的动机产生了疑问：如此夸夸其谈，产品性能是否果真高超？顿时，这种疑虑把先前产生的好感一扫而光，只是出于礼貌不好意思走开。幸好这时又来了一位顾客，他乘机"逃"出了商店。不用说，那位售货员为他白费了口舌而有几分失望和怨愤。

我们不能不说这是一位训练有素且内行的销售员，但为什么他那滔滔不绝的介绍反而扑灭了顾客的购买欲望呢？

很多时候，你热情地向顾客介绍了半天。但是人家并不买账，而是冰冷地拒绝了你。还有一些顾客，总对销售人员的热情产生敌对情绪，认为你有利可图才会这样低三下四，你越是热情，对方就越会觉得自己吃亏，最终排斥你。更有一类自以为是的顾客，他看你的眼神像是看一个马戏团的小丑，你的热情更会助长他们嚣张的气焰。面对这样的顾客，最好的方法就是采用欲擒故纵的手法，冷淡他、疏远他，用冷漠浇灭他的盛气凌人，让他主动求你！

所以销售过程中的冷淡方式，常常会取得意想不到的效果。在适当的时候，如果你能够一反常态，开始冷漠地对待那些嚣张的顾客，那么就会有更好的销售效果。

第一，顾客会认为你的产品很畅销。

你对顾客的冷漠，会让顾客认为，你们公司的生意很好，有的是销路，并不是非卖给他不可。在这个时候，他为了能够买到你的产品，会主动地和你攀关系，千方百计地讨好你。此时，你可以乘胜出击，在同意和他合作的同时，又表现出为难的样子，告诉他，因为是朋友，所以才帮他争取这个订单。这样既达到了签单的目的，又让顾客感觉欠了你一个人情。

第二，顾客会觉得你的产品质量过硬。

对顾客适当地冷落，会让顾客认为你是因为自己产品的牌子硬、质量好，才这样沉得住气，不主动拉拢顾客。此时，你一定要抓住顾客的这个心理，在产品质量上给他吃一颗定心丸。告诉他，你的产品是金牌产品，质量保证，售后麻烦比较少，一旦他在产品上没有了后顾之忧，当然愿意与你合作。

第三，顾客会觉得你是大公司的做派。

对比那些过于热情的销售员，你的冷淡会展示出一种高贵的气质，给人一种鹤立鸡群的感觉。顾客会认为，那些动辄礼物上门的都是些小公司，而你这样不卑不亢的表现，才是大公司的作风。

第四，你的冷漠和不屑一顾，会让顾客感觉，如果自己不抓住这次机遇，就会让自己与发财的机会失之交臂。

正是你的冷淡，让顾客患得患失、浮想联翩，他会认为，也许和那些求着顾客买东西的人相比，你的产品会带给他更大的益处，这也坚定了顾客和你签单的信心。

不对顾客施以压力，抱着买不买都无所谓的态度，让顾客感到你的产品畅销，需要注意的是冷淡并不是傲慢，对待顾客态度上要彬彬有礼，但不过多敦促顾客。这种计法往往适用于盛气凌人的顾客。

刺猬理论活学活用：不要好心办坏事

不少店主都愿意为顾客提供热情积极的服务，然而，其实我们不需要对谁都表现得太过"热情"。聪明的店主善于看人，针对不同的顾客提供不同的服务。

20 刺猬理论：与顾客不要靠得太近，也不要离得太远

我们总以为顾客在自己的店里，自己知道的信息肯定比顾客多，多与顾客分享，方便顾客购物。但是，许多顾客却不认为你是在为自己分享信息，而总以为是在为自己销售"不好的商品"，你的"好心"反倒办了"坏事"。

一般情况下，当顾客光顾我们的店里，我们首先要有礼貌地问："您好，请问需要帮忙吗？""您好，您要买什么？""您找到合适的尺寸了吗？"

对于在浏览商品时不愿被人打扰的顾客，我们不应始终紧跟顾客，可以向顾客真诚说明："请您慢慢看，如有什么需要帮忙的，请随时跟我说。"这样可以让顾客毫无压力地在店里走动，并挑选商品。

也有许多顾客认为跟随的店主就是要向自己销售商品，以至于在初步接触时，就会不耐烦地说："干吗老跟着我？看看不行呀？"遇到这种顾客时，店主首先要先顺从他，而后要面带微笑地表示歉意，表示自己的本职工作："对不起，我只是为了您有问题时会更方便地得到解答，同时这也是我们商店'服务至上'的宗旨！"这样一来，顾客可能会说明："我只是随便看看。"

所以，对于前来购物的顾客首先要细心观察。如果顾客一过来就在环顾四周，就要主动走上前为之服务；而对于走进货架就只看商品的顾客，不要贸然服务，待对方发问时再上前为其说明商品的特性即可，否则只会让这类顾客生厌。

与顾客搞好关系，别以为就是与顾客保持很近的距离。销售员与顾客保持的距离既不能太近，又不能太远。太近了会牵制到的商务，太远则会显生疏。为此，一定要记住在生意场上与个人生活中一样，广交朋友是件好事。但是，绝不能把个人友谊与商务关系混为一谈，让友情影响到商务关系。

21 布朗定律：
如果你想完成销售，就按下他的心动钮

定律释义：

布朗定律由美国职业培训专家史蒂文·布朗提出，是指一旦找到了打开某人心锁的钥匙，往往可以反复用这把钥匙去打开他的某些心锁。

找到心锁是沟通的良好开端，知道别人最在意什么，别人的意愿就会在你的把握之中。在销售中，只要你走进顾客的心灵，找到了开启对方心锁的那把钥匙，那么，很多问题也都会迅速迎刃而解的。

要打开顾客钱袋，就从好奇心下手

好奇心是所有人类行为动机中最有力的一种，在实际销售工作中，可以用话先勾起顾客的好奇心，引起对方的注意和兴趣，然后从中说出销售商品的好处，这就是我们现在所说的注意力经济。

人人都有好奇心，美国人在经营中善于利用人类的好奇心，设法引起众人的注意和兴趣，以此来促进交易。美国人卡塞尔是这方面的高手，他是一位善于观察，善于思考，善于洞悉别人心理的大赢家，他把这些都用在做生意上。

卡塞尔在闹市地段租了一块地皮，造了一间小木屋作为酒坊。小木屋四周均留有小圆孔，并挂上一块醒目的牌子，赫然写着"禁止观看"四个大字。来往路人经不住好奇心驱使，越是禁止看越是想看，他们都簇拥着通过小圆孔往里面偷看。

这恰恰中了卡塞尔的圈套，进了屋内，看到另一块牌子上写着"美酒飘香，请君品尝"八个字，这时小孔下面正放着的一坛美酒，香气扑鼻。窥视者感到真是挡不住的诱惑，于是忍不住争相解囊购买。

1998年，美国超级拳王泰森在和霍利菲尔德的一场拳击比赛上，咬掉了霍利菲尔德的半块耳朵，当场观众一片哗然。而后这件事被炒得沸沸扬扬，人尽皆知。卡塞尔便突发奇想，为他的酒坊设计了一种名叫"耳朵"的下酒菜。这种"耳朵"菜有荤有素，酷似霍利菲尔德的耳朵。谁不想尝尝咬坏别人耳朵的滋味呢？"耳朵"菜吸引了大量的消费者，也为卡塞尔带来了大量的利润。

人们对你卖的东西产生好奇，也就意味着你拥有了一半的成交机会。如能巧妙地利用人们的好奇心，是很容易达到销售目的的。

在与顾客沟通的过程中，设置悬念吊起对方好奇心，是一种行之有效的游说方法。在你满足了顾客的好奇心的同时，对方也就会自觉地接受了你的销售。

巧用激将法，使顾客为了面子成交

在销售过程中，销售人员往往容易遇到一些顾客，虽然有产品需要，但是犹豫不定，拿不定主意，等等看。面对这些顾客，要想获得订单，促使他们下决心签单，销售人员也可以利用他们的好胜心、自尊心，采用激将法激将他们作出购买决定，迅速签单。

激将成交法，指销售人员采用一定的语言技巧刺激顾客的自尊心，使顾客在逆反心理的作用下完成交易行为的成交技巧。在销售过程中，销售人员一旦成功使用了这种技巧，往往能够促使顾客迅速下定决心签单。

一位保险销售人员在向一顾客销售保险时，顾客对保险产品的情况了解以后，却迟迟不愿意签单购买保险。

对此，销售人员说："现在，很多负责任的先生都会给自己的妻子和儿女买保险。因为他们觉得关爱自己的妻子和儿女是自己最大的光荣和责任，为妻子和儿女买保险是对他们无限关爱的一种方式。尤其是人身安全保险，它不仅是一种投资，而且体现了一位丈夫对妻子的关爱和呵护，一位父亲对子女的无限挚爱。我遇到了很多先生为他们的妻子和儿女买保险时，都是毫不犹豫地签单。像您这样犹犹豫豫的，我见得比较少……"

顾客听了以后，说："还是等一段时间再说吧！"

销售人员说："我想这不是您的真正理由！您是没有把做丈夫和做父亲的责任放到足够高的位置。您要关心他们，就要时刻期望他们平安，而为他们买平安保险是关心他们平安的重要体现。现在，您的妻子和儿女都没有投平安险，实在看不出您对他们的关爱……"

顾客一向是一位优秀的丈夫、称职的爸爸，听了销售人员的话，便说："那就买两份保险吧，反正为了他们也不在乎两份保险的钱……"

销售人员说："那是，那是，那就请您代替您的妻子和儿女签下名字吧！"

就这样，该销售人员很快就获得了顾客的签单。

在购买产品的过程中，顾客往往容易产生较强的好胜心理。激将法就是针对他们的这种好胜心理对症下药,使得他们因好胜而不再过于理智。这样,顾客为了满足自己的好胜心理,为了顾及到自己的面子,往往不再计较此前特别看重的一些"成交细节。"

在销售过程中,销售人员采用激将法促成订单,隐含着对顾客的"逼迫。"因此,在学习和掌握这种促成订单的技巧时,销售人员还需要注意以下几个问题:

(1)要把握准确顾客的心理。

(2)不要伤害顾客的自尊。

(3)要注意态度自然。

在销售过程中,激将法是销售人员促成订单的常用技巧之一,也是巧妙"逼迫"顾客成交的技巧之一。要想成功地运用此法,促使顾客尽快签单,销售人员需要仔细揣摩此法,并在运用中掌握其技巧和奥秘。

欲擒故纵,吊足顾客胃口

欲擒故纵中的"擒"和"纵",是一对矛盾。在军事斗争中,"擒"是目的,"纵"是方法。古人有"穷寇莫追"的说法。事实上,不是不追,而是看怎样去追。

一个刚退休的老人回到老家,在一个小城买了一座房,住了下来,想在那儿安静地度过晚年,写些回忆录。

刚开始的一个月里,一切都很好。安静的环境对老人的精神和写作很有益。但有一天,三个小男孩儿放学后来这里玩儿。他们把几只破垃圾桶踢来踢去,玩儿得不亦乐乎。老人实在受不了这些噪音,于是出去劝阻孩子们。"你们玩儿得真开心,"他说,"我很喜欢看你们年轻人踢桶玩儿。如果你们每天来玩儿,我给你们三人每人两块钱。"

三个小男孩儿很高兴,更加起劲儿地表演他们的足下工夫。第二天,老人忧愁地说:"由于物价上涨,从明天起,我只能给你们一元钱。"

小男孩儿们很不开心,但还是答应了这个条件。每天下午放学后,他们继续去进行表演。第五天后,老人愁眉苦脸地对他们说:"最近我的养老金老拿不到,我只能每天给三毛钱了。"

"三毛钱？"其中一个小孩儿脸色发青地说，"我们才不会为了区区三毛钱浪费宝贵时间为你表演呢，不干了。"从此以后，老人又过上了安宁的日子。

欲擒故纵主要利用人们对事物的态度，越朦胧越想寻求其清晰心理。如果能把谜面说得扑朔迷离，人们就越想寻求谜底，破解谜面。胃口吊得越高，消化得就越好。在销售行业里，也有经典的运用欲擒故纵来进行销售的案例。

一天，一个销售员在兜售一种炊具。他敲开李先生家的门，他的妻子开门请销售员进去。李太太说："我先生和隔壁的赵先生正在后院。不过，我和赵太太愿意看看你的炊具。"

销售员说："请你们的丈夫也到屋里来吧！我保证，他们也会喜欢我介绍的产品。"于是，两位太太"硬逼"着他们的丈夫也进来了。销售员做了一次极其认真的烹调表演。他用所要销售的那套炊具温火煮苹果，然后又用李太太家的炊具以传统的方法煮。两种方法煮成的苹果区别非常明显，给两对夫妇留下了深刻的印象。但是男人们总会装出一副毫无兴趣的样子。

这个时候一般销售员看到两位主妇有买的意思，一定会趁热打铁，说服他们买。如果这样做的话，还不一定能销售出去。因为越是容易得到的东西，人们往往觉得它没有什么珍贵的，而得不到的才是好东西。这个聪明的销售员深知人们的这种心理，于是将样品放回盒里，对两对夫妇说："多谢你们让我做了这次表演，我很希望能够在今天向你们提供炊具，但我今天只带了样品，也许你们将来才想买它吧。"说着，销售员起身准备离去。这时两位丈夫立刻对那套炊具表现出极大的兴趣。他们都站了起来，想要知道什么时候能买得到。

李先生说："现在能向你购买吗？我现在确实有点儿喜欢那套炊具了。"

赵先生也说道："是啊，你现在能提供货品吗？"

销售员真诚地说："两位，实在抱歉，我今天确实只带了样品，而且什么时候发货，我也无法知道确切的日期。不过请你们放心，等发货时，我一定会记得告诉你们。"

李先生坚持说："唷，也许你会把我们忘了，谁知道呀？"

这时，销售员感到时机已到，于是说道："噢，为保险起见——你们最好还是付订金买一套吧。一旦公司能发货就给你们运来。这一般要等一个月，甚至可能要两个月。"

两位丈夫赶紧掏钱付了订金。订金拿到手,销售员心花怒放。他本可以马上就付货给他们。可是,那样便吊不起他们的胃口了,一定要让他们尝尝盼望的滋味。大约一个月以后,商品才给他们送到家中。

人的天性似乎总是想要得到难以得到的东西。在这里,销售员只是利用了顾客的这个天性,运用了一点儿销售心理学而已。欲擒故纵法是一种很有效的销售方法。

以静制动,掌握销售主动权

"静"与"动"是一对反义词。"静"则泰山崩于前而面色不变,"动"这里则指敌之动向、攻击。在对方压境之时,不动声色,不暴露自己的意图与能力,使对方之攻势一时难以发挥,渐渐衰弱,士气低落。这些都是"静"发挥的无形战斗力。以这种无形战斗力制服对方的嚣张气焰,使己方变被动为主动。

在销售中,一些销售者为了显示自身实力,在销售一开始就表现得来势凶猛,气焰嚣张,企图从一开始报盘就使对方处于被动地位,迫使对方接受其高要求。而且,有些销售者确实智力过人,语言表达流利而精彩。此时,如果以硬碰硬,由于对方来势凶猛,气势正旺,则很难把其嚣张气焰打下去。那么这就有必要运用"你凶我静,静观其变"的策略,使其"一鼓作气,再而衰,三而竭",以平等的地位重新进行销售。

我国某外贸公司与美国某工业集团进行一项贸易合作谈判。美方财大气粗,执意要求将销售地点定在美国。我方代表看出其中必有文章,便同意了美方的要求。果然,销售一开始,美方销售员就没把中方放在眼里,作为卖方主动报盘,陈述情况,其气势汹汹,滔滔不绝。整整一个上午,美方代表喊叫了3个多小时,并配合有力的图表数据,精心配置计算机显影在大屏幕上打出深奥难懂的图像,以证明他们的要价是非常合理的。

当报盘结束后,美方销售员带着满意的笑容,满怀自信地转向我方代表,问了问:"就介绍到这儿吧,你们认为怎么样?"而此时,我方代表一直一声未吭,只是静静地坐在椅子上。从谈判开始到此时,几位中方代表只说了几句话,那就是:"对不起,我们对你方的介绍不太明白。""我们希望你们能再一次详尽地介绍一遍。"连续3个小时的长篇大论,有谁愿意继续讲下去,而且好像没人听,美方终于"再而衰"了。眼看快到中午了,美方代表有气无力地说:"好了,我是不会再讲一遍了,下午我们重新开始谈吧。"

下午的情况,可能谁也想不到,中方代表突施奇袭,美方只好节节败退了。

静观其变、以静制动这一策略要求销售者应不急不躁,沉稳自信,大胆设想。除此之外还需:

第一,认真、仔细倾听对方发言。

第二,注意对方的仪态姿势、言谈举止。

第三,不要因轻视对方而抢话,或急于反驳而不听对方的发言。

第四,对对方的谈话去粗取精、去伪存真,既抓住重点,又收到良好效果;

第五,认真观察对方每一个细微动作,以便准确把握对方的行为与思想。

销售工作不仅是语言交流,也是行为交流。在商务谈判中,销售者总是运用一系列的动作来配合自己的谈话。所以,销售员不仅要听其言,还要观其行。

以退为进,时机成熟再成交

不成熟的销售员有时会不顾一切地达成交易,而懂技巧的销售员则是暂时放弃,等时机成熟时再达成交易。这需要判断,而且需要判断以外更多的东西。它需要销售员在交易达到一定的程度时,敢于放弃唾手可得的一切利益,暂时将它放在一边;又要有在几天后再把生意拉回来的自信。以退为进是最成熟的销售技巧。

罗伯特是一家公司的高级副总裁。他在与当时最富有的亨特做生意时就运用了先撤退,再使其成交的销售技巧。

很久以前,在金银市场上亨特的名字就曾一再被提及。具有天使般容貌的亨特成立了一个公共事务组织,叫做"事务广场"。它的使命是:反映时政焦点。罗伯特成立的是一家印刷公司,还与亨特做了几笔交易。

具有传奇色彩的亨特是个冷静、谦虚的人,不喜欢公共场合。他总是用一个

21 布朗定律：如果你想完成销售，就按下他的心动钮

平淡无奇的纸袋装午餐饭盒，驾驶一辆已有3年历史的标致车，穿很平常的衣服。

然而，那时这位每月收入4万美元的人很明显地感到困惑。很多人并不知道"事务广场。"于是罗伯特找到了销售契机。罗伯特告诉亨特，明天他将给他一个建议。他的主意是：新闻信。

回到办公室，他起草了一份"事务广场新闻"，写了个简短的小故事，估算了一下印刷成本。

第二天，罗伯特把计划交给亨特，"低成本，而且全国数千人都会知道。"罗伯特继续说，"随着循环次数增加，单位成本还会下降。"

亨特全神贯注地听着，即刻便满面怒容。他怒斥罗伯特滚出他的办公室。难道罗伯特暗示了什么过分的野心吗？

罗伯特决定不催促亨特，而让他进行下一步。星期一早晨罗伯特接到了亨特的一个电话。亨特想立刻采用这一方案。后来，"事务广场新闻"成了全国性的杂志——也是一个有利可图的新行业。

罗伯特知道何时需要一个策略性的撤退。他不能不走开，他之所以成功是知道什么时候他必须走开。以退为进是一种追求成功的有利战术。在快速发展的今天，一味埋头苦干、奋勇搏杀也许会陷入思维的陷阱，沉没在泥潭中。还不如另辟蹊径，也许就能看见成功的曙光！

布朗定律活学活用：找准顾客心动钮

如果我们希望顾客对我们的产品产生真正的购买意愿，那最重要的是让顾客在心底接受产品，而我们的解释、说明甚至说服只是一个引导的过程。

也就是说，一个优秀的销售员要善于引导，如何让顾客说"是"，如何真正打动顾客地心，这才是高超的销售技巧。

所有销售训练都有这句话："如果你想完成销售，一定要按下他的心动钮。"心动钮在哪儿？心动钮随处可见，问得到、听得见，只要你提高警觉。

只有在你找到心动钮时，按下它才会管用。下面一些方法，能让你在交谈中发现心动钮。

（1）提出与现况、处境有关的问题。例如，在哪儿度假，孩子就读哪所大学。

（2）询问他得意的事，事业上最感骄傲的事。

（3）提出与个人兴趣有关的问题，空闲时都做些什么事？

（4）问他，假如他不必工作，他会做些什么，什么才是他真正的梦想、抱负？

（5）提出与目标有关的问题。他公司今年度的主要目标是什么，他要如何达到目标？

（6）看看办公室里的每一样东西，找找不寻常的东西。有镶框的、单独放的、或是体积较大、较醒目的东西，找找照片和奖状。

顾客的心动按钮已经找到了，那么如何按动呢？下面便是按动心动钮的五个技巧：

（1）提出"重要性"的问题。例如，"那对你有多重要？"或"为什么它对你那么重要？"这有助你更加了解情况。

（2）提出你认为重要的问题。如果你记笔记的话，有些地方一经探测便能产生热力。

（3）用高明的方式问问题。让它看似谈话的一部分，然后观察反应；如果你相信它就是心动钮，提出能够满足该情况的解决之道。

（4）不要不敢提起心动钮。确定它，并加强聆听准顾客的反应。

（5）使用"如果我提出一个解决方案……会不会承诺或购买……"等有变化的假设说法，此类问题可以得到真正的答案，因为它包含了一个可能发生的情况，且正中红心。

请注意，心动钮有时是非常敏感的事情，其中有很多枝节可能是准顾客不愿泄露的。你的工作就是去发掘这个按钮，用它来完成销售，运用你最佳的判断力吧，如果你意识到这个问题很敏感，不要逼得太紧。

22 投射效应：
与顾客站在同一立场上

定律释义：

心理学研究发现，人们在日常生活中常常不自觉地把自己的心理特征（如个性、好恶、欲望、观念、情绪等）归属到别人身上，认为别人也具有同样的特征，如：自己喜欢说谎，就认为别人也总是在骗自己；自己自我感觉良好，就认为别人也都认为自己很出色……心理学家们称这种心理现象为投射效应。

投射效应对销售的重要一条启示是：保持与顾客思维的同步，只有你的想法、你的行动与顾客的想法相一致，才能让顾客更容易地接受你。

销售要与顾客"步调一致"

根据心理学的研究，人与人之间亲和力的建立是有一定技巧的。我们并不需要与他认识一个月、两个月、一年或更长的时间才能建立亲和力。如果方法正确了，你可以在5分钟、10分钟之内，就与他人建立很强的亲和力。优秀的销售员懂得一个特别有效的方法：在沟通时与对方保持精神上的同步。

首先是情绪同步，也就是你能快速地进入顾客的内心世界，能够从对方的观点、立场看事情、听事情、感受事情，或者体会事情。做到与顾客情绪同步最重要的是"设身处地"这四个字。

许多平庸的销售员也明白，每天都要保持活力，要有自信心，笑容常挂在脸上，碰到顾客一定要兴奋，要有活力，一定要保持笑容。可为什么有时不奏效呢？优秀的销售员会告诉你，因为你所碰到的对象，未必也是常常笑容满面、很兴奋、很有行动力的人。当你同一位顾客谈事情，发现这位顾客比较严肃、循规蹈矩、不苟言笑，若要和他建立亲和力，你需要和他在情绪上比较类似。假设碰到另一个人，他比较随和、爱开玩笑，你在情绪上也要和他同步，同他一样比较活泼，比较自然。

另外，在语调和速度上也要同步。这要求先学习和使用对方的表象系统来沟通。

所谓表象系统，分为五大类。每一个人在接受外界讯息时，都是通过五种感官来传达及接收的，他们分别是视觉、听觉、触觉、嗅觉及味觉。而在沟通上，最主要的乃是通过视、听、触三种渠道。由于受到环境、背景及先天条件的影响，每一个人都会特别偏重于使用某一种感官要素来作为头脑接收处理讯息的主要渠道。

第一种，视觉型的人。

这种人的头脑在处理讯息的时候，大部分通过视觉画面的储存来处理。所以，视觉型的人特别容易回忆起图像或在头脑里看到的画面。因为视觉图像的变化速度一般较说话速度快，所以视觉型的人说话为了能跟上头脑的图像变化速度就会比较快。视觉型的人第一个特征是说话速度快；第二个特征是音调比较高。因为，通常当一个人说话速度越快，相对的音调也就比较高一些了；第三个特征是胸腔起伏比较明显；第四个特征是形体语言比较丰富。

第二种，听觉型的人。

这种人的头脑在处理讯息的时候，大部分通过声音来处理，声音变化没有视觉画面变化快。相对来讲，听觉型的人比视觉型的人讲话速度慢，比较适中，音调有高有低，比较生动。听觉型的人对声音特别敏感。另外听觉型的人在听别人说话时，眼睛并不是专注地看对方，而是耳朵偏向对方的说话方向。

第三种，感觉型的人。

与以上两种人都不同。感觉型的人第一个特征是讲话速度比较慢；第二个特征是音调比较低沉、有磁性；第三个特征是讲话有停顿，若有所思；第四个特征是听人讲话时，视线总喜欢往下看。

对不同表象系统的人，优秀的销售员会使用不同的速度、语调来说话，换句话说，就是用顾客的频率来和他沟通。以听觉型的人为例，如果你想和他沟通或说服他去做某件事，但是却用视觉型极快的速度向他描述恐怕收效不大。相反，你得和他一样用听觉型的说话方式，不急不缓，用和他一样的说话速度和语调，他才能听得真切；否则你说得再好，他也是听而不懂。再以视觉型的人为例，若你以感觉型的方式对他说话，慢吞吞而且不时停顿地说出你的想法，不把他急死才怪。

所以优秀的销售员对不同的顾客会用不同的说话方式，对方说话速度快，就跟他一样快；对方说话声调高，就和他一样高；对方讲话时常停顿，就和他一样也时常停顿，这样才不会出现"各说各话"的尴尬情景。因为能做到这一点，所以优秀的销售员很容易和顾客之间形成极强的亲和力，对各种顾客应付自如。

互换立场，站在顾客立场看问题

销售界有一种著名的销售方法是互换立场法，这种方法要求销售员把自己想象成顾客，即从顾客的立场出发考虑问题。当顾客对你销售的产品提出批评意见时，你要装出忘记自己的销售使命的样子，站在对方一边说话。

比如，你销售的是电风扇，顾客对这种产品挑剔很多，并声称不买电风扇也可以。这时候你就顺着对方的意思说话："这种产品确实不太好，花那么多钱买到一件不如意的东西真不合算！"这种话一出来，对方的感觉就好像正在使劲推一扇门，门突然不见了，自己有劲也使不上。这样一来，他的反对意见反而显得不重要了，即使还有什么不满意的话也觉得没有必要说出口了。

接下去，销售员可以乘势转变，以富有同情心的语调真诚地为对方设想。"一般来说，中等档次的电风扇都有这种毛病""今年夏天虽然不太热，但电风扇还是用得着的""如果不在乎价钱的话，可以买好一点的"……

在这样的交流中，对方无形中就把你当做帮助自己拿主意的人来看待，对销售员本能的戒心消失了。在这种情况下，顾客很容易在销售员的暗示下，作出购买电风扇的决定。

按照常理，销售员要说服顾客购买自己的产品，必定要极力吹嘘，吹得过分一些，就难免有水分。长此以往，人们对销售货物者普遍形成了一种偏见，认为他们说的话没有真的。广泛宣传的产品收效甚微，其道理也就在这里。但当销售员以知心朋友身份出现时，顾客就会被对方的真诚所感动，从而被说服。

此外，自己站在顾客的立场上，就比较容易抓住销售的重点。事实上，大多数销售员对顾客所持的高度，与我们所要求的设身处地为顾客着想相比，还有很大一段距离。他们最典型的态度往往是："对于顾客为什么要购买那些产品或服务，我对此一点都不感兴趣。重要的是，顾客买了产品或服务，而我则拿到了钱。"

成功学大师陈安之曾问意大利著名企业家："你是如何成为世界第一名的？你为什么能赚这么多钱？"企业家的回答是："你的头脑千万不要想赚钱，你如果一心只想赚钱，你肯定赚不到钱。"一位业绩多年第一的销售人员深有感触地说："有没有诚意，其实顾客都能体察得到。如果我为了成交而欺瞒顾客，那么顾客的下一笔生意我永远都做不到。"

要想快速地进入顾客的内心世界，就要从对方的观点、立场看事情、听事情、感受事情，或者体会事情。做到与顾客情绪同步最重要的是"设身处地"这四个字。

变"我要卖"为"我要买"

站在顾客的立场,你就会摒弃各种利益驱使,在销售过程中实事求是地介绍商品,不夸大其词,不以次充好,不隐瞒瑕疵,从而赢得顾客的信任。

作为一名优秀的销售员,你的工作不仅是售卖商品,同时还要与顾客建立友好关系。很多时候,这两者是可以统一在一起的,销售员可以转换立场,站在顾客的角度思考问题,不是卖东西而是帮助顾客买东西。销售员的工作要时时体现为客人着想的服务理念,这样不仅更有利于业绩的提升,同时还能够提升顾客忠诚度,获得良好的声誉。

站在顾客的立场,你就会充分运用自己的专业知识,在销售过程中,按照顾客的喜好、个性、需求、用途,来为其挑选最适合他的商品。

站在顾客的立场,你就会以友善亲切的心态,在销售过程中关注顾客的各种体会和感受,关心顾客的各种不便和困难,并妥善地加以处理,让顾客沉浸在宽松而温暖的氛围之中。

站在顾客的立场,你就会在销售之余潜心研究商品特点,掌握市场规律,并把顾客的需求真切地反映给供应商,进而引导供应商发展生产,提供给顾客更多更好的选择。

站在顾客的立场,你就会对自己的岗位有更多新的认识,重视自己的工作,尊重自己的劳动,不断增强自信心,不断超越顾客的期望,在顾客满意的笑容中寻求自己的成功。

"不识庐山真面目,只缘身在此山中。"长期以来习惯了以"卖"的立场来看待服务的我们,不妨换到顾客"买"的立场来体悟一下,是不是也会发出类似苏东坡的感慨呢?"卖"即是"买","买"即是"卖",与其急功近利地"卖",不如满腔热情地"买",因为当我们的营业员在一心一意帮助顾客"买"的同时,不经意间,企业也实现了想要的"卖",这就是现代销售的观念转换。

要想取得顾客的信任,关键是要让顾客感受到你为他服务的良好态度,是否处处为顾客着想,是否站在顾客的立场上去看待问题,帮助顾客去解决问题。在与顾客交往的过程中,要特别注意的就是设身处地地为顾客着想,在为顾客提出任何意见和建议时,都要告诉顾客这样做对他的好处。

你为顾客着想,顾客才为你着想

"主动地为顾客着想,顾客才会为你着想。"相信很多从事市场销售的人员看到这个观点都会深有感触。只有站在顾客的角度为顾客着想,才是销售成功之根本。

销售员要了解顾客的消费心理,了解顾客的感情,和顾客打成一片,处处为顾客着想。只有这样才会有更多的顾客,只有这样才能在竞争中立足。

销售人员不仅是企业的代表,也是消费者的顾问。平时要想顾客之所想,急顾客之所急,不辞劳苦,积极为顾客服务。为此,销售人员要具有用户第一,用户是"上帝"的思想。

在销售的过程中,要时刻站在顾客的角度去想,让顾客时刻感觉到你的"偏向"和特别照顾,感觉到你是他们的自己人,只有这样,才会对你所要销售的商品和你本人感兴趣。

站在顾客的立场,为顾客着想,首先就要假设自己是顾客。假设自己就是顾客,你想购买怎样的产品和服务?自己真正需要的是什么?会如何要求售后服务?这样就能让自己站在顾客的立场去看待问题。

销售人员如果只是为了销售产品而销售,过多地谈论自己,吹嘘自己的产品,顾客很难对其产生信任。但销售人员如果站在顾客的立场上,说出替顾客设身处地着想的话,就会赢得对方的兴趣。因为对所有人来说,兴趣产生的基础莫过于与自己有关的事情,所以销售人员就应该从谈论顾客与销售息息相关的信息入手,站在顾客的角度阐发问题,使顾客对所销售的商品产生注意。

设身处地地为顾客着想,是做到始终以顾客为中心的前提,作为一名销售人员,能经常的换位思考是非常重要的,设身处地地为顾客着想就意味着你能站在顾客的角度去思考问题、理解顾客的观点、知道顾客最需要的和最不想要的是什么,只有这样,才能为顾客提供金牌服务。一个优秀的销售人员深知,多站在顾客的立场上想问题是成功销售的重要秘诀。

在销售上，顾客中各类人都有，我们的服务应当永远站在顾客的立场考虑问题。作为销售人员，我们应该走出自己的心理定位，想尽办法走入顾客的心理世界。我们的第一步不是卖产品，不对顾客需求做主观的判断，而是要培养对方成为我们的顾客。当信任关系真正落实时，我们才能建立向顾客传播正确理念的通道。

 **投射效应活学活用：多为你的顾客着想**

销售员最好的一个工作办法是为你的顾客做一些额外的小事情，要想感动顾客，就必须先要感动自己。

一个好的销售员就是一个好的演员，你必须随时了解什么是观众需要看的，在什么时候想要看什么。这就要求销售员能够像了解自己一样去研究顾客，时刻站在顾客的角度上去考虑问题。

如果你下决心从事销售工作，那么首先你必须真心关心顾客，关心顾客的问题、想法和需要。这点可能并没有得到普遍的认识，但是作为一名销售员，就需要比别人更深入地了解顾客的内心世界。

作为一名销售员，面对的是目标顾客真正的欲望和动机，因为当顾客买一件商品的时候不仅体现了他此刻的需要，而且从这件商品上，我们还能够了解到对方是属于哪种类型的人。

但是只是认识是不够的，聪明的销售员还必须知道如何利用，即什么时候应该忽视，什么时候应该丢弃这些动机。只有在销售中同时考虑到这些问题、特征和需要的销售员才能真正获得成功。

销售员必须像研究自己那样透彻地研究顾客。你必须要知道每个人的目的，每个人的个性和动机。你也应该知道自己正在与哪种类型的人打交道，这种人都有什么嗜好，他的个人背景是怎样的，他对你产品的兴趣有多高，他是不是渴望第二次见到你，等等，除非这些问题都能得到很好的回答，否则你最好放弃这笔生意。

除非购买者发现自己真的买到了好产品，否则这就不是一次成功的销售。从某种意义上说，销售员和顾客是两个互相依赖的人，每个人都有对方需要的东西，也都必须努力满足对方的需求。

23 中心开花法则：
点亮中心点，照亮一大片

定律释义：

中心开花法则，是指销售人员在某一特定的销售范围里发展一些具有影响力的中心人物，并且在这些中心人物的协助下，把该范围里的个人或组织都变成销售人员的准顾客。

应用中心开花法则，寻找中心人物成为关键。这就要求销售人员做好两个方面的工作：首先要选准消费者心目中的具有一定知名度的中心人物，然后争取中心人物的信任与合作，积极开展公关活动，借助中心人物的影响力，提升销售力，达到销售目标。

销售要抓"典型"、找"中心"

中心开花法则指出，人们对于在自己心目中享有一定威望的人物是信服并愿意追随的。因此，一些中心人物的购买与消费行为，就可能在他的崇拜者心目中形成示范作用与先导效应，从而引发崇拜者的购买与消费行为。实际上，所有的市场概念内及购买行为中，影响者与中心人物是客观存在的，他们是"时尚"在人群传播的源头。只要了解确定中心人物，使之成为现实的顾客，就有可能发展与发现一批潜在顾客。

利用这种方法寻找顾客，销售人员可以集中精力向少数中心人物做细致地说服工作；可以利用中心人物的名望与影响力提高产品的声望与美誉度。但是，利用这种方法寻找顾客，把希望过多地寄托在中心人物身上，而这些所谓中心人物往往难以接近，从而增加了销售的风险。如果销售人员选错了消费者心目中的中心人物，有可能弄巧成拙，难以获得预期的销售效果。

在你销售商品时，常常有这样的情况：一个家庭或一群同伴们一起来跟你谈生意，做交易，这时你必须先准确无误地判断出其中的哪位对这笔生意具有决定权，这对生意能否成交具有很重要的意义。如果你找对了人，将会给你的生意带来很大的便利，也可让你有针对性地与他进行交谈，抓住他某些方面的特点，把你的商品介绍给他，让他觉得你说的正是他想要的商品的特点。有时候，你掌握了他的心理，了解了他想要的商品的概况后，你可以这样说："您是说想买能耐用一点的，对吧，我这东西正是这样，您仔细瞧瞧，看看是什么料子做的，能不耐用吗？"或者说："您今天可真是找对了，您想买样式新颖点的衣服，瞧，我们这个是最新款式、最畅销流行的服装，您随便挑吧。"如此这般把顾客的话按自己的意图表达出来，就能让顾客觉得你是个懂行情、知人心的人，你的商品也是你按照顾客的需求而销售的，你的交易也就容易成功了。

相反，如果你开始就盲目地跟这一群人中的某一位或几位介绍你的商品如何如何，把真正的决定者冷落在一边，这样不仅浪费了时间，而且会让人看不起你，认为你不是生意上的人，怎么连最起码的信息——决定权掌握在谁手里都不知道，

23 中心开花法则：点亮中心点，照亮一大片

那你的商品又怎能令人放心呢？顾客想到这，谁还会听你继续往下介绍，更别说买你的东西了。从这两个相反的事情对照来看，观察出谁是决定者是销售员必备的本领，这对于你的交易成功与否具有关键的意义。

谁才是左右交易的中心人物

如何确定谁是这笔交易的决定者，很难说有哪些方法，只有在长期的实践过程中，经常注意这方面的情况，慢慢摸索顾客的心理，才能做到又快又准确地判断出谁是决定者。不过，这里可介绍几种比较常见但又比较容易让人判断错的情况。

当你在销售洗衣机时，一个家庭的几位成员过来了，首先是这位主妇说："哦，这洗衣机样式真不错，体积也不大。"然后长子便开始对这台洗衣机大发评论了，还不停地向你询问有关的情况。这时你千万不要认为这位长子便是决定者，从而向他不停地讲解，并详细地介绍和回答他所提出的问题，而要仔细观察站在旁边不说话，但眼睛却盯着洗衣机在思索的父亲，应上前与他搭话，"您看这台洗衣机怎么样，我也觉得它的样式挺好。"然后再与他交谈，同时再向他介绍其他的一些性能、特点等。因为这位父亲才是真正的决定者，而你向他销售、介绍，比向其他人介绍有用得多，只有让他对你的商品感到满意，你的交易才可能成功，而其他人的意见对他只具有参考价值。

当你去一家公司销售沙发时，正好遇到一群人，当你向他们介绍沙发时，他们中有些人听得津津有味，并不时地左右察看，或坐上去试试，同时向你询问沙发的一些情况并不时地作出一些评价等。而有些人则对沙发无动于衷，一点也不感兴趣，站在旁边，似乎你根本就不在旁边销售商品。这两种人都不是你要找的决定人。当你向他们提出这样的问题："你们公司想不想买这种沙发？""我觉得这沙发放在办公室里挺不错的，贵公司需不需要？"他们便会同时看着某一个人，这个人便是你应找的公司领导，他能决定是否买你的沙发。

在有些场合下，你一时难以判断出谁是他们中的决定者，这时你可以稍微改变一下提问的方式。比如，你可以向这群人中的某一位询问一些很关键、很重要

的问题，这时如果他不是领导者，他肯定不能给你准确明了的答复，而只是一般性地应答，或是让你去找他们的领导，如果你正碰上领导者，那么他就能对你提出的重要的问题给予肯定回答。这种比较简单的试问法，可以帮你尽快地、准确地找到你所想要找的决定者。这些能使你更有效地进行销售活动，避免了时间上的浪费，提高了你商品销售的说明效率。

应用中心开花法则时，寻找中心人物成为关键。这就要求销售人员做好以下两个方面的工作：

一是选准消费者心目中的中心人物。

销售人员必须进行详细而准确的市场细分，确定每个子市场的范围、大小及需求特点，从中选择好目标市场，再在目标市场范围内寻找有影响的中心人物。

二是争取中心人物的信任与合作。

销售人员应在详细地了解中心人物后，在现行政策允许范围内，积极开展公关活动，尽可能地争取中心人物的支持与合作。

借助第三者的力量说服顾客

为了刺激顾客采取购买行动，有时候你说100句也顶不上你引用一次第三者对你商品的评价。

谈到你要出卖的一块土地，你可能对你的顾客说："前不久一个顾客也来此地看过，他觉得非常满意，想在此地盖栋别墅，可惜后来，他因资金周转不灵而无法购买，我也为他感到遗憾。"

这种方法效果非常好，但是如果你是说谎又被识破的话，那可是非常难堪的，所以应该尽量引用事实来销售。

巧妙地引用他人的话，特别是买商品的第三者的话，向你的顾客说出他人对你的商品评价，有时会收到意想不到的效果。

这一技巧的妙处在于，一般的顾客对于销售员的印象总是不那么好，对于销售这种售卖方式也持怀疑的态度。但是如果你非常成功地引用了第三者的评价来游说顾客，那么顾客一定会有一种安全感，他本人也会消除对你的戒心，相信你

23 中心开花法则：点亮中心点，照亮一大片

给他作的商品介绍，因此他便认为购买你的商品要放心得多了。

假如你为一家公司销售一种新式化妆品，而这家公司已经在电视上做过广告，那么你的销售一定应从广告（电视台也是一种第三者）开始。

如果你知道某个"大人物"曾盛赞或使用了你正在销售的商品，那么你的销售会变得比原先容易得多，因为电影明星、体育明星等"大人物"一定会比你更容易得到信赖，说服力也就当然比你强得多。

但这样的好事，未必就落在你所销售的商品上，那也不要紧，你如果能打听到你的顾客的周围有一个值得信赖的人，曾经说过你的商品的好话，你就应该不失时机地加以应用。甚至你可以先向他销售你的商品，只要你很聪明，无论成与不成，你都能从他的口中获得对你的商品的赞美之辞，这会成为你在他的影响力所及的范围内进行销售的通行证。

当然，假如你引用一个顾客并不了解也不认识的人的话，也不一定就没有效果。只要这话的确有理，而顾客此时又并未在意，那么他仍然会觉得言之有理而加以考虑。如果你去销售圆珠笔，你可以对顾客说："我的一个朋友每半年总要买上七八支圆珠笔，在他经常工作的地方，每处放上一两支，他说这样很方便，因为那样就不会出现急需要用时还得满处去找的情况了。随手拿来就用当然再方便不过，而且七八支笔使用平均，半年都不用换新的，所以比一次买一支要划算得多。"

你的顾客听了这段话一定会觉得很有道理，他便很可能从此改变了他的购买方式，一下子从你这里买去许多支圆珠笔，从而使你的销售额成倍地增加。

当你敲开一家顾客的大门，你应该对出来开门的女主人说："这就是电视里天天出现的那种最新样式的化妆品，您一看就会认出来的。"然后你立刻将样品递过去，她便不会怀疑你了。

如果你认为她并不是一个喜欢标新立异的人，你就可以接着告诉她："我刚才已经销售了几十瓶，大家都是看了电视里的广告介绍才购买的，而且它也的确不错。"这样，她购买的可能性就更大了，因为你一直都在"请"电视和其他的购买者来为你说话，她"自然"不会产生什么怀疑，相反会感到安全而乐于购买你的商品。

亮出有影响力的第三方

在销售中，有时提及有一定影响力的"第三方"，可以大大提高自己说话的可信度，增强自己的说服力，让顾客接受你的建议。

1. 提及顾客的竞争对手

每个企业都关注竞争对手，特别是其老总。小李有一个准顾客，一开始给这家公司老总打电话，这位老总总说不需要，可是小李在网上根据老总提供的关键词就是找不到这家公司，于是经过一番搜索，小李发现老总的一个同行却在三大门户上面全做了推广，于是，当小李再次给老总打电话的时候，小李没有跟老总提推广，而是问："××公司是你们同行是吗？他们……"一番话说完对方马上就特关注地问："哦，是吗？他们做了呀？那像他们那样做一下要多少钱？"小李还没说，老总就主动问起价钱了。然后，小李就根据他们的情况做了个推广推荐，一个单子就签下来了。

2. 提及知名的典型顾客

人们的购买行为常常受到其他人的影响，销售员若能把握顾客这层心理，好好地利用，一定会收到很好的效果。

针对顾客的行业列举出一些比较知名的典型顾客，以此强化顾客的兴趣和信任。例如："我们公司曾经为杉杉集团、罗蒙集团、金利来等数十家服装企业提供过零售管理培训，使他们大大提升了业绩。"

"李厂长，××公司的张总采纳了我们的建议后，公司的营业状况大有起色。"

提及知名的典型顾客，可以壮自己的声势，特别是，如果你举的例子，正好是顾客所景仰或与其性质相同的企业时，效果就会更显著。这样的业务介绍无疑是非常具有说服力的。假设没有特别知名的企业，则可以采用数字化或者类比的方法来达到同样的效果。

3. 亮出有影响的第三人

告诉顾客，是第三者(顾客的亲友)要你来找他的。这是一种迂回战术，因为每个人都有"不看僧面看佛面"的心理，所以，大多数人对亲友介绍来的销售员都很客气。

"何先生,您的好友张安平先生要我来找您,他认为您可能对我们的印刷机械感兴趣,因为这些产品为他的公司带来了很多好处与方便。"

"丽莎是个很好的人,她是我最亲密的朋友之一。我很感激她建议我联络你。"

打着别人的旗号来推介,虽然很管用,但要注意,一定要确有其人其事,绝不可自己杜撰,要不然,顾客一旦查对起来,就露出马脚了。为了取信于顾客,在拜访时若能出示引荐人的名片或介绍信,效果更佳。

在极少数情况下,即使提及熟人可能也不能有效消除紧张气氛,但是不要轻易放弃。简单提一下是谁建议你联络对方的,并直奔主题:"李刚建议我联络你,因为……"

中心开花法则活学活用:销售搭上"第三者"

在唤起顾客注意力方面,销售员广泛引用旁证往往能收到很好的效果。一家著名的保险公司的经纪人常常在自己的老主顾中挑选一些合作者,一旦确定了销售对象,征得该对象的好友某某先生的同意,上门访问时他这样对顾客说:"某某先生经常在我面前提到你!"对方肯定想知道他的朋友到底说了些什么,这样双方便有了进一步商讨洽谈的机会。

引用旁证时,销售员还可以引用一些社会新闻。谈论旁证材料和社会新闻,首先应以新见长,最新消息、最新商品、最新式样、最新热点,都具有吸引注意的能力。

在可能的情况下,业务员也可以通过第三者介绍而接近顾客。

这个第三者一般都是业务员或顾客接近圈内的成员。所谓顾客接近圈,是现代销售学上接近圈理论的一个概念,是指一种相互接近的人际关系,在现实生活中,每一个人都要按照自己的意愿,以自己的方式接近他人,形成一定的接近圈。处在接近圈内的人们相互之间比较理解,具有良好的人际关系,相互之间比较容易接近。其实,在动物世界里,也存在一定形式的接近圈。在人类社会里,独自一人是难以生存的,人与人之间必须要相互联系,相互接近。接近就是一种人际交往活动,就是一种社会联系。接近圈正是社会联系的具体表现。

第三者介绍接近法的主要方式是信函介绍、电话介绍、当面介绍等。接近时，业务员只需交给顾客一张便条、一封信、一张介绍卡或一张介绍人名片，或者只要介绍人的一句话或一个电话，便可以轻松地接近顾客。

一般说来，介绍人与顾客之间的关系越密切，介绍的作用就越大，业务员也就越容易达到接近顾客的目的。介绍人向顾客推荐的方式和内容，对业务员接近顾客甚至商品成交都有直接的影响。因此，业务员应设法摸清并打进顾客的接近圈，尽力争取有关人士的介绍和推荐。但是，业务员必须尊重有关人士的意愿，切不可令人勉为其难，更不能欺世盗名，招摇撞骗。

第三者介绍接近法也有一些局限性。由于第三者介绍，业务员很快置身于顾客的接近圈内，第一次见面就成了熟人，顾客几乎无法拒绝业务员的接近。这种接近法是比较省力和容易奏效的，但不可加以滥用，因为顾客出于盛情难却而接见业务员，并不一定真正对销售品感兴趣，甚至完全不予以注意，只是表面应付而已。另外，对于某一位特定的顾客来说，第三者介绍法只能使用一次。如果业务员希望再次接近这位顾客，就必须充分发挥自己的接近能力。

最后必须指出：有些顾客讨厌这种接近方式，他们不愿意别人利用自己的友谊和感情做交易，如果业务员贸然使用此法，会弄巧成拙，不好下台，一旦惹恼了顾客，再好的生意也可能告吹。

24 避免拒绝法则：成交从拒绝开始

定律释义：

有销售的地方，必定存在着很多拒绝。有些销售员碰到这些拒绝，只会无可奈何地选择"放弃"，使之浪费了这一类的顾客。销售员时刻都要记住成交从拒绝开始。

销售员必须具备顽强的奋斗精神，不能因顾客的"拒绝"一蹶不振，垂头丧气，而应该有被拒绝的心理准备，心理上要能做到坦然接受拒绝，并视每一次拒绝为一个新的开始，最后达到销售成功。

顾客为什么要拒绝

销售员每天都应问问自己这个问题：顾客为什么拒绝我。拒绝理由千千万，看你会看不会看。在实践中不断地反省是进身之阶。

刘老师是销售界的精英，四处给人讲课，谈起他的销售心得，他说：在销售的过程中，只有很少一部分顾客第一次洽谈时，即能一次促成，大部分需要从业人员多次拜访，了解拒绝原因，最后才能促成。有时，顾客拒绝与销售成功仅一步之隔。如从业人员一被拒绝就心存"唉！又浪费时间了"的错误心理，只以为是个人销售记录上的又一次失败，那就大错特错了。

如果从另一个角度来看，将所遭遇到的拒绝事例加以汇集整理，并深究顾客心理上抗拒的原因，作为以后拒绝处理的参考，则被拒绝将不是个人工作记录上的耻辱，反而是从业人员成长的助推器。

所以销售员要明白以下两点：

第一、虽然没有销售成功，但也达到了访问的效果。

长期从事销售工作，使销售员深切了解浪费时间的意义。因为他们在开始从事此行业时，也曾感觉浪费过。但历经一段拜访经历后，都深深体验到，拒绝的经验是宝贵的，不仅不是时间的浪费，更可从拒绝中体会出处理拒绝的诀窍，并从拒绝中提升自己的销售能力。

第二、发掘顾客心里抗拒的原因。

准确掌握准顾客心里抗拒的真正原因，因为表面上的拒绝只是表面，真正原因未必如此，何况顾客本身往往也不甚清楚拒绝的真正原因。

1. 顾客感性的拒绝

（1）对销售员本人的拒绝。这种拒绝是针对从业人员引起的问题，如人品低劣、不守约定、迟到、人缘不佳、好辩驳、讲歪理、不可信赖、音调高亢等。

（2）出于自身原因的拒绝。这种拒绝是顾客本身的情绪性问题，如事忙心烦、家庭生活不顺、夫妻感情不协调等。

（3）对产品或行业的拒绝。这种拒绝是顾客对公司或保险存在观念的认定问题，如对保险特别讨厌，认为大公司锋芒太露、树大招风，以为公司剥削顾客利益等。

2. 顾客理性的拒绝

（1）出于经济原因的拒绝。这种拒绝是顾客经济能力的问题，例如保费是固定的开支，有能力才负担得起。

（2）对商品本身的拒绝。这种拒绝是商品本身的问题，心目中满意的商品与实际商品不符合。

做过以上冷静地分析之后，拒绝难免不是财富。如果销售员在遭受挫折时，都能这样，静下心来，认真探究顾客心里抗拒的原因，然后针对真正拒绝的原因，研究应对战术，则这次的失败，将是下次成功销售的基础。

化解拒绝的关键在于抓住人性

经常有销售员抱怨："我今天跑了一天，我也按照处理异议的方法圆满解答了顾客的异议，但他们还是拒绝了。有的说贵，有的说质量不可靠。真是没办法，只好提起产品走人！我真是不知道该怎么做了。"

事实确实如此，许多顾客在异议被化解后仍然不愿意接受产品，并且明言拒绝，这时我们就需要做以下工作：顾客如果明确表态说自己不能接受产品，除非是绝对不需要，那一定是销售员在某个环节上没有处理好。也有可能是产品不好，也有可能是无钱购买，也有可能是无权购买或不需要，等等。因此，对于这些拒绝，我们不能一概认为已无法化解，要知道，许多拒绝并不是真的拒绝，是可以化于无形的。

做好拒绝处理，化拒绝于无形，首先要了解中国人的以下个性。

（1）中国人爱美，所以，销售员给人的第一印象很重要。

（2）中国人重感情，所以，销售员要注重人与人的沟通。

（3）中国人的记性奇好，所以，对顾客的承诺一定要兑现，否则，你这辈子都恐怕没有机会成交。

（4）中国人喜欢拉关系，所以，你也要和你的顾客拉关系。比如："哎呀，小林是你同学啊，他是我的邻居啊。"这样关系可以立刻拉近。

（5）中国人习惯把表情都写在脸上，所以，你要会察言观色。

（6）中国人喜欢马后炮，所以，你要表示对他的意见的认同。

（7）中国人爱面子，所以，你要给足你的顾客面子。

（8）中国人不容易相信别人，但对于已经相信的人却深信不疑，所以，你要努力获得顾客的信任。

（9）中国人不爱显示无能，所以，你要懂得在适当的时机让你的顾客做决定。

（10）中国人喜欢投桃报李，所以，一定要懂得给点小恩小惠。

（11）中国人爱被赞美，所以，你得学会赞美。

因此，拒绝处理技巧的关键是抓住人性，懂得分析顾客拒绝背后的真正问题。只有这样，我们才能克服顾客真正拒绝因素以外的因素，使拒绝转化为接受。

应对顾客借口的 11 大妙招

当销售员试图说服一个顾客时，对方往往会用各种各样的借口或理由来抵制。要想使说服行为继续进行下去，就必须想办法破除这些借口。

那么，具体该怎样应对呢，请继续读下去。

1. 当顾客说："我没时间！"

销售员应对："我理解。我也老是时间不够用。不过只要3分钟，你就会相信，这是个对你绝对重要的议题……"

2. 假如顾客说："我现在没空！"

销售员可以应对说："先生，美国富豪洛克菲勒说过，每个月花一天时间在钱上好好盘算，要比整整30天都工作来得重要！我们只要花25分钟的时间！麻烦你定个日子，选个你方便的时间！我星期一和星期二都会在贵公司附近，所以可以在星期一上午或者星期二下午来拜访你一下！"

3. 假如顾客说："我没兴趣。"

那么销售员可以应对说："是的，我完全理解，对一个谈不上有兴趣或者手上没有什么资料的事情，你当然不可能立刻产生兴趣，有疑虑、有问题是十分合理自然的，让我为你解说一下吧，星期几合适呢？"

4. 假如顾客说："请你把资料寄过来给我怎么样？"

那么销售员可以应对说："先生，我们的资料都是精心设计的纲要和草案，必须配合人员的说明，而且要对每一位顾客分别按个人情况再做修订，等于是量体裁衣。所以最好是我星期一或者星期二过来看你。你看上午还是下午比较好？"

5. 假如顾客说："抱歉，我没有钱！"

那么销售员可以应对说："先生，我知道只有你才最了解自己的财务状况。不过，现在做个全盘规划，对将来才会最有利！我可以在星期一或者星期二过来拜访吗？"或者是说："我了解。要什么有什么的人毕竟不多，正因如此，我们现在开始选一种方法，用最少的资金创造最大的利润，这不是对未来的最好保障吗？在这方面，我愿意贡献一己之力，可不可以下星期三，或者下星期五来拜见你呢？"

6. 假如顾客说："目前我们还无法确定业务发展会如何。"

那么销售员可以应对说："先生，我们行销方对这项业务日后的发展是有考虑的，你先参考一下，看看我们的供货方案优点在哪里，是不是可行。我星期一还是星期二过来比较好？"

7. 假如顾客说："要做决定的话，我得先跟合伙人谈谈！"

那么销售员可以应对说："我完全理解，先生，我们什么时候可以跟你的合伙人一起谈？"

8. 假如顾客说："我们会再跟你联络！"

那么销售员可以应对说："先生，也许你目前不会有什么太大的意愿，不过，我还是很乐意让你了解，要是能参与这项业务，对你会大有利益！"

9. 假如顾客说："说来说去，还是要销售东西？"

那么销售员可以应对说："我当然是很想销售东西给你了，不过得是能带给你让你觉得值得期望的东西，才会卖给你。有关这一点，我们要不要一起讨论研究看看？下星期一我来看你？还是你觉我星期五过来比较好？"

10. 假如顾客说："我要先好好想想。"

那么销售员可以应对说："先生，相关的重点我们不是已经讨论过了吗？容我直率地问一问：你顾虑的是什么？"

11. 假如顾客说："我再考虑考虑，下星期给你电话！"

那么销售员可以应对说："欢迎你来电话，先生，你看这样会不会更简单些？我星期三下午3点给你打电话，还是你觉得星期四上午9点比较好？"

类似的借口当然还有很多，各种应对方法也不一而足。在这里，我们虽然不能一一列举出来，但是，万变不离其宗，处理的方法其实是相通的：就是要把拒绝转化为肯定，让顾客拒绝的意愿动摇，销售员再乘机跟进，诱使顾客接受自己的建议。

顾客的拒绝，对于销售员来说算是家常便饭了。要想在顾客拒绝时，不会灰心丧气，那么就要做好心理准备。学习一些顾客常用的拒绝理由，只有这样，才能知道怎么应答，做到心中有数。

应付顾客说"不"的9大战术

在战场上两种人是必败无疑的。一种是天真的乐观主义者，他们满怀杀敌热情，奔赴战场，全然不知敌人的底细，结果不是深陷敌人的圈套便是惨遭敌人的明枪暗箭；还有一种胆小如鼠的懦夫，一听到枪炮声便落荒而逃，一看见敌人便闭上眼睛，畏缩不前甚至后退，一旦被敌人发现便是死路一条，这是战场上的规律。在战场上要想获胜，就必须勇敢、坚强，不能前怕狼后怕虎，否则只有死路一条。商场如战场，要想成功，就应该从如何接受拒绝开始，从处理说"不"的顾客做起。

1. 反问法

当顾客反对意见不明确时，销售员可以运用反问法加以澄清，确认问题的内容，再进行诉求。这个方法可以让销售员对顾客的见解看法了解得更具体、更详尽、更真实。运用反问法在顾客答复销售员的问题后，主控权已由销售员掌握了，此时抓紧时间，赶快把问题引导到销售诉求上来。

2. 不抵抗法

销售员应该学会运用不抵抗法，不抵抗法就是不要像吵架一样和顾客争论，除非是必须据理力争来证明顾客是错误的。即使是争论也不要让顾客感到"很卑贱"或有羞辱感，更不要激怒对方，尤其不要在销售员业务范围以外的问题上激怒对方。销售员在语言运用上也要注意，多顺从顾客意思。可以这样说："您说的确实是一个不错的主意。"让顾客觉得你的想法能够得到别人的认同，产生一种自豪和优越感。

3. 倾听法

与顾客谈判取得成功很重要的一点是学会倾听，多让别人说话。这在异议处理时相当管用，敞开心灵，专注倾听，甚至鼓励顾客把真实的想法都表达出来。利用倾听技巧，销售员可以不留痕迹地引导对方积极地采纳自己的意见，接纳自己的观点，脸部应表现出尊敬、惊喜、欣赏等真诚表情，让顾客感到很受尊重。这种倾听法很快会变成销售魅力的一部分。只要能够熟练把握倾听技巧，销售员将在处理反对意见中更加得心应手。

4. 冷处理法

销售员不需要深究顾客的每一个拒绝，因为很多拒绝可能只是借口，未必是真正的反对意见。借口有时会随着洽谈的进行而逐渐消失。如果反驳这些借口，反而能激发顾客辩护的激情，这样一来，借口可能会越来越大，变成真正的反对意见，最后到难以收拾的地步，也使谈话的中心偏离正确轨道。如果轻描淡写，借口反而会变得软弱无力。

销售员应善于辨别顾客的异议和托词。异议是顾客在参与销售活动过程中有针对性地提出反对意见，而托词只是搪塞销售员的一种办法、借口。对于托词，要么不去理睬，要么试图找出真正的动机，方便对症下药。

5. 转化法

看待顾客的拒绝应该一分为二，不能仅把拒绝看成是交易的障碍，其实拒绝也会给达成交易带来机会。一般情况下，销售员把顾客不购买的理由转化为应该购买理由的可能性是存在的。例如，顾客的反对意见是"我们人口少，那么大的冰箱对我们来说是一种浪费"。而销售员答道："您提出的问题确实有一定道理。但正是因为人口少，才更应该买大一点的冰箱，人口少的家庭逢年过节会有许多吃不了的食物，容易造成食物的白白浪费，还不如买台大点的冰箱，虽然一次性花钱多些，但和减少浪费相比，还是很划算的。"销售员巧妙地应用转化法的说服方式，把不买的理由转化成不得不买的理由，既没有回避顾客的拒绝，又没有直接正面去反驳顾客，因而有利于形成洽谈气氛，较容易说服顾客，做成生意。

6. 补偿法

任何一种产品不可能在价格、质量、功能等诸多方面都比其竞争对手的产品有绝对的优势。顾客对产品提出的反对意见，有时有正确的一面。如果销售员一味强调产品的优越性，可能容易造成顾客的反感；如果用能引起顾客满足的因素予以强调，以此削弱引起不满因素的影响，往往能排除顾客的异议。

7. 比较法

当顾客对产品功能、效果提出反对意见时，销售员可以运用简单的优缺点比较表来比较给他看。尽量写上全部的优点，并列下顾客提出的缺点，只要优点胜过缺点，经常就能很快说服顾客买下它。

8. 证据法

人们对事情的看法，首先是相信自己的判断，而最不会轻易相信销售员。顾客总是倾向地认为销售员是"王婆卖瓜，自卖自夸"。因此，对顾客的反对意见，运用强有力的证据比运用空洞的说服更有效。权威机关对产品提供的证明文件，其他顾客使用后寄来的感谢信，不同品牌之间的比较材料，如优质奖状、名牌产品等，都是说服顾客的有力证据。充分运用这些证据会让顾客感到销售员是可依赖的，同时也才能掌握商谈的主动权，使洽谈按自己的意图进行下去。

9. 承认法

本法又称先是后非法。对顾客的问题轻描淡写地同意，以维护其自尊，再根据事实状况进行有利的诉求，这种方法运用得相当多。

只要与顾客说上几句话，就能很准确地对他作出评价。销售员要很好地研究顾客，直至引起对方的兴趣，改变对方的思想，消除他对任何销售者、特别是对销售员的天生的偏见。在交往的一开始，相遇的两人之间有一种天生的屏障，要打破这种屏障，在很大程度上取决于销售员、销售员的谈话、销售员展示的人性。要展示自己最好的、有吸引力的、受欢迎的、崇高的一面，无论销售员能不能逐步地引导顾客，都要把他的抵制变成漠不关心，把漠不关心变成兴趣，再把兴趣变成期望拥有销售的商品。这时，成交便是水到渠成，关键看销售员怎么出招了。

销售员要很好地研究顾客，直至引起对方的兴趣，改变对方的思想，消除他对任何销售者、特别是对销售员的天生的偏见。只有这样，才能成功进行销售。

 ## 避免拒绝法则活学活用：做好拒绝前的练习

作好处理拒绝的准备，是销售员战胜顾客拒绝应遵循的一个基本规则。

销售员在走出公司大门之前就要将顾客可能会提出的各种拒绝列出来，然后考虑一个完善的答复。面对顾客的拒绝，事前有准备就可以胸中有数，从容应付；事前无准备，就可能张皇失措，不知所措；或是不能给顾客一个圆满的答复，不能说服顾客。

销售员要做好应对顾客的准备工作，应该包括以下几个方面：

第一，充分了解自己的产品、价格、交易条件及企业的销售政策，特别是对销售产品的性能、优缺点、使用和维修保养方法等内容必须了如指掌，烂熟在心。做不到这点是销售员的失职。

第二，了解市场动态，掌握同类产品的行情和同行竞争对手的情况，以及自己所销售产品的供求趋势等。因为顾客会拿你的产品和你对手的产品作比较的，你要想好怎么对他解释。

第三，要对顾客的个人情况、交易方单位的业务情况有所了解，并根据自己的实践经验想一想，他们可能会提出什么样的理由。模拟着回答这些问题。在这方面，编制标准应答语是一种比较好的方法。具体程序包括以下几项：

第一步：把大家每天遇到的顾客拒绝写下来。

第二步：进行分类统计，依照每一拒绝出现的次数多少排列出顺序，出现频率最高的排在前面。

第三步：以集体讨论方式编制适当的应答语，并编写整理成文章。

第四步：大家都要记熟。

第五步：由经验丰富的销售员扮演顾客，大家轮流练习标准应答语。

第六步：对练习过程中发现的不足，通过讨论进行修改和提高。

第七步：对修改过的应答语进行再练习，并最后定稿备用。最好是印成小册子发给大家，以供随时翻阅，达到运用自如、脱口而出的程度。

顾客提出拒绝的范围是十分广泛的，一般说来，顾客拒绝可能涉及的内容，

都是你应当了解掌握的。当然,你不可能预测到顾客的每一个拒绝,但是用心去做,十有八九你还是能想到的。用点时间吧,储存一些答案,随时备用。

25 成交至上法则：
没有成交一切都是零

定律释义：

成交至上法则，是指销售员所做的一切工作，从了解顾客、接近顾客、到后来的磋商等一系列行为，最终的目的就是为了成交。

如果没有成交，销售员所做的一切努力都是零。因此，销售员要围绕成交这一最高目标，运用各种销售技巧，踢好销售接力赛中这最关键的临门一脚。

反客为主，灵活机动促成交易

在销售过程中，当顾客问到某种产品，不巧正好没有。此时，要想争取到顾客的订单，销售人员最好采用反客为主的方式，来促成成交。

某公司销售人员在销售冰箱时，遇到一个顾客想买冰箱，但是对冰箱的颜色提出了严格的要求。顾客说："你们有银白色电冰箱吗？"此时，销售人员马上意识到自己所销售的冰箱中并没有这一款。但他没有直接回答，因为一旦他直接回答没有，顾客就会说，没有就不买。

销售人员想了想，就反问顾客说："抱歉！我们没有生产这种颜色的冰箱。不过，我们销售的冰箱有好多种可以供您挑选，有白色的、有棕色的、有粉红色的。在这几种颜色里，您比较喜欢哪一种呢？"

顾客说："我想要银白色的！"

销售人员说："白色的、棕色的、粉红色的，都很不错的。您选一种试试看，您就会发现它们真的很不错。"

顾客说："我想要银白色的。选其他颜色有什么用呢？"

销售人员说："当然有用。不信您选选试一试。选一选，试一试，您就会体味到这些颜色的冰箱有不少是适合您的需求的。"

于是，顾客就不再推托，跟着销售人员去挑选冰箱。在挑选冰箱的过程中，销售人员逐一向顾客介绍了白色的冰箱、棕色的冰箱、粉红色的冰箱，并给顾客讲了配合什么样的家具更显得协调合适。

在看冰箱的过程中，顾客逐渐对白色冰箱产生了兴趣。销售人员趁机说服顾客购买白色的冰箱，并向顾客介绍冷暖色的一些简单知识，告诉他，对于冰箱来说，白色是非常合适的。因为白色是冷色，给人以清凉的感觉，使用这样的冰箱，往往容易给人一个好心情。顾客听了后，觉得也挺有道理，便让销售人员帮他选择了一款白色冰箱。

就这样，销售人员以反问式的回答，促成顾客签下了一单。

在这个事例中，顾客有相关需求，却没有他中意的款式和颜色。此时，要想争取顾客的订单,销售人员很容易遭到拒绝。但是,该销售人员没有直接回答顾客的问题,而是采用反问式的回答,慢慢引开了顾客的注意力,最终引导顾客购买了产品,把看起来不可能的订单给争取过来了。

对于销售人员来说,不管自己有没有顾客需要的产品,都永远不要拒绝顾客,永远不要对顾客说"NO",因为顾客有可能改变主意,从而购买你的产品。如果销售人员拒绝顾客,对顾客说"NO",那么就很有可能使这些"有可能"变成"不可能",对于争取订单来说,显然是不利的。因此,顾客要求某种产品而没有时,销售人员不能拒绝顾客,也不能怠慢顾客,更不能不闻不问,而应该开启自己的智慧,想办法去使顾客"改变主意",把订单给自己。而采用反客为主式的策略,是其中的一种非常好的办法。

收回承诺,虚张声势促成交易

收回承诺,指的是原本答应了顾客以某个价格出售产品,但是过了一会就反悔,然后把价格提升上去。使用"收回承诺"来和顾客打交道的技巧,就是收回承诺策略。

销售员杰克逊向一个顾客销售一批小商品。刚开始时,他给顾客的报价是每个 3.60 元,顾客讨价还价为 3.50 元。这样反反复复地谈了很长时间,最后杰克逊表示:"3.55 元,不能再低了。"

然而顾客却想:从 3.60 元降到 3.55 元,要是我继续坚持,压到 3.52 元应该没问题。于是,他就对杰克逊说:"不用说你也知道,现在市场竞争这么激烈,和你同类型的商品到处都是,你们的生意也不容易做,我也不能贪得无厌。这样吧,每个 3.52 元,你让一步我也让一步,咱们俩就别再消磨时间了。有这时间和功夫你都可以再去做成好几单生意了。怎么样?我可是真心实意的,就看你的诚意了。"

杰克逊心里想:我要是答应了他的这个报价,很有可能又会引来下一轮的讨价还价,谁敢保证他不是在试探我呢?

毕竟杰克逊经历过的交易非常多了,所以他并没有立刻答应顾客的报价,而是对顾客说:"你的这个报价,我现在不能马上答应你,得去问一问我们经理,和他商量一下，才能决定。"说完他就走进了后面的经理办公室。

很快，杰克逊就回来了，脸上露出了一副很为难的表情："非常对不起！刚才我犯了一个错误，经理告诉我，这种商品由于采用了最新工艺，所以成本要比其他同类型的商品高，我刚才说的3.55元那是采用新工艺之前的价格，如今的单价最低也要3.65元了。实在很抱歉，你看由于我的疏忽，犯了这么大的错误！"

"你说什么呢？你也别道歉了，浪费了我这么长时间，你必须给我个交代呀。我不懂什么新工艺旧工艺，总之就按你刚才说的价钱，每个3.60元，我也不跟你多说了，以后咱们合作的机会还多着呢。这样吧，一手交钱，一手交货！"顾客脸上挂满了不悦。

考虑了一会儿，杰克逊才假装很犯难地答应了顾客的要求。顾客则自以为跟杰克逊打了一场漂亮的攻坚战，于是交了货款提了货之后，便不动声色地离开了。

其实，事实的真相是：这批小商品采用了新工艺没错，但这指的是商品的生产成本降低了，商品的合格率提高了，跟商品的性能没有多大的关系，跟商品的价格更没有任何关系。

在这次交易中，销售员杰克逊采用的就是收回承诺策略。杰克逊的"收回承诺"，致使顾客以为自己是这场交易中的赢家！事实上，杰克逊才是这场交易的最后胜利者。

实际上，在交易中不让顾客感觉他吃了亏，反而让顾客感觉自己占了便宜，这才是一名销售高手的杰出表现。而收回承诺策略，则能让你很好地收到如此效果。

收回承诺策略，目的就是造成顾客的一种紧迫感，觉得应该快点把东西购买下来，否则就会吃亏。在销售中，销售高手会经常用到一些本质上属于"收回承诺策略"的销售手法，例如"故意冷淡"和"虚张声势"等。

避重就轻，绕开矛盾促成交易

在销售过程中，销售人员促成顾客签单有一种技巧叫做避重就轻成交法，也叫做小点成交法。

25 成交至上法则：没有成交一切都是零

避重就轻成交法就是围绕主要焦点，在周边问题上与顾客取得一致的意见，或者围绕核心交易的谈判陷入僵局时，在次要的交易上与顾客达成协议，达到循序渐进地影响和引导顾客最终完成交易的目的。一般而言，在销售过程中遇到了阻力或者困难时，销售人员采用这种方法可以逐步突破阻力或者困难，促使顾客下定决心签单。

避重就轻成交法是一种有效的突破销售障碍，排除销售过程中一切不利因素，最终获得订单的技巧。在销售过程中，一旦遇到许多销售"死结"，只要巧妙地使用这种技巧，就可以出现柳暗花明的局面。

当然，对于销售人员来说，要想运用好此技巧促成订单，还需要了解避重就轻成交法的适用情境。

一般而言，在以下几种情境中比较适合采用避重就轻成交法促成订单：

（1）当交易的数量或者数额较大时。在销售过程中，交易数额越大，顾客越容易形成交易心理障碍。此时，销售人员采用此种技巧，往往可以帮助顾客减轻心理压力，促使他们下决心签单成交。

（2）当买卖双方的意见分歧较大或者在对主要交易要素存在不同的看法时。此时，销售人员采用此技巧，可以避免出现争论，为成交创造良好的氛围。

（3）当交易过程复杂时。比如，涉及的人员和部门较多，或者交易的时间长，可以先从小的方面达成一致，然后再争取达成大的协议。面对这样的交易，销售人员不要企图一步到位，而是需要一点一点地向成交靠拢。在这样的情境下，销售人员采取避重就轻成交法促成订单，往往能够使复杂的交易过程逐渐变得简单化。

（4）当顾客无法立即就所有的交易要素作出决定时。销售人员采取避重就轻法，往往能够促使顾客下决心签单购买。

（5）当大宗或者核心交易完成的希望渺茫时，销售人员采用此法，不至于使交易完全落空，至少可以获得一小笔订单。

（6）当交易的要素很多时，如大型设备、大宗货物，对货品、型号、款式、价格、批量、交货、付款、售后服务、技术支持、配件和动力、维修等各个交易要素达成一致，往往比较困难，此时采用避重就轻成交法，逐步做好基础工作和必要的铺垫，往往能使签单水到渠成。

当然，销售人员要想利用避重就轻法促成订单时，还需要注意以下一些问题，只有这样，才能收到较好的效果：

（1）不能忘记根本目的是最终达成交易。

（2）避重就轻成交法也是一种心理学方法，销售人员要研究顾客的心理。

（3）避重就轻法本身可以作为一种取巧性策略，即"无形中牵着顾客的鼻子走"，但要注意避免弄巧成拙，把顾客看成傻瓜是非常愚昧的。

（4）要做良好的设计，包括回答下面的一些问题：如何围绕主题来设计成交？如何避重就轻？该"避"那些？该"就"那些？等等。

（5）不要东扯南山西扯海。销售人员避重就轻，但是"就轻"的"轻"也应该是顾客关心的、有关交易的要素，漫无边际地瞎扯很容易招致顾客反感。

（6）注意在交易过程中对顾客施加影响和积极引导。

（7）避重就轻成交法是一种突破障碍，先达成一系列的小交易，然后再实现达成大交易的方法，因此过程中的交流、信息反馈、异议处理也会碰到，销售人员要妥善处理这些问题。

总之，在销售过程中，避重就轻成交法是销售人员遇到成交障碍时，暂时绕过障碍，达成其他的一些较小的交易，最终实现克服障碍，达成大交易的技巧。销售人员要想促成订单，使用好此技巧，往往就能够突破障碍，获得订单，至少是一部分小订单。因此，在销售过程中，销售人员应对这一技巧加以深刻领会，并熟练掌握和运用，以期为自己争取到更多的订单。

频频施压，制造紧迫感促成交易

在销售中，要善于向顾客制造紧张感，要设法让顾客产生这样一种感觉：要赶快买，否则就没有了。如果你能调动自己的顾客，使他产生这样的心情，就不怕他不与你签约。

无论在什么时候，只要产品数量有限，就可能制造出紧迫感来。在假定对方已经决定买的基础上提问，一切显得多么简单。

对待不能作出果断决策的顾客的办法是创造出一种紧迫感。只要你仔细考虑，

25 成交至上法则：没有成交一切都是零

无论你销售的是什么产品，你总会想出使其产生这种感觉的好办法。

1. 利用"特价"来制造紧迫感

例如，销售信息处理的销售员可能对他的顾客说："本公司月初将大幅度提高产品售价，现在，只剩下两天时间了，所以我建议您今天就作出决定。"

负责复印机销售的销售员会通知他的顾客，公司对复写纸的特价优惠日期截止到本星期末。

不动产经纪人也许会告诉他的委托人，如果他还不能作出决定，他就要自付不动产税。这样，顾客会觉得如果不把握住这个机会，将会造成极大的遗憾，紧迫感也就因此而产生了。

销售计算机的销售员可能使用几种不同的方法来使顾客产生这种紧迫感。他可以不对顾客讲如果他再不作出决定计算机就会售完，而是设法说服顾客，他需要这种安装好的计算机，以此来加速成交。

"先生，您考虑的时间越长，您的存货问题就越严重。正如我所说的，供应科已经晚发货3个星期了，这样下去，你们的公司还能存在多久？好吧，现在允许我用用您的电话行吗？我要问问这星期公司有没有已安装好的计算机。"

您瞧，紧迫感一旦产生，顾客就自然而然地要作出购买的决定，成交在望了。

无论用什么方法，只要能创造一种紧迫感，就可以刺激顾客尽快作出购买决定。

2. 利用"明天就太晚了"来向顾客施加压力

在人寿保险业做到这一点并不太困难。顾客的健康状况随时会发生变化，也许，一天的延误就可能意味着他明天就失去了投保资格。作为保险业的销售员，你最好这样对顾客说："先生，我们都没有办法从水晶球中去看未来，但愿您能在取得保险资格前健康长寿。不过您也应该很清楚，如果在这之前发生了意外，这对您的家庭将是多么大的损失。我们希望您能尽快取得保险。"

这样，一种"明天就太晚了"的意识就产生了，并且，这种感觉会随着一个人年龄的增加而加强。

巧妙地向顾客施加压力，是促成生意成功的一个重要技巧。使用销售施压，关键是销售人员应该审时度势，努力做到让顾客从你身上看到一种信心，并感到安慰。这种技巧的掌握，是与销售人员的反应灵敏度有很大关系的，销售人员只有在实践中不能练习才能不断提高自己的技巧。

 ## 成交至上法则活学活用：避免顾客反悔

一些销售员常常会碰到这样的事情，销售工作进行得很圆满，眼看一份订单就要到手了，这时顾客却突然反悔了，于是销售员的大量心血就付之东流了。

成交之后，销售工作仍要继续进行。专业销售员的工作始于他们听到异议或"不"之后，但他真正的工作则开始于他们听到"可以"之后。

永远也不要让顾客感到专业销售员只是为了佣金而工作。不要让顾客感到专业销售员一旦达到了自己的目的，就突然对顾客失去了兴趣，转头忙其他的事去了。如果这样，顾客就会有失落感，那么他很可能会取消刚才的购买决定。

对有经验的顾客来说，他会对一件产品发生兴趣，但他们往往不是当时就买。专业销售员的任务就是要创造一种需求或渴望，让顾客参与进来，让他感到兴奋，在顾客情绪到达最高点时，与他成交。但当顾客的情绪低落下来时，当他重新冷静时，他往往会产生后悔之意。

作为一名真正的专业销售员，要懂得巩固销售成果，不要让"煮熟的鸭子再飞走。"为此，销售人员可以运用如下方法。

1. 向顾客道谢

说声谢谢不需要花费什么，但却含义深刻，给顾客留下深刻的印象。大对数销售员不知道在道别后如何感谢顾客，这就是为什么他们常常收到顾客退货和得不到更多顾客的原因。当销售员向顾客表示真诚感谢时，他会对你非常热情，会想方设法给你回报，并对你表示感谢。

2. 向顾客表示祝贺

顾客已经同意购买了，但在很多情况下，他们还是有点不放心，有些不安，甚至有一点后悔。这是一个非常重要的时刻，对销售员来说，沉着应对非常重要。顾客在等待，看接下来会发生什么情况，他在观察销售员，看他是否兴高采烈，看自己的决定是否正确，看销售员是否会拿了钱就走人。

现在，顾客比以往任何时候都需要友好、温暖、真诚的抚慰，帮他度过这段难熬的时间。

成交之后，专业销售员应该立刻与顾客握手，向他表示祝贺。记住，行动胜于言辞，握手是顾客确认成交的表示。一旦顾客握住了你的手，他想要再改变主意或退缩就不体面了。从心理上讲，当顾客握住你的手，那就表示他不愿反悔了。

3. 与顾客签订合同

专业的销售员应该是合同专家，它能够在几分钟的时间内，完成一份合同。

如果销售员在填写合同时，默不作声，把精力全都集中在合同上，这会引起顾客的胡思乱想，他也许对对自己说："我为什么要签这个合同呢？"接着，所有的疑虑和恐惧又重新涌上心头。当出现这种情况的时候，这笔买卖估计是没什么希望了。

专业销售员应该在填写合同时，仍然要求顾客来确认这些内容。一边写，一边也顾客交谈，谈话内容应当与产品无关。可以谈论顾客的工作、家庭或者小孩，这些话题可以把顾客的思绪从合同中解脱出来，目的是让这一段时光平稳地度过，让顾客对他的决定感到满意。

4. 让顾客签字

为了避免可能发生的退货先行，销售员应尽一切可能防止顾客后悔。一旦合同填写完毕，得到签字，才算把这笔生意敲定了。

5. 尽快向顾客提供产品

让顾客尽早拿到货物，越早越好，不管为顾客提供的是一项服务，或者是为顾客送货，都应尽早做完，顾客一旦拥有了这件产品，尝到了产品的甜头，看到了它的功用，就不会后悔了。

6. 给顾客寄张卡片或便条

很多顾客在付款时，都会产生后悔之意。不管是一次付清，还是分期付款，总要犹豫一阵才肯掏钱。一个好办法就是，寄给顾客一张便条、一封信或一张卡片，再次称赞和感谢他们。

如果让"煮熟的鸭子飞走"了，那就说明自己的工作还是做的不到位。为了不让自己辛苦多做的工作白费，销售员应当尽一切努力防止顾客反悔。

26 麦穗哲理：
销售就是识人察言观色

定律释义：

麦穗哲理来源于古希腊哲学家苏格拉底讲述的一个哲理故事。它说明这样一个道理：选择目标与机会不能盲目轻率、也不能犹豫不决，要在调查研究的基础上果断出手，这样即使不能选择到最佳的目标或机会，但离最佳的目标或机会一定也不会太远。

在销售工作中也是如此，很多销售员在与顾客的磋商过程中始终在等待一个最好的机会以便提出成交请求，但遗憾的是，很多销售员无法清晰地辨认出真正的成交信号，于是在自己主观的彷徨与选择中失去最好的机会。在销售中，需要你对顾客的言谈举止进行细致观察，从中捕捉成交信号，把握成交契机。

察言观色捕捉顾客成交信号

在销售过程中,销售员不仅要做到业务精通、口齿伶俐,还必须做到善于察言观色。销售员在出示产品之外还必须做更多的努力,在这个时候有些销售员会感到力不从心,尤其是看到顾客并不急于购买时,销售员就容易丧失信心。但是如果销售员能够关注顾客购买心理的阶段性变化,如注意力的转移、言语的变化,甚至口气的变化,然后针对这些变化采取针锋相对的措施,往往能够迅速达成交易。当然这需要销售员有较高的察言观色的能力。

成交信号是指顾客通过语言、行动、表情泄露出来的购买意图。顾客在产生了购买欲望以后往往不会直接说出来,而是不自觉地表露心迹。

1. 语言信号

(1)询问使用方法和售后服务。如果顾客询问了使用方法和售后服务,销售员就可以认为他在假设成交。这个时候是成交的关键时刻,销售员需要谨慎把握。有些销售员在应对了顾客关于产品功能和价格的询问以后,便觉得顾客过于烦琐,对顾客这类问题爱答不理,结果没有捕捉到这类信号。

(2)询问交货期、交货手续和支付方式。询问到这类问题,就表明顾客已经准备成交。在回答这类问题中一定要注意的问题就是交货期的决定权最好交给顾客,如"您什么时候方便,我们把货给您送过来?"交货手续要尽量简单,即使很复杂的交货手续,销售员也应该尽量简单地将其表现出来。支付方式上必须简单灵活,让顾客能够迅速理解和欣然接受。

(3)询问保养方法和使用注意事项。这类问题也说明了顾客已经假设成交,销售员可以用假设成交法来对顾客作出令其满意的回答。在回答过程中尽量不要涉及先前未曾提及的产品缺陷,因为未曾提及的产品缺陷总是让顾客感到非常震惊,顾客会想:他怎么开始不告诉我,注意事项也不宜过多,过多的注意事项会使顾客觉得问题过于烦琐。

(4)询问价格和新旧产品比较。询问产品价格是顾客比较关心的问题,当销售员向顾客报价时,顾客会对价格提出质疑,自然会涉及新旧产品的比较。在回答这类问题时，千万不要在顾客未对价格表示不满时，自行降价。因为对很多顾客来说，他们根本就没有降价的意识，而销售员的自行降价使这种意识迅速产生。

（5）询问竞争对手的产品和交货条件。销售员在说明竞争对手的产品时，不要采取贬低和不屑的态度。因为销售员并没有完全得到顾客的信任，对竞争对手产品的贬低和不屑只会让顾客觉得该销售员销售的产品不过如此，要不也不会对竞争对手的产品存在如此之深的芥蒂。

交货条件也是必须尽量简单，过于烦琐的交货条件很难让人接受。

（6）询问市场评价。市场评价的好坏是促成顾客是否购买的重要因素。顾客通过询问市场评价，试图得到其他顾客对该产品的看法，以决定是否购买。销售员当然不能也不会说市场评价不好，但是也不应该说市场评价相当地好，除非有数据支持。因为，每一个母亲都认为自己的儿子是最优秀的，但听母亲话的人可不会如此认为。

2. 动作信号

（1）顾客频频点头。当顾客频频点头，不管是礼貌地点头还是赞赏地点头，这都是成交的大好时机，销售员可以把握这个时机迅速向顾客提出成交要求。一般来说，顾客频频点头却不成交的情况是很少见的。

（2）端详样品和细看说明书。这两个行为都说明顾客对产品确实已经产生兴趣，样品和说明书都是产品的重要组成部分。当顾客对产品产生兴趣时，销售员就可以向顾客积极地解释，以求迅速达成交易。

（3）向销售员方向前倾和用手触及订单。这两个行为说明顾客已经有成交的意向，并且在积极地获取进一步的沟通。此时销售员不应该再长篇大论，而应该长话短说，迅速达成交易。

3. 表情信号

当销售员和顾客开始打交道之前，销售员所行事的全部依据就是对方的表情。顾客的全部心理活动都可以通过其脸部的表情表现出来，精明的销售员会依据对方表现出来的复杂表情来判断对方是否对自己的话语有所反应，并积极主动地采取措施达成交易。

（1）顾客舒展的表情往往表示顾客已经接受了销售员的信息，而且有初步成交的意向。

（2）顾客眼神变得集中、脸部变得严肃都表明顾客已经开始考虑成交。销售员可以利用这样的机会，迅速达成交易。

在销售活动中，成交时机的到来往往是有迹象的，常常会伴随着许多特征变化和相关信号。只要细心观察，就能捕捉到顾客的成交信号，为顺利成交奠定基础。

读懂顾客表示怀疑的肢体语言

在销售的过程中，如果顾客表示出下列肢体语言，则表示顾客猜测与怀疑的信号。这时，作为销售员一定要知道：

第一，眼睛看着天花板，或者是拉下眼镜、低着头、眼睛向上看人，好像是说："你在耍我了，你认为我很好骗，是不是？"

第二，手揉搓鼻子、玩胡子，或者摸后脑勺。

第三，身体向椅背靠，两手交叉放在胸前。

第四，皱眉、假笑或头左右大幅度地摇摆，嘴巴张得大大的，表现出一副不相信、吃惊或"一脸讽刺"的样子。

第五，挑起眉头，眼睛往旁边看。

第六，嘴巴微微张开，手指放在下牙齿上，表现出一副困惑的样子……

这类顾客根据自身使用过不好而又类似的机器的经验，觉得你提供的数据根本就不真实。因此，当销售员的论点变得牵强附会难以置信时，即使是真的，顾客也会有所怀疑。这种猜测、怀疑与反对，一般都会通过身体语言清楚地告诉人们："我不相信你所说的话。"顾客需要更多的证据来证明销售员说的话是真实的。

如果顾客出现上述的动作销售员应该做如下反应。

第一，表示与顾客有同感，诱使顾客说出自己怀疑的原因。然后，再决定如何才能使顾客完全相信自己。

第二，确信自己已经将强调的重点解释清楚了。可以借助于例子、图片、类比与解释等方式，使顾客完全理解自己的观点。在顾客赞成自己的说法之前，必须让他理解有关问题。

第三，提供充分的证据证明自己的观点或主张。当然，这些证据必须是可信的。这些证据必须是经过测试的结果、统计图表，以及其他独立的权威机构提供的报告、产品示范或者是使用过本公司产品或服务的顾客的现身说法。这样一来，顾客不仅更容易信服，而且也更容易赞同自己的观点。

第四，通过下列一些办法，让顾客信任你：

（1）形象问题，顾客对你的第一印象非常关键，顾客的态度决定一切。如果他对你的第一印象不好，那么就很难改变。

（2）企业形象，通过你与顾客的沟通，能以个人坦诚的交流过程中表现出企业文化和个人修养，这是一个销售员最起码应具备的条件。

（3）很多销售事实证明，怀疑性的顾客非常注重销售员的细节问题。因此，销售员在为顾客服务的过程中一定要注重细节。正所谓细节决定成败。

作为一名销售员，得不到顾客的信任是很可悲的！不管顾客出于什么原因，销售员一定要想办法，消除顾客的怀疑态度。

读懂顾客表示不满的肢体语言

在许多销售场合中，经常会引起顾客发怒、争吵、防范、失望或者其他怀有敌意的行为。这种情况的发生，大致有如下几个方面的原因：一是销售员失言，特别是对顾客重要的事情的承诺失言；二是销售员直接表达反对顾客的意见或者对顾客提出了挑战性意见（顾客被迫挽回自己的面子）。有时，销售员的某些失礼或轻浮的行为与态度也会使顾客不满。顾客也会因为销售员没有给予他认为是合理的某些产品销售特权而感到沮丧。

在销售的过程中，如果顾客表示出下列肢体语言，则表示顾客不满、反感的信号。这时，作为销售员一定要知道。

第一，身体突然挑衅性地摆动，手势忽动忽停，还有其他一些突然性动作。比如，上半身突然前倾，手指不停地摇晃。

第二，双手交叉放在胸前，而手指紧紧地抓住上臂。

第三，双手紧紧地抓住桌子或大腿，或者紧紧抓住椅子的扶手。

第四，站立时，双手紧紧地放在背后，两腿站得笔直，而且纹丝不动。

第五，不停地揉鼻子，抓后脑勺、脖子或脸颊，表现出一种不耐烦的情绪。

第六，既不笑也不作出反应地点头，整个下巴的肌肉都绷得紧紧的，双眉紧锁，有时眼睛还向别处张望。

在顾客生气或者发脾气时，不一定会经常表现出一些明显的特征。有时，顾客为了顾及自己的地位与自尊心，他会试图暗自控制自己的情绪。

此时销售员必须立即停止正在谈论的主题或正在做的事情，先关切地提出安慰性的问题，表现出自己真诚地关心顾客，以得到他的信任，进而找出出现这种情绪的原因。

如果时机恰当的话，销售员应该向顾客表明，自己愿意在某些方面作出让步，以达成协议，但是也希望顾客能够在某些方面作出让步，以实现双赢。同时，要突出并强调彼此之间的共同点，而不要老是强调彼此之间的不同点。

你要放松下来，舒适地靠椅背坐，给顾客一种没有威胁的感觉。但是，千万不要下意识地模仿顾客挑衅性的姿势。

说话的语调要平和、缓慢，速度适中，声音要比平时小一点，使顾客感到轻松自在。

如果顾客因为听不懂你们讨论的重点而感到沮丧的话，讨论一定要暂停一下，问问顾客是否有什么问题没有提出来。千万要记住，如果要责备的话，销售员只能责备自己（而不能责备顾客，因为顾客永远都是对的）、道歉及请求再讲一遍。

无论发生了什么事情，当顾客表示出不满、反感时，销售员都不能同顾客进行争吵或强烈地否定某些事物。否则，事情只会越来越糟糕。

读懂顾客表示积极态度的肢体语言

在销售的过程中，如果顾客表示出下列肢体语言，则表示顾客很积极，对于这次会谈很感兴趣的信号。这时，作为销售员一定要知道，别白白地错过了良机。

下面几项是顾客发出的积极的身体语言信号。

第一，顾客微笑、点头或其他兴奋积极的脸部表情。

第二，双手自然地放在桌子上，或者手势自然、友好；双脚突然不再交叉；

手臂也不再交叉放在胸前；其他动作也轻松自然，表现出当事人的观念已经在改变。

第三，拍一拍你的手臂、肩膀或背部，这样的动作表现出对你的温暖、友好、关心或同情的姿态。但是，需要注意的是，触摸行为表达出一种强烈的情绪，而且如果这种行为发生在男女之间，那么，这种行为反而会给人一种不真诚或胁迫的感觉，从而使人难以接受甚至感到厌恶。

第四，身体坐得靠近一点。这看起来好像是一种彼此之间的关系比较密切的信号。

第五，讨论期间，解开外套的扣子或者脱下外套，或直接卷起袖子。可能表示愿意接受他人的看法与建议。

第六，顾客坐在椅子的边缘，上身微微前倾，表现出一副渴望仔细倾听销售员所说的每一个字的样子；而其两腿却在桌椅下自然下垂，只用脚尖点地，这种姿势通常表现出顾客已经准备签订购买合同或愿意同销售员合作等信号。

第七，如果顾客专注地观看产品展示或产品示范，这将是一个好兆头，表示顾客对销售员和谈话的内容有浓厚的兴趣。

第八，头微微倾斜。这种姿势通常表示完全接受谈话的内容。

第九，两手缓慢地相互搓揉，看样子是等不及想买下来！

第十，站着时，两脚张得很开，而两手又放在臀部上。

第十一，对于销售员来说，遇到一位心无偏见而又愿意倾听自己的产品展示说明的顾客，真是一件令人愉快的事情。因为销售员有遭受顾客拒绝与反对或遭人白眼的心理准备，所以，如果自己受到顾客的尊重与友好接待，销售员的感觉当然很好！

当然，比较典型的情况可能是，由于销售员和顾客之间已经建立了良好的关系，销售员取得了顾客的信任，此时，顾客才会发出积极的身体语言信号。而当销售员所谈内容确实引起了顾客的购买兴趣或者真正解答了顾客的疑惑与需求时，顾客也会发出真正有兴趣购买的积极的身体语言信号。

如果顾客对销售员所销售的产品表现出极大的兴趣与热情，那么，销售员也要表现出同样的热情，以使顾客保持兴趣与热情，并使顾客确信，如果他购买产品的话，他一定会作出正确的决策。

如果顾客赞美销售员及其公司或者销售的产品，此时销售员要感谢顾客，以有助于顾客继续谈论积极的事。

如果顾客还在对你感兴趣，你不妨继续使用开放型的身体语言，同时，使自己靠顾客更近一点。

 **麦穗哲理活学活用：你的顾客会说谎吗**

在生活中，我们总能碰到各种各样的谎言。但事实上，谎言是可以识别的，90%的谎言都伴随着身体语言。身体语言就像罪犯的指纹，总要留下欺骗的痕迹。对于销售员来说，准确识别顾客的谎言在谈判中尤为重要，因此必须更多地关注顾客的身体语言。

一些销售员不能识别顾客的谎言，因为他们在错误的地方寻找线索。他们注意的，往往是他们认定对方露出马脚的部分。如果你问一问，他们何以知道顾客在撒谎，他们常常提到闪烁的眼神，或者心不在焉地玩弄手的动作。事实上，这些情况并不常常出现，要想识别顾客的谎言，在销售谈判中占据主动，你就必须体察另外一些细微之处。

1. 注意顾客的眼睛

销售人员应该首先从顾客的眼神中观察其透露出的相关信息。比如，如果顾客的眼睛一直关注手头正做的事情而不理会销售人员的介绍，那么这样的顾客常常有一种拒人于千里之外的冷淡态度；如果顾客的眼睛盯着包装精美的产品，那么销售人员不妨通过产品展示等方式引起顾客的关注。

顾客的眼神会随着沟通情境的不同发生一定的变化，有经验的销售人员会从这些变化中捕捉到十分重要的信息。比如，当你正滔滔不绝地介绍产品性能时，却发现顾客已经闭起双眼，或者开始东张西望，那就表明他（她）已经对你的介绍感到厌烦，或者对你的话题没有兴趣了。此时，你就要换一个话题，或者停下来，引导顾客参与谈话，以了解顾客真正关心的问题。

所以如果你想知道别人是不是撒谎，不要仅限于注意眼神的变化。当某个人比平时更专注地看着你的时候也要注意！另一个假定的撒谎信号是快速眨眼。当我们变得兴奋或者思维快速运转的时候，眨眼的频率的确会相应增长。人普通的眨眼频率大概是每分钟20次，但是当我们感觉到压力的时候，可能会提高4~5倍。人在撒谎时往往很兴奋，或撒谎者在为一个笨拙的问题寻找答案的时候，他们的思维会快速运转。在这种情况下，谎言同眨眼的确有关系。但是我们要记住，有时候一个人快速眨眼，不是因为他在撒谎，而是压力很大。还有，有的撒谎者的眨眼频率也非常正常。

2. 注意撒谎者伪装出来的身体语言

有些人在心照不宣地撒谎时，不得不隐瞒两件事：第一是真相；第二是任何可能暴露自己在隐藏实情方面所花力气的情绪。撒谎者体验的情绪往往是负面的，比如，感到内疚，或者害怕被发现。但撒谎者在瞒天过海时，也会体验到兴奋。保罗·艾克曼称之为"愚弄别人的喜悦"。人们在撒一个很小的无伤大雅的谎时，通常感觉不到什么负面情绪。然而，如果要撒弥天大谎，下了很高的赌注，他们通常会体验到强烈的负面情绪。如果需要维持这个谎言，就必须把这些情绪隐藏起来。一方面，负面情绪可以通过转过头、以手捂脸，或者用一种中立或积极的情绪来伪装。转头或捂脸的策略并不总是有效，因为它们往往把注意力引向撒谎者努力隐藏的东西。另一方面，伪装使得撒谎者流露出未必与撒谎有关的表情。

最常见的伪装是"面无表情"和微笑。"面无表情"只需要一点点努力就能做到。为了伪装自己的负面情绪，所有的撒谎者都需要让脸部保持镇静。而以微笑作为伪装就需要更多的努力，因为这意味着一个人感到快乐和心安。

身体语言就像罪犯的指纹，总要留下欺骗的痕迹。对于销售员来说，准确识别顾客的谎言在谈判中尤为重要，因此必须更多地关注顾客的身体语言。

27 跟进法则：
把头回客变成回头客

定律释义：

跟进法则由销售大师乔·吉拉德提出，吉拉德认为：不管你的目的是什么，一旦你对他或她进行了销售，你就要坚持到你达到目的为止。这就要求你对自己的销售过程做好全程跟踪，观察顾客的每一个反应，为顾客提供最优质的服务。

真正的销售始于成交之后。销售前的奉承，不如售后的服务，这是制造"永久顾客"的不二法则。服务永远是第一位的，要用优质的服务赢得顾客的依赖，把头回客变成回头客，把回头客变成永久客。

服务就是一块金字招牌

美国房地产销售大师里奇·波特强调：服务永远是第一位的，要用优质的服务赢得顾客。

在创业初期，里奇·波特就把为顾客提供最满意的服务作为自己的宗旨。他经常会告诫自己手下的员工："我们所做的每一件事都是为顾客服务的，服务是我们业务活动的主题。我们所销售的商品和别的商品不同，我们销售的是住宅。顾客凭什么买我们的房子，他买的是我们的服务，如果我们不能为顾客提供一流的服务，对方大可以走几步路到其他的房地产商那里买。所以，我们一定要提供给比别人多得多的优质服务，让顾客为自己曾有过与别人合作的念头而感到内疚。"

里奇·波特不仅是这样说的，他在工作中也是这样做的，他力求把优质服务融入到工作的每一个细节中。比如，他在与顾客谈论住房的时候，从来不用"房子"这个词，而是用"家"，因为"家"在英语中是除了"母亲"之外最令人感到温馨的词汇。从他与顾客甚至伙伴们的谈话中，很难听到"我"字，他经常使用"我们"，让顾客或谈话的人始终觉得他们站在同一个立场上，是"一伙人。"

里奇·波特的办公室也不同于其他人的办公室。里面没有那种常见的给人以冰冷感觉的金属办公用具，而是充满温馨的家庭式的布置，在茶几上放着鲜花和一些时尚的家居装饰杂志。等到冬天的时候，他会把办公室的壁炉烧热，让人从外面一进来就感到暖意融融。所有这一切都能让顾客在一进入其办公室时立刻感觉到温暖、友善和家一般的气氛。

在带顾客看房的时候，里奇·波特从来都会不把车停在房子门前，而是开到街角就停下。因为他认为如果把车停在房子门口会破坏房子的整体效果，影响顾客的视角。

在与顾客见面时，他手里总是会拿着一个小本子，那上面除了记录着基本的顾客资料外，还特别记录着顾客的兴趣爱好，甚至他们宠物的名字都被记录在册。里奇·波特认为如果你能够在刚刚认识的人面前准确地叫出对方家里宠物的名字，会让对方非常高兴的。这样,你就会给顾客留下一个友善的印象,顾客就会对你产生信任。

正是里奇·波特能够做到如此周到、细心的服务,让他留住了很多顾客的脚步,把头回客变成了回头客。

解除顾客的后顾之忧

在销售上,有的销售员十分短视。他们的目的就是想尽一切办法把商品销售出去,而不管售后的情况,可是这种短视造成的后果却是无法回避的。

一日,小欣去某服装店买服装,买回来后发现衣服上面有股油漆的味道,无论怎么清洗都无法消除。无奈之下,只得去退货。

结果到了服装店之后,销售员说得理直气壮,按规定不能退,只能换。而且由于衣服已经洗过了,所以只能换一件价格更便宜的。

听服务员这么一说,小欣非常生气,争执很久,没想到服务员干脆不再理睬小欣。一怒之下,小欣找到店主,将整个过程向店主描述了一遍,并严正声明,如果得不到良好的处理,将会向消费者协会投诉。

该服装店的店主提议让小欣重新换一件价格相同的服装,但是不可能退货。无奈之下,小欣只好换了一件。虽然,衣服没问题了,但是小欣心里极其不舒服。

在销售过程中,为了打消消费者的疑虑,我们通常会作出"包退包换"的承诺。这样一来,消费者才能放心购买。但小店明知自己的商品存在问题(有油漆味)却还向消费者出售,这种欺骗消费者的行为最终只会破坏了店铺的信誉,对店铺而言只会得不偿失。我们不妨换位思考,站在消费者的角度上想。对小欣来说,她的损失体现在以下几项。

第一,小欣买这件衣服的目的,是想要获得与价格相对应的优质产品,结果却有浓重的油漆味道,让她感到身体和心理上都受到了损害。

第二,退换衣服,影响了小欣的消费者预期。例如本来是想穿着新衣服去参加聚会,现在看来,只能穿旧衣服去了。

第三,对于换来的衣服,小欣认为它没有原来的衣服漂亮,而且她买第一件衣服时的激动和欣喜，无论如何都无法在第二件衣服上找到。

第四，在退换的过程中，浪费了小欣的时间和精力，增加了来回的路费等成本。小欣付出的成本，超出了她所愿意为此次购买行为所承受的限度。

由此看来，即便给小欣提供了良好的退换货服务，她的利益还是蒙受了损害。因而在商品销售的过程中，并不是将商品售出就完成了对一件商品的销售，提供相应的售后服务，为消费者提供必要的售后保障，成了决定销售成败的重要环节。

在提供售后服务时，应当注意下面这些细节：

（1）用真情打动顾客，才能让顾客忽略产品为自身带来的损失。

（2）在为顾客提供服务时，要在时间、对象、内容及质量上保持连续性。

售后跟进服务的注意事项

在计划跟进服务时，除了要考虑怎样用不同方法配合不同的顾客及不同的购物内容外，还要顾及其他因素。

1. 是否跟踪

首先要确定的是，这位顾客是否需要售后跟进服务。在这里你要弄清楚的是并非顾客买什么商品都要作售后服务的。你不必向一位刚买了一支0.9元圆珠笔的顾客查询，他是否满意他买到的笔。但是，如果那位顾客告诉你，他买这笔是作为试用，如果觉得好用，他以后会大批量采购。这时，你才需要进行跟进的售后服务。

2. 某些商品价值较高

如家具或者计算机等，易在运送途中出现损毁现象。因此，顾客买了这类商品之后，售货员要向顾客查询商品是否安全到达——但这些查询要在送货之后进行，不要在送货之前。

你还可以询问顾客送货员是否有礼貌，以及是否小心处理商品。因为送货员的良好表现，也是你们取得顾客信任的因素之一。

3. 精明地致电

并非每个顾客都愿意在繁忙时接听售货员打来的电话。因此，售货员要确定一宗交易实在有必要用电话作出售后跟进，才可以这样做，并要选择最合适的时间与地点。

大多数电话销售员会选择在晚饭时间打电话，因为他们知道在该段时间，多数人都会在家。实际上很多顾客都讨厌在晚饭时间受到这样的打扰（除非顾客特别指明要你在晚上致电给他）。

最好是在白天打电话，如有需要就留下口信。在大多数情况下，留下这样的口信，人们很容易接受。请看下例：

售货员："我是 Computer Store 的泰莱，想确认一下您订的个人计算机是否已送达。我很高兴能帮助您选择一个适合您的计算机。如果计算机已送达，并且没有什么问题，则不必回复。但如果您的计算机或软件有任何问题需要我效劳，请致电 1234 — 5678。"

这样的跟进服务，既把控制权交到顾客手上，又不致令顾客产生不必要的压力。

4. 保持专业水准

偶尔给你的熟客寄出明信片，是维持你与顾客关系的非常有效的方法，亦不唐突。你可用手写明信片以示亲切，但不要太急于表示和顾客熟悉以致写上了令他觉得不安或不恰当的东西。例如：你可以写给安妮说，希望她所买的婚纱、鞋子，在婚礼中穿着时觉得舒适。但你不要在明信片上问她，在招待宾客时是否喝了太多的香槟。

采用明信片与顾客联系时必须谨慎，因为内容可能被他人看到。例如，如果你要跟进服务的是一宗购买礼品的交易，你便要采用加信封的明信片。

5. 不要造成打扰

不要给你的熟客寄出大量明信片，打过多电话，令对方不胜其扰。与顾客保持联系时，必须让顾客感到愉快。一宗交易之后，给顾客发出一则简短的致意便条，是可以接受的。也可以间歇与顾客联系，把你觉得有用的信息送上，如大减价通知、推广活动日程等。当然这不代表你可以在顾客的门前守候、在顾客的汽车挡风玻璃上留致意便条。

6. 以顾客最佳的利益为重

大多数商家都会做广告宣传减价或进行其他推广活动，但顾客不一定注意到这些广告。顾客常会喜欢收到明信片提醒他们有重要的活动、提醒他们在圣诞节可优惠购物或者提醒他们生日在卖场购物有优惠，这些都会给顾客以特别的感受，让顾客体会到你是为他们最佳的利益着想。有你亲手写出的致意文字，亦可能促使他们经常光临你的卖场。

7. 保持珍贵的联系

要了解顾客及准备好顾客的资料记录。利用你的顾客资料系统，把顾客所要求的及有兴趣的商品记录备案。如果你的卖场当时未能提供这些商品，那么，等这些商品一到货，你要通知你的顾客。就算顾客不再需要那些商品，他通常也会感谢你的关注。

在销售的过程中，销售员除了注意以上7点之外，还应注意售后服务一定要跟上，不能慢。顾客购买完产品以后，往往是最开始的时候，由于不熟悉，问题比较多。如果你售后服务比较慢，那么顾客也不会满意的。

妥善处理好顾客的投诉

当顾客购买商品时，对商品本身和企业的服务都抱有良好的愿望和期盼值，如果这些愿望和要求得不到满足，就会失去心理平衡，由此产生的抱怨和想"讨个说法"的行为，即顾客的投诉。

你经常会碰到"顾客投诉"，一旦处理不当，就会引致不满和纠纷。其实从另一个角度来看，顾客投诉是最好的产品情报，销售人员不仅没有理由逃避，而且还应该怀抱感激之情欣然前往处理。处理顾客投诉，不仅仅是找出症结所在，弥补顾客需要而已，同时也必须努力恢复顾客的信赖。

处理顾客投诉的用语要非常注意，因为此时顾客的情绪一般都是比较激动的。当顾客有异议时，应如何处理呢？一般来说，可分为以下7个阶段进行。

第一个阶段是听对方抱怨。

首先不可以和顾客争论，以诚心诚意的态度来倾听顾客的抱怨。当然，不只是用耳朵听，为了处理上的方便，在听的时候别忘了一定要将顾客的抱怨意见记录下来，为后续的处理做好依据。

第二个阶段是分析原因。

聆听顾客的抱怨后，必须冷静地分析事态发生的原因与重点。销售过程中所发生的拒绝和反驳的原因，是千差万别的，而抱怨则是其原因之一，必须加以分析。产生抱怨的原因可认为是以下三种：一是由于销售人员的说明不够、没履行约定、态度不诚实等所引起的，尤其是不履行约定和态度不诚实所引起的投诉，很容易扭曲公司形象，也使公司受到连累。二是由于顾客本身的疏忽和误解所引发的。三是由于商品本身的缺点和设备不良所引起的。虽然这种情形责任不在销售人员，但也不能因此避而不见。

第三个阶段是找出解决方案。

顾客的投诉内容总不外乎"刚买不久就这么差"或"仔细一看发现有伤痕"……这时，你要先冷静地判断这件事自己可处理吗？还是必须由公司斡旋才能解决呢？如果是自己职权之外才能处理的，应马上转移到其他部门处理。此时，销售人员仍然必须负起责任，直到有关部门接手处理。

第四个阶段是把解决方案传达给顾客。

解决方案应马上让顾客知道。当然在顾客理解前须费番工夫加以说明和说服。

第五个阶段是处理。

顾客同意解决方式后应尽快处理。处理得太慢时，不仅没效果，有时还会使问题恶化。

第六个阶段是检讨结果。

为了避免同样的事情再度发生，你必须分析原因，检讨处理结果，吸取教训，使未来同性质的顾客投诉减至最少。

第七个阶段是化抱怨为满意。

"当场承认自己的错误须具有相当的勇气和品性；给人一个好感胜过一千个理由。"即使是因顾客本身错误而发生的不满，在开始时也一定要向他道歉，就算自己有理由也不可立即反驳，否则只会增加更多的麻烦。这是在应对顾客投诉时的一个重要法则。但是，一味地赔罪也是不当的，一副低声下气的样子反而会让顾客误以为你只是承认错误罢了。最好在处理时边道歉，边采用应对方法使对方理解。销售人员要针对"顾客投诉"编制用语。如果做法正确，正面的补偿绝对是顾客服务工具箱里最有用、威力最大的武器。以顾客的角度，而不是你的角度，送达你的歉意，提出你的解决方法。顾客关心的是他们的钱、他们的产量、他们丧失的机会、事情恶化的结果和他们的损失，而不是你的处境、你的借口或是你对发生的事情作何感想。

遇到顾客投诉时，销售员对外应妥善化解顾客投诉，圆满解决；对内应利用顾客投诉，充分检讨与改善，将其化为提升销售素质的良机。

跟进法则活学活用：以服务赢市场

市场就是一个又一个消费者构成的消费群体——是群体，而非一个又一个单个的人。这是因为，人与人之间存在着千丝万缕的联系，你和我是朋友，我和他是朋友，他又和她是朋友……所以，当你争取一个顾客时，你不能认为只得到了一个顾客，而是得到了一大片市场，因为在这个顾客的影响下，会有很多人成为你的顾客。

开小店的店主对此应当深有体会。由于小店的口碑大多数情况下都靠口口相传的传播，因此，我们更应当重视每一个顾客身后的"潜在顾客"们。如果你想要扩大自己顾客群，扩大自己的市场影响力，就不能不在意以下几个因素。

1. 服务的品牌形象，具有群体传播的功能

优秀的文化，大多在群体的交流中得到传播与承载，同样，一个好的服务与良好的品牌形象，也大多在群体中得到传扬。忽视群体中的任何一个小小的分子，都有可能让你失去在整个群体中树立起来的形象。

2. 服务的优劣，伴随着美誉度的递增或锐减

"凡有的，给他更多；而没有的，连他原来有的也要夺去……"这是关于"马太效应"的一句经典阐释，在某些方面，"马太效应"的特性和"250定律"有着一定的相似之处。在服务中，树立一个良好的品牌形象，会让企业的美誉度和知名度以递增的趋势得到传播；相反，劣质的服务，换来的是溃不成军的结局。

3. 品牌即人，个人就是市场

品牌，代表的是一种集体的认同度。谁的服务做得好，谁就更容易建立顾客

的品牌忠诚度。做品牌，说到底是做人的学问。每一个独立的个体都是某个群体的缩影，个人的背后，站着一片巨大的市场。

4. 重视每一个个体，意味着重视所有顾客

人们常说，一个人是对的，整个世界就是对的。每个人的小世界和集体的大世界是息息相关的，服务好每一个个体，实质上是对整个消费群体的尊重和负责。

无论销售前，还是销售后，如果能把"让顾客满意"作为自己永远的追求来对待，那员工就会从内心里热爱服务工作，把整个服务过程做得更好，更有效果，提供更加人性化的服务。

28 华盛顿合作定律：
销售从来不是一个人的事

定律释义：

华盛顿合作定律起源于美国两位心理学家拉塔内和巴利所发现的旁观者效应：众多的旁观者分散了每个人应该负有的责任，最后谁都不负责任，于是合作不成功。

华盛顿合作定律说明，合作是一个问题，如何合作更是一个问题。人与人的合作不是力气的简单相加，而要微妙和复杂得多。因为人的合作不是静止的，它更像方向各异的能量，互相推动时自然事半功倍，相互抵触时则一事无成。

在当今社会中，团队奋战夺取胜利才是当今市场竞争的主旋律。可以说任何人的成功，都是集中了集体的智慧，都是团队共同努力的结果。一个销售员只有将自己融入到团队中，依靠团队的力量，才能克服自己不能克服的困难，才能取得更大的发展，获得更好的业绩。

28 华盛顿合作定律:销售从来不是一个人的事

猴子取食的团队智慧

美国加利福尼亚大学的学者做了这样一个实验:把6只猴子分别关在3间空房子里,每间2只,房子里分别放着一定数量的食物,但放的位置高低不一样。第一间房子的食物就放在地上,第二间房子的食物分别从易到难悬挂在不同高度的适当位置上,第三间房子的食物悬挂在房顶。

数日后,他们发现第一间房子的猴子一死一伤,伤的缺了耳朵断了腿,奄奄一息。第三间房子的猴子也死了。只有第二间房子的猴子活得好好的。

究其原因,第一间房子的2只猴子一进房间就看到了地上的食物,于是,为了争夺唾手可得的食物而大动干戈,结果伤的伤,死的死。第三间房子的猴子虽作了努力,但因食物太高,难度过大,够不着,被活活饿死了。只有第二间房子的2只猴子先是各自凭着自己的本能蹦跳取食。最后,随着悬挂食物高度的增加,难度增大,2只猴子只有协作才能取得食物。于是,一只猴子托起另一只猴子跳起取食。这样,每天都能取得够吃的食物,很好地活了下来。

在今天的商场征战上,个人英雄主义高唱凯歌的时代已经一去不复返了,靠个人单打独斗已经无法赢得市场的决胜权,只有通过团队的力量才能提升企业整体,包括自己的竞争力。对销售员来说,只有你所处团队比别人更优秀才能在竞争中形成优势,发挥团队的力量已成为赢得竞争胜利的必备条件。

在销售中,团队的力量主要体现在以下几个方面。

1.团队精神营造高绩效的销售环境

试想一下,哪位顾客愿意进这样的卖场:店员脸色铁青,互相不理不睬,甚至恶言相加。也许你认为顾客看不出你们之间的矛盾,其实在这种不和谐的卖场氛围中,空气都是冷的。

2.销售需要团队精神

大多数店员都应该有过这样的经历,一个店员在努力地说服一位顾客,顾客一直都没下决心购买,而此时另一位店员上来说几句劝说的话,顾客马上欣然接受了。毕竟一个人的观点是不可能适应所有的顾客的,这就需要大家一起努力争取提高业绩。

3. 工作中需要互相学习

任何一个人都有自己的长处,工作中要求大家把经验分享,尤其是销售这项很需要技巧的工作。

4. 每一个人都需要别人的关怀

任何人都需要在一个温馨的环境下工作,要想得到别人的关怀,必须知道如何去关心别人。

不要单打独斗,而要协同作战

如果没有团队中每个销售员一点一滴的努力,也就不会有销售团队的辉煌成就。每个销售员对于销售团队来说都是非常重要的,他们就像是团队这部大机器中不可缺少的零部件。只有团队中每个销售员都朝着一个共同目标努力,做好自己的分内事,才能使整个销售团队创造出辉煌的业绩。

但是,有的销售员固执地认为自己的能力非常强,根本没有必要依靠团队力量帮助自己打造成功。而一个人的力量就像一滴水,如果不能及时融入团队这个大海中,终究是要枯竭的。尤其是在这个知识经济时代,竞争已不再是单独的个体之间的斗争,而是团队与团队的竞争、组织与组织的竞争,任何困难的克服和挫折的平复,都不能仅凭一个人的勇敢和力量,而必须依靠整个团队。一个销售员是否具有团队合作的精神,将直接关系到他的工作业绩。真正优秀的销售员不仅要有超人的能力、骄人的业绩,更要具备团队精神,为团队整体业绩的提升作出贡献的意识。如果没有团队精神,能力再强的销售员,他的发展前景也不会顺利的。

有一个能力很强的销售员,在一次与顾客的谈判中表现突出,为公司创造了良好的效益,得到了经理的高度赞扬。这次谈判使他更加认识到自己的价值,经理的赞赏使他觉得自己非同一般,能力超群。之后,他在日常工作中,不再像以前那样和其他同事交往、沟通,而是总摆出一副自命不凡、目中无人的态度,在公司里独来独往。这位销售员的态度使得同事们渐渐疏远了他,都不愿意与他合作。于是，他成了被孤立的人，在许多事情上都陷入了极其尴尬的境地。在一次业务工作中，由于他的判断失误，给公司造成了不小的损失。同事的讥笑、经理的恼怒，使他无法再继续待下去，他很不体面地自行辞职离开了公司。

其实，团队是一个销售员得以生存和发展的源泉，销售员只有将自己融入团队中，互相学习，取长补短，才能使自己有更大的发展。

融入团队能给我们带来很多好处。一方面，团队能给我们带来安全感，尤其是我们在职业生涯初期时，还处在对职业探索阶段时，我们要在探索中学习经验、知识和技能，当我们感到资源不足时，团队能给我们提供学习机会、包容和发展空间。直到职业生涯中期以后，我们的经验、能力和资源都很充足了，才可能自立门户，即使如此，在团体中的安全感仍大于"单打独斗"。

另一方面，团队能满足我们的心理需求。在团体中可以得到归属感、亲和力、自尊心以及自我实现等心理需求。归属感及亲和性，是因为工作场所已经构成了一个小型的社交、联谊中心，当我们受到挫折时，会有人安慰，甚至会有人为我们打抱不平；当我们得到奖赏时，会得到很多人的恭贺和祝福。这些心理上的需求满足，能激发我们更大的创造欲望，能使我们更充分地发挥自己的才能，甚至激发出我们自己都不知道的自身潜能。

一个销售员不应该只注意个人名下的业绩，而是要看到在其背后的团队支持。企业发展最终靠的是全体人员积极性、主动性、创造性的发挥，有团队才有个人，每个销售员都要积极融入到销售团队中，和整个团队成员并肩战斗、协同合作，才能获得更多的发展机会和业绩。

团队赢则个人赢，团队输则个人输

小成功靠个人，大成功必须靠团队，没有完美的个人，只有完美的团队。

一个人总会有自己的优势和不足，只有个人融入了团队，才能使自己获得更大的发展。团队的成与败、荣与辱都与我们息息相关，也事关我们的荣辱与前程。团队的成功，也就是我们的成功，团队前途黯然，我们的前途也会很渺茫。团队的失败，也就是我们的失败。我们与团队共命运。

对每个销售员来说,只有融入团队中,依靠团队的力量,才能获得生存和发展。因此,每个销售员都要在内心树立起和团队共命运的意识,把自己融入到团队中,让团队成为自己生命中不可分割的一部分。当团队成员能够有团队存我存、团队亡我亡的强烈的团队意识的时候,那么,这个团队便具有了超强的战斗力,那样的团队是无敌的。

当然我们可以选择团队,我们可以选择更加优秀的团队来提高自己成功的几率。但是,如果成员不能把自己的命运和自己所服务的团队的命运紧密结合,没有强烈的团队意识。那么,团队成员就永远获得不了成功或者更大的成功。

既然成为销售团队中的一员,就要时刻和销售团队共荣辱。每个销售员都是销售团队的代表,所以,销售员应该注意自己的言行举止,着装礼仪,以免给团队抹黑。例如,当我们代表公司参加一些重要会议的时候,我们就要慎重选择服装,言谈都要有分寸,有礼仪,以便给他人留下良好的印象。否则,自己怪话连篇,着装脏乱,那么,就会有人说:"某某公司虽然看起来做得很大,但是,他们的员工素质非常低,这样的公司是不会有长远发展的。"所以,我们就是团队的脸面,千万不要因为个人形象问题,使他人对公司判断打折扣。

当我们成为销售团队中的一员时,我们就要时刻准备为了"我们"舍弃部分"我"的利益。而当我们放弃小我成就我们的时候,我们就帮助团队茁壮成长,也帮助自己能在团队中长久发展。同时,我们这种甘于奉献的精神,也会赢得团队成员的尊重,这就为我们取得更大的成功铺就了道路,这个回报会比当初的付出大得多。这就实现了我和团队的双赢。

在销售工作中,团队给了我们展示才华的平台,给了我们精神的寄托,给了我们生活的保障。我们没有理由不把团队当成自己最重要的一条生命线。没有了团队这个平台,我们就会像断线的风筝,飘浮不定,诚惶诚恐。所以,珍惜我们的团队,不要等到失去了我们才发现它的可贵。

任何时候,每个销售员都应该和销售团队同舟共济,无论遇到什么情况,都应该负起责任来,和团队共命运,全心全意做好自己的工作。

合作才能共享销售的胜利果实

夏天走了,金色的秋天来了,丰收的季节到了,每棵树上都是硕果累累。

刺猬出门郊游,来到一棵苹果树下想休息一下。它猛一抬头,看见了又红又大的苹果,心想:"我一年都没吃到苹果了,而且以前吃的都是掉在地上的烂苹果,真想尝尝新鲜的苹果是什么味道。"可是,它自己不会爬树,只能望着苹果发呆。

山羊也去郊游,也看见了这个苹果树。它看见刺猬在树下发呆,就问:"小刺猬,你在树下发什么呆啊?""我想吃树上的苹果。看!树上的苹果又大又红,因为我吃不着,所以在树下发呆。"刺猬回答。山羊想:我好久没有吃果子了,我可以用我的角把苹果顶下来,可是如果都掉到了地上摔烂了就不好吃了。想着想着,急得直流口水,围着苹果树团团转。

忽然,刺猬灵机一动,就说:"喂,山羊哥,你如果能把苹果弄下来,我就可以接苹果,何必在此浪费时间呢?"山羊觉得有理,他们就开始了工作。

山羊用角往树干上使劲一顶,树上的苹果纷纷落了下来,落下的苹果很多都被刺猬接住了。就这样,山羊和刺猬,津津有味地吃着新鲜的苹果。

这个故事说明这样一个道理,一个人办不到的事,通过和其他人合作,就可能取得成功。对于销售员来说也是如此,有时你仅依靠个人的力量是很难完成销售目标的,只有将自己融入销售团队中,借助大家的力量才能解决销售中的问题,克服销售中的困难,最终实现销售目标,取得满意的业绩。

"一滴水只有放进大海里才永远不会干涸,一个人只有当他把自己和集体事业融合在一起的时候才能最有力量。"一个人的力量是有限的,众人力量是无穷的,只有大家携起手来,团结合作,才能拥有胜利的果实。

团队的力量大于个人的力量之和。团队的力量是巨大的,有很多事情必须靠团队里每一个成员相互协作、共同努力才能完成。团队精神强调团队内部各个成员为了团队的共同利益而紧密协作,从而形成强大的凝聚力和整体的战斗力,最终实现团队目标。团队的作用在于提高组织的绩效,团队的工作业绩往往超过成员个体的简单之和,因为团队中的每个人可能在某一方面是天才,但不可能是全才,所以只有发挥团队精神,才能取得更大的成功。

因此，每个销售员都将自己的才智和力量发挥出来，主动地做事，为着同一个目标而努力，劲往一处使，那么销售团队就一定会变得更加强大，会取得更辉煌的业绩，销售员也就能分享胜利的成果，分享团队成功带来的荣誉感。

在合作中开拓销售大局面

在销售团队中，每个人的思考方式，思想观念都或多或少有区别，这样团队成员在合作过程中就可能产生意见分歧。如果因此产生矛盾纠纷，每个人精力就无法集中到销售工作中，那么，不仅工作上容易出错，工作的效率也会大大降低，这样大大损耗了团队的资源，团队整体效能下降，自己的职业生涯也跟着受影响，最终面临着被淘汰的命运。

曾经有一个人任部门销售经理，这个公司有两个销售部，另一个是由一个姓张的人负责。同样是销售部门，但是这两个部门却不能相互配合，相互协作，而是互相拆台。这个人常常向那个张姓部门的员工说那个部门没有前途，还是来我们部门好了的话。同样，那个张姓部门也是挖对方部门的人。两个部门的人你争我斗，相互抢顾客，最后因为斗争得太厉害，工作不顺心，这个人辞退了这份工作。而这次部门斗争使他失去了一个30万元利润的大订单。有些员工跟随这个人一起辞职了，而张姓部门也失去了多名主力员工，也逐渐垮了下来。可见斗争只能是两败俱伤，损人不利己，合作才是硬道理，合作才能共赢。

张涛是一家公司8个部门业务经理中一员，当其他几个经理因为有事外出的时候，他就主动帮助他们培训员工，帮他们解决工作中的问题。这样当他出差的时候，其他经理就会主动帮助张涛部门人员工作。因为经理之间相互合作，其乐融融，结果公司越做越大，他们也从中获得了很丰厚的年终奖金。这就是团队的力量，这就是团队精神的体现。谁都会有需要别人帮助的时候，想要得到别人的帮助，首先不要吝啬帮助别人，互相帮助，互相配合，才能走向共赢。

在很多情况下，销售中单靠个人能力已很难完全处理各种错综复杂的问题。这就需要销售成员之间进一步相互依赖、优势互补、共同合作，建立销售团队来解决错综复杂的问题，并进行必要的行动协调，依靠团队合作的力量创造奇迹。

28 华盛顿合作定律：销售从来不是一个人的事

正所谓"同心山成玉，协力土变金"，合作能激发销售团队不可思议的能量，合作能使销售员个人的力量变得更强。

华盛顿合作定律活学活用：融入团队 10 原则

人在一生中，除了与家人相处以外，同事之间便是相处频率最高、时间最多的了。因此，为了改善同事间的交际环境，促使交际融洽和谐，需遵循下列 10 项原则。

1. 保持距离

有人把人际交往的距离准则比做"刺猬理论"，这是很有道理的。尤其是同事之间，因为观念、文化、知识、性格等方面的差异必然会影响到自身的处世态度和交际方式。

2. 拒绝敏感

由于受各种主客观因素的影响，同事之间必然有亲疏之分。有时，你常会发现志趣、情趣、性格相投的同事也许会接触得多一些，交谈得多一些，而对志趣、情趣、性格不那么相近的同事可能就会少交谈一些。有时你见别人谈得投机、融洽，可是你一旦去接近时，别人却又缄口不谈了。这时，你千万不要神经过敏，不要以为他们准是在议论你了。倘若你如此多疑，就会影响你与同事之间的关系，使交际环境笼罩上阴云。

3. 口有遮拦

自古以来就有"祸从口出"的警世之言。同事之间交际，如果彼此比较信得过、合得来，可以多谈一些，谈深一些，但也不可信口雌黄。

4. 常帮助人

同事之间要肯帮忙。比如，同事家里有困难或急事，要及时到场，积极协助解决。这样，同事会记住你的恩情。即使是一些鸡毛蒜皮的小事，也要肯帮忙。别小看这些鸡毛蒜皮的小事，只要你处处肯帮忙，同事会感谢你的。

5. 不伤害人

伤害人，是指蓄意制造矛盾、布控陷阱、坑害、中伤、打击同事。这些行为，既坑了同事，也害了自己，它对融洽同事间的关系是有害无益的。

6. 学会尊重

俗语说，礼多人不怪。同事之间的交际也要多加施礼。例如，早晨上班，进了工作场所或办公室打个招呼、问一声好。

7. 不可张狂

现代社会虽然崇尚凸现个性、张扬才干，但你在同事面前最好不要张狂自负，不要处处炫耀自己的能耐。如果你张狂自负，不仅会引起同事的反感，而且会招致嫉妒，这样，你的人际环境将会变得非常糟糕。

8. 避免争吵

在日常生活中，人们往往会与三种人发生争吵。一是与不一起共事的人发生争吵；二是与家人争吵；三是与同事争吵。这三种争吵会产生三种不同的结果。同事之间倘若发生矛盾，要忍一忍、让一让，相互克制，避免发生正面冲突。

9. 平等待人

同事当中，有在各方面条件都占有优势的佼佼者，也有身处劣势的平平者。比如，有的享有祖荫的权势或有较硬的社会关系，而有的则是普通的老百姓；有的家有较强的资财实力，而有的家比较贫穷。就同事本身而言，有的人处世头脑比较敏捷机灵，有的人则比较木讷呆板，甚至在人的长相上，也有容貌俊秀和其貌不扬之分。

10. 平等待人

无论同事的主客观条件孰优孰劣，你在与同事相处时，都一定要注意做到平等待人，尤其是在人格上要一视同仁。

29 激励法则：
激发销售员的狼性战斗力

定律释义：

很多企业都面临着销售队伍激励随着队伍的成熟在逐渐弱化的问题，进而影响整个销售系统的工作效能，使得企业产品要么还没有成长为一个市场的主流产品，便快速凋零；要么在成为主流产品，并开始大规模赢利之后，迅速地进入衰退期。这一切问题的根源就在于这个队伍的激励体系中，缺乏一台能够为其提供永续动力的"永动机"——销售激励。这就是激励法则的来源。

销售激励，是销售动力的能量来源，销售激励的有效性直接关系着销售队伍的整体战斗力，关系着产品生命周期的延续，市场的掌控，甚至关系到企业的未来。

激励是销售团队的发动机

销售激励是一个引导销售人员和强化行为的过程。激,就是诱发动机;励,就是强化干劲。激励对于团队工作而言是不可或缺的必要条件。销售团队的激励是保持高绩效的一个重要方面。销售经理恰当地使用激励方式,可以使团队成员保持旺盛的斗志,积极地投入到销售工作中去,从而提升销售业绩。

为了有效地建立激励机制,可以用梯子定理形象地说明。该定理认为:一个独立稳定的梯子必定由四个纵边组成。其中,由两个纵边组成两个相对应的横梯。这四个纵边包括两对:一对是由职务与职称为两纵边组成的晋升横梯等级即晋升激励。另一对是由物质与精神为两纵边组成的奖励横梯等级即奖励激励。而在现实中,不能过于强调某一种激励而忽略"梯子"的其他各边,否则就会导致激励这个"梯子"的不稳定。作为销售经理一定要把握好激励这架"梯子"四个纵边的平衡。

激励不外乎物质激励和精神激励。这里主要强调的是后者,也就是精神激励。因为物质的激励取决于整个公司的奖励制度,这不是团队管理者所能左右的。而精神激励却是团队管理者可以完全把握的,也是最有效、最低成本的方式。精神激励是最容易做的,也是最难做的,因为这取决于管理者的情绪和耐心。有时候一个小小的表扬,比奖励几百块钱更能激发成员的热情和斗志。

消除一切不利的反激励因素

制定激励计划之前,必须彻底消除不良的工作环境,消除反激励因素。尽管这是一项非常艰巨的任务,但是如果销售经理认真分析,就可以找到一些有效地消除反激励因素的方法。

1. 明晰地界定工作

模糊的工作职责和自相矛盾的工作标准是影响最严重的反激励因素。销售团队内的大多数销售人员对工作的不满是由于职责不清晰和职责冲突引起的。如果销售经理能在工作描述中明晰地定义销售人员的工作职责及其在团队工作中所处的地位，就能清除掉这一反激励因素。在销售团队发展壮大的过程中，各团队之间以及团队成员之间联系的纽带显得更为重要，而明确清晰地界定销售人员之间及各团队之间的工作职能是非常有必要的。

2. 提供适当的指导

不适当的指导是最严重的反激励因素之一。它将导致销售额短期以及长期的下降，使有潜力的销售人员得不到发展，恶化未解决的人事问题，以及导致优秀员工的流失。适当的指导离不开对管理层有力的培训与再培训。而对团队相关管理者的评估也不能只看他们所管辖区域的销售业绩，还要看他们的指导技巧。

3. 提供发展机会

缺少晋升或个人发展机会也是严重的反激励因素之一。许多企业没有意识到，这些反激励因素将使它们失去有管理潜力的骨干人员。在对员工进行评估时，应该准确判断哪些人具有管理潜力，并提供给这些人充分的发展空间与机会，不要让他们感觉"英雄无用武之地"，从而产生跳槽的念头。同时，这也是为企业培养和储备管理人才的好办法。

4. 实施公平的报酬

薪酬和福利方案能够给销售人员压力，能在很大程度上激励销售人员。但是，如果销售人员认为薪酬和福利存在着不足和不公平，它们会成为强大的反激励因素。企业应不断地评审薪酬计划使它尽可能公平，并可以根据调查，与同行业其他竞争企业的薪酬计划相比较，最大可能地保证薪酬的公平性。

消除工作中的反激励因素是一个连续的过程。市场环境、企业的市场战略、国内外竞争形势以及政府规定的变化，都要求销售经理不断地反复检验销售团队的工作描述、评估系统和培训计划。另外，年龄分布情况、经济环境以及大学毕业生对销售事业的认识都可能改变可供聘用人员的状况。这些动态因素要求销售经理对销售环境不断地进行反复调查，以断定并减少反激励因素。

让每一种激励方式都产生效能

如果销售经理真正要激励销售团队,他们就必须选择合适的激励方式,并把针对团队成员个人进行的激励视为自己的职责。激励方式为激励实施提供了具体指导方法的选择。一般而言,针对销售团队成员个人的激励方式主要有以下几种。

1. 目标激励

所谓目标激励,就是销售团队把大、中、小和远、中、近的目标相结合,确定一些可以达到的销售目标,使销售人员在工作中时刻把自己的行为与这些目标紧紧联系,并以目标完成的情况来激励销售团队成员的一种激励方式。

作为销售经理,你应该让每个业务员感到,他的销售工作,对实现整体的团队目标同样重要。如果你忽视了哪怕一小部分销售人员,也就失去了他们产生销售收入的机会,重要的是,这些销售人员由于感到不被重视和认可,积极性和自尊心都会受到挫伤。让每个销售人员都感到他是这个团队的一部分,都在为团队目标的实现作贡献。销售经理在每次销售会议上,不能顾此失彼,要确切地体现"团队"销售的观念。

目标激励包括设置、实施和检查目标三个阶段。在制定目标时须注意,要根据团队的实际业务情况来制定可行的目标。一个振奋人心,切实可行的目标,可以起到鼓舞士气,激励团队成员的作用。相反,那些可望而不可及或既不可望又不可及的目标,会产生适得其反的作用。销售经理可以对团队或个人制定并下达切合实际的年度、半年、季度、月、日的销售目标任务,并定期检查,使其朝着各自的目标去努力,去拼搏。

普遍使用的销售目标有销售量、销售额、新顾客数、货款回收率等,有时还可以将这些目标综合运用。

2. 榜样激励

榜样的力量是无穷的。在团队中,大多数人都不甘落后,但往往不知该怎么做,或在困难面前缺乏勇气。因而,销售经理可以在一定时间段内对销售人员进行评选,把优胜者作为榜样;通过树立销售团队中的典型人物和事例,表彰各方面的好人好事，营造典型示范效应，使全体团队成员向榜样看齐，让其明白提倡或反对什么样的思想、行为，鼓励团队成员学先进、帮后进、积极进取团结向上。同时，可以为团队成员找到一面镜子，树立一个榜样，为其增添克服困难、实现目标、争取成功的决心及信心。此外，作为团队管理者，销售经理要及时发现典型、总结典型，并用好、用足、用活典型。

3. 工作激励

用其所能，扬其所长，投其所好，避其不足，丰富工作形式、工作内容，合理安排工作任务，通过工作本身对销售人员产生有效的激励。

4. 培训激励

如今，许多企业把培训作为一种激励手段，效果十分好。对团队内的销售人员进行培训是一项投资——针对人力资源的投资，针对未来的投资。随着知识经济的发展，企业和销售人员对培训的作用越来越重视，甚至在转换职业时都把曾接受的培训作为一项资历。

5. 授权激励

大多数人都愿意承担责任，愿意掌握权力。因此，销售经理要善于向销售人员授权，实行授权激励，把本来属于销售经理的某些权力授予销售人员代为行使。授权要将责任、权力一起授予，使销售人员承担更多的任务，并享有相应的权力，完成得好还应给予奖励。不过，要记住，授权和分权是不一样的。

6. 环境激励

环境激励指创造一个良好的团队工作环境氛围，使销售人员能心情愉快地在团队内开展工作。环境激励可以直接满足销售人员的某些需要，还可以形成一定的压力和规范，推动销售人员努力工作，创造优良业绩。

7. 民主激励

充分发挥销售人员的主人翁精神，邀请销售人员参与到企业的管理、重大决策当中去，邀请销售人员参与到销售计划的制订等销售管理工作当中去，让销售人员有归属感、荣誉感和责任感，从而充分调动销售人员的积极性和主动性。

8. 物质激励

奖励就是对人们的某种行为给予肯定和奖赏，使这种行为得以巩固和发展。物质激励是最基本的激励手段，通常也是最有效的手段。在物质奖励状态下，能发挥自身能力的 50%~80%。可以运用的物质激励手段很多，包括工资、奖金、加薪以及各种福利。但物质激励会养成人们的依赖心理，一旦把奖励的内容取消，销售人员就会失去工作的动力。

9. 精神激励

当物质奖励到一定程度的时候，就会出现边际作用递减的现象，而来自精神的激励作用则更持久，更强大。在适当精神奖励的状态下，能发挥自身能力的 80%~100%，甚至超过 100%。精神激励包括表扬（尤其是公开场合的表扬）、发放荣誉奖品和奖章、与企业领导合影、授予称号等，这是对销售人员贡献的公开承认，可以满足销售人员的自尊需要，从而达到激励的目的。

在制定奖励办法时，最好本着物质和精神奖励相结合的原则。同时，方式要不断创新，要有新颖的刺激和变化的刺激。但反复多次地使用后，奖励的作用就会逐渐衰减；奖励过频，刺激作用也会减少。

10. 竞赛激励

销售工作是一项很具挑战性的工作，充满艰辛和困难，因此，销售经理要不断地给予销售人员充电的机会。开展各类竞赛活动无疑是一个很好的方法。企业常用的竞赛激励有销售业绩竞赛、新顾客开发竞赛、回款竞赛等。

11. 进行工作调整

在识别销售人员的个人需求之后，销售经理就必须确认团队成员所从事的工作的确能使其受到激励。如果不能使其受到激励，则销售经理有以下几个选择：

（1）停止对他（或她）的任命，将其调到更满意的岗位上去。

（2）进行工作调整以提供其更多机会，或者意识到该工作不能满足其个人需求而宽容其业绩不佳。

（3）根据销售人员目前以及今后对工作的需求为其进行工作调整。

12. 关怀激励

了解是关怀的前提，作为团队管理者，销售经理对团队成员要做到"八个了解"，即了解成员的姓名、生日、籍贯、出身、家境、经历、特长、个性特征；"九个有数"，即对成员的工作状况、住房条件、身体情况、学习情况、思想品德、经济状况、家庭成员、兴趣爱好、社会交往心里有数。经常与成员打成一片，交流思想感情，从而增进了解和信任，并真诚地帮助每一个人。如果销售经理能做到这些，定能让销售人员倍感亲切，有团队如家的感觉，因此，其责任感也会大大加强。

13. 支持激励

销售经理要善于支持团队成员的创造性建议，充分挖掘成员的聪明才智；使大家都想事，都干事，想创新。支持激励既是用人的高招，也是激励销售人员的办法之一。常见的支持激励包括以下几个方面：

（1）尊重销售人员的人格、尊严、创造精神。

（2）爱护销售人员的积极性和创造性。

（3）信任团队成员，放手让其大胆工作。

（4）当销售人员工作遇到困难时，主动为销售人员排忧解难，增加销售人员的安全感和信任感；当工作中出现差错时，要承担自己应该承担的责任。

（5）向上级夸奖团队成员。当销售经理向上级夸赞团队成员的成绩与为人时，团队成员是会心存感激的，这样便满足了团队成员渴望被认可的心理，其干劲会更足。

做销售团队的激励专家

在激励销售人员士气的过程中，销售经理的作用是很重要的。要激励部属，销售经理要有旺盛的精力及坚定的决心。以下是激励工作对销售经理的要求。

1. 贴心的主管，做销售员的知心朋友

（1）对每个销售人员详细了解，鼓励他们发挥自己的特长，以利于整个集体的发展和成长。

（2）注重销售人员最关心的事务，不要弄错了主题，从而不能抓住他们的心。

（3）注意销售人员未表现出来的欲求。销售人员有的希望升迁，有的寻求能力的认可，有的希望更多的培训发展，销售经理要考虑如何去满足下属的这些欲求。

（4）利用多种技巧去发掘部属的兴趣所在，并思考如何把他们的兴趣转移到工作上。时刻注意是否有人具有特殊才能可善加运用，是否有特殊的创意有助于团体目标的实现。

（5）多听部属的意见。要经常反省自己：部属说话时自己是否真正用心倾听？自己是否做结论太快？

（6）与部属交谈时，避免中断和打扰。不要心神不定，要全身心地倾听，这样才能通盘了解，避免以偏概全。

（7）在与部属交谈时，观察他们的手势、眼光及其他隐藏性的信号，以了解他们真实的未表达出来的意图。

（8）要能接受别人的看法见解，给人以改变看法或提出新见解的余地。

2. 多面手主管，充当起多种角色

（1）销售经理是良师兼教练。要能增加部属的知识与信心，改变部属的态度，提高其销售技巧，给予各方面的指导，使其更有效地进行工作，达到目标。

（2）销售经理是评审官。要能把部属表现的绩效加以评估，并给予适当的反馈，这样才能给人指明方向。

（3）销售经理是团队的指挥官。指挥部属熟悉及使用每一种销售工具和技巧，使每个人充分发挥自己的才能，同心协力，步调一致，使全体人员都有突出的销售业绩。

（4）销售经理是鼓舞者。要把部属的希望与梦想从内心激发出来，并用文字或图案表现出来，使每个人对自己及整体的目标永怀希望。

3. 高品质的主管，灵活运用各项管理技能

（1）销售经理应具备洞悉部属内心世界的能力。认真思考怎样才能促使部属主动地把时间精力放在工作上，及时掌握部属的动向，为进一步采取措施做好准备。

（2）销售经理应能以明确的方向指引部属。领导一个团队最重要的职责就是要制定一个合理可行的目标，使部属有明确的方向。要让部属了解全盘的计划及目标，并知道每个人的分量及应承担的角色，更重要的是要使每个人都有达到目标的决心，有完成所定目标的承诺。

（3）销售经理应具有督导激励的能力。目标一经制定，要能督导部属全力以赴，使之达成。经常利用公开的机会对部属的小成就加以认定，鼓励部属更上一层楼。

（4）销售经理应具有评估追踪的能力。目标经过共同讨论拟定后，销售经理要能在共同合作的气氛下解说明白。部属达到目标时，应立即加以奖励和表扬；若有偏差，则应立即指出，并加以修正。

激励法则活学活用：销售竞赛激励

销售竞赛是激励销售人员的常用工具，它可采取多种形式，充分发挥销售人员的潜力，促进销售工作的完成。

1. 竞赛目标的设定

竞赛费用是企业常用的经费开支，西方企业调查表明，销售竞赛的平均费用占销售额的 2.67%～3.25%。销售经理做销售财务计划时可以按销售额的 3% 左右来提取竞赛奖励费用。

若企业划拨了竞赛奖励费用，就应设定相应的竞赛目标。根据大多数企业销售竞赛的实际经验，下面提供一些可行的竞赛目标及奖励方式：

（1）提高销售业绩奖。达到目标或超过上次销售业绩、销售业绩名列前五名或团体销售名列前茅者都可以利用一定的积分或积点获得奖励。

（2）特殊产品销售奖。对特殊产品，如新产品、库存滞销品的销售业绩较好者给予积分或增加点数予以奖励。

（3）开发新顾客奖。对开发新顾客的数量及业绩量给予积分奖励。

（4）新人奖。对新吸引来的销售人员中的业绩高者予以奖励。

（5）培训奖。培训新人绩效最高者获得此项奖励。

（6）账目完好奖。对坏账率最低者、即期结账比例最高者或总额最高者给予奖励。

（7）淡季特别奖。在淡季、节假日可以举行定期定时竞赛，对优胜者给予奖励。

（8）市场情报奖。对协助企业收集市场情报最多、最准、最快者给予奖励。

（9）降低退货奖。对退货量最低者或退货占销售总额比例最低者给予奖励。

（10）最佳服务奖。根据顾客反应和企业考察记录，对服务态度最好、服务质量最高者给予奖励。

以上列举了几种常用的销售竞赛目标及奖励方式。事实上，竞赛目标多种多样，销售经理应根据实际情况，运筹帷幄，巧妙运用，以达到预期的目的。

2. 竞赛激励应注意的问题

销售竞争能激发销售人员求胜的意志，提高销售人员的士气。销售竞赛的目的是鼓励销售人员作出比平时更多的努力，创造出比平时更高的业绩。竞赛要能激发销售人员的销售热忱，鼓励销售人员发扬不服输的拼劲，制造出积极争胜的活动氛围。

为顺利达成竞赛目标，在销售竞赛的实际操作中要注意以下问题：

（1）奖励设置面要宽，奖励面太窄，会使业绩中下水平的销售人员失去信心。

（2）销售竞赛要和年度销售计划相配合，有利于企业整体销售目标顺利地完成。

（3）要建立具体的奖励标准，严格按实际成果实施奖励，杜绝奖励不公正现象。

（4）竞赛的内容、规则、实施办法力求通俗易懂、简单明了。

（5）竞赛的目标不宜过高，应使大多数人通过努力都能达到。

（6）专人负责竞赛活动的宣传，并将竞赛情况适时公布。

（7）安排竞赛会议，并以快讯、海报等形式进行追踪报道，渲染竞赛的激烈气氛。

（8）精心选择奖品，奖品最好是大家都希望得到，但自己又舍不得花钱买的东西。

（9）奖励的内容有时应把家属考虑进去，如奖励全家旅行。

（10）竞赛完毕，马上组织评选，公布结果，并颁发奖品，召开总结会。

30 情感定律：
销售工作 98% 是感情工作

定律释义：

美国销售大王坎多尔说："销售工作 98% 是感情工作，2% 是对产品的了解。"感情在整个销售过程的中起着一种点燃的作用，销售革命需要它的点燃。顾客买的不单单是产品，还有你的态度、服务和感情。因此要学会给顾客放一点感情债，那么消费者会觉得"欠你"的。

情感销售——给顾客放一点感情债

情感销售包括情感的包装、促销、诉求（广告）、口碑和设计这几个方面。

1. 情感包装

产品的设计一定要富有个性和人性，将消费者的感情考虑进去。俗话说，佛靠金装人靠衣装。这充分体现了包装的重要性。那么如何设计出让人满意的产品包装呢？根据不同的对象、不同的处境和当时场景进行包装设计，将会取得预想不到的销售效果。比如农夫山泉就打出"一瓶水，一分钱"的口号，承诺销售一瓶农夫山泉就捐献一分钱给希望工程。这获得了大众对农夫山泉的认可，也得到了政府的支持，所以在短短的时间内就成为了天然水类别中的第一品牌。

2. 情感广告诉求

在品牌传播的过程中，不要把诉求点仅仅放在产品本身，还应将对消费者的关怀与产品利益点完美结合，获得广大消费者的共鸣。贵州青酒厂请刘青云做形象代言人，广告词是"喝杯青酒，交个朋友"，一种友情油然流露了出来，将消费者平时和朋友聚会的场景再现。

3. 情感口碑

口碑事实上也属于一种品牌传播的途径，相当于一种活广告。也就是说我们在通过人们的口头传播时，一定要赋予情感的成分。

4. 情感设计

情感设计是指在制造产品的过程中，充分考虑到不同层次消费者的需求，了解他们特有的心理和感情，设计出表现感情的地方。绝对伏特加酒以前的瓶子就十分难看，像一个药瓶，不但容易在货架上迷失，还会让消费者反感。在做过市场调查之后，Carillon公司进行了独特的设计，突破了销售的难关。

哈尔滨制药六厂的销售诉求，就有明显的向情感销售转向的趋势，尤其是其连续播放的"助残广告"及"公益广告"，令其相对成熟的品牌具备更多的情感内涵。"只要人人都献出一点爱，世界将变成美好的人间""劝君多走几步路，莫拿生命当赌注""点滴之爱，人间真情"……经过一段时间的广告攻势，很多消费者对以上的广告都已耳熟能详。这种独特的文化诉求、公益主张、爱心体现，令其品牌的核心层更加坚固！如果把品牌看成是产品与消费者之间的一种关系的话，哈药六厂用情感销售的模式，把这种关系变得更加融洽，甚至无可替代！

要打动顾客，先让他感动起来

如果某一品牌的销售推广行为能够使它的目标顾客深受感动，我们就称之为"感动销售"，感动销售是高境界的销售手法之一。

品牌价值有一个被中国企业忽视的要素就是品牌的社会特征，包括公益、回报社会、环保、诚信等。感动销售出自诚信的企业文化，才能感动消费者。古时候商业恪守"童叟无欺"的原则，讲究"君子爱财，取之有道"的信念就是感动销售的前提。

一个不坚持原则的企业，不讲究商业道德的企业，根本谈不上感动销售。遵循基本的商道和企业"做人"的原则是感动销售的基础。

电视剧《大宅门》中白景琪焚烧了价值七万两白银的不合格中药，如果放在今天就是感动销售的典型案例。

无独有偶，海尔的砸冰箱事件也创造了顾客感动。

但是最值得一提的是王老吉凉茶。这家企业在饮料行业的经营可谓不温不火，但是2008年的汶川大地震改变了它的命运。当"王老吉捐款1个亿"的消息传遍全国时，所创造的"感动"效应是用金钱无法衡量的，很多人流着对死难同胞悲痛的泪水走向超市，买光了货架上全部的王老吉。人们记住了这个本来名不见经传的品牌，而且每次想起来，心里都有着一丝温暖和感动……

然而，不少企业对感动销售的理解是肤浅的。他们认为自己可以操纵消费者，制造感动，骗取消费者"廉价"的感情，这样的做法也许可以一时"吸引"或者"打动"了消费者，但那不是消费者源自内心的感动，最终消费者会摒弃这些不讲诚信和原则的企业。

为了感动而去制造感动，就不会得到感动的回报。就像公司里最看重钱的人反而得不到最高的报酬，相反是那些为了责任心和内心成就感的员工提升得最快；

也正如最好的销售员往往不是外貌出众和能说会道的人，而是真心热爱公司的产品和真情为顾客服务的人。

感动销售的具体实施要做到以下几点：

（1）抓住顾客的感动需求。在我们的日常生活中，感动是极其稀缺的资源，这就需要企业抓住顾客渴望感动的需求。

（2）采用感性化诉求手段。在销售宣传中，采用感动化的诉求手段，引起观众的心理共鸣，才可以贴近顾客的心、打动顾客的心。

在感动销售基于品牌策略之上，是否采取感动销售，或者怎样实施，是品牌建设策略基础上更高一筹的操作手法，它不可避免地要服从于品牌建设、传播总策略。

最关键的一点：不要为了感动而感动，能感动自己才能感动顾客。虚情假意和作秀式的炒作，从长期看对品牌毫无益处。

用礼物作为联结顾客情感的纽带

礼物在销售中的作用是不可替代的，不仅能加深销售员与顾客之间的感情，还能促进销售，带来更多的订单。

我们在亲朋好友之间送些小礼品，能够加深大家的情感交流；公司给顾客送些小礼物，也能体现出公司对顾客的重视；同样，对于销售员来说，给顾客准备一些小礼物，也能起到同样的作用。小礼品价值不高，却能发挥很大的效应，不管拿到礼品的顾客喜欢与否，当他们感觉受到别人的尊重时，内心的好感必定油然而生。也许顾客正需要一条挂链、一条领带或一支精美的钢笔等小物品，而你的赠与无疑能起到雪中送炭的效果，即使顾客可能不需要这些礼品，但"礼多人不怪"，至少你的心意也已经表达出来了。

当然，一定要在合适的环境下，同时给出恰当的理由，切记不要让人感觉你另有所图，否则你的小礼物只会适得其反。

礼物代表着温暖、友谊和爱，如何更好地向顾客表达出这些情感？一般来说，给顾客送礼需要掌握如下一些技巧：

30 情感定律：销售工作98%是感情工作

1. 送礼时机很重要

逢年过节送些小礼品是必要的，一些特殊的日子，像店庆、环保日等，送些小礼品会凸显店主的用心和涵养，易获得顾客的尊重与爱戴。

2. 礼品的价值要拿准

一般而言，完成大生意，送的礼就可贵重些；完成小生意，送的礼就可便宜些。当然，千万不要赠送那些毫无价值或人们几乎都不需要的礼物，那只会让顾客觉得你虚情假意。

3. 礼品要有特色

赠送礼品也是一种广告宣传方式，赠送什么样的礼品是考察店主智慧的事情，既不要落入俗套，又能让顾客喜欢并能留下深刻印象，这些都需要店主根据自己小店的定位去思考。

赢得顾客的心才能赚大钱

人都是有感情的，如果你能用自己的关怀赢得顾客的心，让对方把你当做自己的朋友，做起生意来自然财源广进。

在泰国，有一家华人经营的东方饭店几乎天天客满，不提前一个月预订是很难有入住机会的，而且客人大都来自西方发达国家。泰国在亚洲算不上特别发达，但为什么会有如此诱人的饭店呢？大家往往会以为泰国是一个旅游国家，而且又有世界上独有的人妖表演，是不是他们在这方面下了工夫。错了，他们靠的是真功夫，是非同寻常的顾客服务，是依靠赢得顾客的心来赚大钱。

约克先生是一位美国公民，他因公务曾经常出差泰国，并下榻在东方饭店。第一次入住时良好的饭店环境和服务就给他留下了深刻的印象，当他第二次入住时几个细节更使他对饭店的好感迅速升级。

那天早上，在他走出房门准备去餐厅的时候，楼层服务生恭敬地问道："约克先生是要用早餐吗？"约克先生很奇怪，反问"你怎么知道我的名字？"服务生说："我们饭店规定，晚上要背熟所有客人的姓名。"这令约克先生大吃一惊，因为他频繁往返于世界各地，入住过无数高级酒店，但这种情况还是第一次碰到。

约克先生高兴地乘电梯下到餐厅所在的楼层，刚刚走出电梯门，餐厅的服务生就说："约克先生，里面请"，约克先生更加疑惑，因为服务生并没有看到他的房卡，就问："你也知道我的名字？"服务生答："上面的电话刚刚下来，说您已经下楼了。"如此高的效率让约克先生再次大吃一惊。

约克先生刚走进餐厅，服务小姐微笑着问："约克先生还要老位子吗？"约克先生的惊讶再次升级，心想"尽管我不是第一次在这里吃饭，但最近的一次也有一年多了，难道这里的服务小姐记忆力那么好？"看到约克先生惊讶的目光，服务小姐主动解释说："我刚刚查过电脑记录，您在去年的6月8日在靠近第二个窗口的位子上用过早餐"，约克先生听后兴奋地说："老位子！老位子！"小姐接着问："老菜单？一个三明治，一杯咖啡，一个鸡蛋？"现在约克先生已经不再惊讶了，"老菜单，就要老菜单！"约克先生已经兴奋到了极点。

上餐时，餐厅赠送了约克先生一碟小菜，由于这种小菜约克先生是第一次看到，就问："这是什么？"服务生后退两步说："这是我们特有的小菜"，服务生为什么要先后退两步呢，他是怕自己说话时口水不小心落在客人的食品上，这种细致的服务不要说在一般的酒店，就是美国最好的饭店里约克先生都没有见过。这一次早餐给约克先生留下了终生难忘的印象。

后来，由于业务调整的原因，约克先生有3年的时间没有再到泰国去，在约克先生生日的时候突然收到了一封东方饭店发来的生日贺卡，里面还附了一封短信，内容是：亲爱的约克先生，您已经有3年没有来过我们这里了，我们全体人员都非常想念您，希望能再次见到您。今天是您的生日，祝您生日愉快。约克先生当时激动得热泪盈眶，发誓如果再去泰国，绝对不会到任何其他的饭店，一定要住在东方饭店，而且要说服所有的朋友也像他一样选择。约克先生看了一下信封，上面贴着一枚6元的邮票。6元钱就这样买到了一颗心。

当你用富有人情味的服务与顾客交流的时候，会让对方从心里对你产生认同感。在这种情况下，生意上的事自然就十分顺利了。

30　情感定律：销售工作98%是感情工作

情感定律活学活用：做足感情投资

在你和你的顾客朋友的商务交际之中也需要"感情投资"。所谓感情投资，说简单点，就是在生意之外多了一层相知和沟通，能够在人情世故上多一份关心，多一份相助。即使遇到不顺当的情况，也能够相互体谅，"生意不成人情在。"

这种情况往往有多种表现。一种是自然形成的，在生意交往的过程中遇到比较投缘的顾客朋友，有了成功的合作，感情自然融洽起来，这就是我们常说的有缘分的人。有缘自然有情，关系好的时候，互相付出自然不在话下。问题在于如何保持和持续这种私人关系，继续爱护它、增进它，使其长久。

其实，就是有缘，彼此能够一拍即合，要保持长期的相互信任、互相关照的关系也不那么容易，仍然需要不断进行感情投资，尤其在商场上。各自都为自己的利益，很容易彼此起疑心。结果就会由合作变成对立，人情变成了敌意。为什么走到了这一步？往往是忽略了"感情投资"的结果，甚至已经忘掉了这一点。

很多人都有这种毛病，一旦关系好了，就不觉得自己有责任去保护它了，往往会忽略双方关系中的一些细节问题。例如该通报的信息不通报，该解释的情况不解释，总认为"反正我们关系好，解释不解释无所谓"，结果日积月累，形成难以化解的问题。而更不好的是人们关系好了之后，总是对另一方要求越来越高，总觉得别人对自己好是应该的，稍有怠慢或者照顾不到，就有怨言。由此很容易形成恶性循环，最后损害双方的关系。

可见，感情投资应该是经常性的。在你需求顾客朋友支持的过程中不可没有，也不可似有似无，而应该从小处细处着眼，时时落在实处。

31 尼伦伯格原则：
谈判的最佳结局是双赢

定律释义：

尼伦伯格原则由美国著名谈判学家尼伦伯格提出，指一场圆满的、成功的销售谈判，每一方都应是胜利者。

双赢的结果就像买衣服一样，我们把商贩的期待降到50元，最后以60元成交。这时他会觉得很高兴，这就是一个好的收尾。一般谈判的收尾，一定要记得"赢者不全赢，输者不全输"的定律，这样谈判才有下次。

销售是一场双赢的交易

在销售过程中,销售员和顾客究竟是一种什么关系,传统的观点认为,销售就是销售员将产品销售给顾客,以实现产品价值。这种观点显然已经不适应如今经济的发展,它将销售视为销售员获取利益的过程,而漠视了顾客利益。它无法解释为什么顾客一定需要接受销售的产品。

现代观点认为,销售是个双赢过程,销售员和顾客应该获得自己所需要的利益。而且对于销售员来说,最为重要的不是自己利益获得的多少,而是顾客所感受的利益获得多少。因为销售员获得利益的多少是个结果,这个结果需要通过顾客感受利益的过程来实现。

我们站在顾客的角度来考虑,为什么顾客要购买销售的产品,因为顾客认为能够从中得到利益,认为他所购买的产品对于他来说确实是物有所值。

从这个角度出发,我们就不难得出为什么有些销售员在销售产品的过程中表现得非常糟糕。因为,他们从自己的角度出发看问题,他们的潜意识里根本就没有为顾客着想过,在他们的头脑中,只有顾客购买一件产品他能从中获得利益的多少,这种思维从根本上来说就是只注重结果,而不注重过程。其结果也是可想而知的。世界上伟大的销售员从来就不认为他所从事的职业就是求人购买,他们认为他们是在和顾客共同创造价值。如果顾客购买他们提供的产品,必然能够取得最大的价值;如果顾客对他们所提供的产品不屑一顾,那么损失的不是他们自己,而是顾客,是顾客失去了一个获得最大价值的机会。他们会满怀信心地走向另一位顾客,继续进行销售。

一个销售员必须100%地相信自己的产品确实能够给顾客带来利益。销售其实就是说服顾客的过程,销售员必须让顾客本能地相信产品能够带来利益。因此,对于销售员来说,最大的障碍不是说服顾客,而是说服自己,即让自己真心相信所销售的产品必然会给顾客带来利益。销售员要对自己的产品充满信心,然后才能够充满自信,最后才能确信产品能够给顾客带来利益,并将产品销售给顾客。

正如欧美销售员所推崇的一样:你先买产品,然后再卖它;否则,如果连你自己都认为销售的产品无法给顾客带来任何利益，那又怎么能激起顾客购买的热情呢？

除了必须相信自己能给顾客带来实在的利益以外，销售员还必须真正给顾客带来利益，同时还必须让顾客感受到这种利益的确存在。这就需要销售员对自己的产品有个比较全面的了解，并且在遇到顾客询问时，能够提供出十分有利的证据。让顾客感受到价值还必须将销售工作当成一个事业来做，而不是买卖。做事业是长期行为，而买卖是短期行为，长期行为往往能够赢得顾客的信任。

销售是个双赢过程，销售员和顾客应该获得自己所需要的利益。而且对于销售员来说，最为重要的不是自己利益获得的多少，而是顾客所感受的利益获得多少。因为销售员获得利益的多少是个结果，这个结果需要通过顾客感受利益的过程来实现。

要双赢不要双输，大家赢才是真的赢

买卖双方达成一笔交易时，通常我们会看到，双方都会竭尽全力维护自己的报价。通常的谈判也最容易将谈判的焦点集中在价格上。

例如，一位精明的卖主会把自己的产品讲得完美无缺，尽量抬高自己产品的身价；而另一位出手不凡的买主也会在鸡蛋里挑骨头，从不同的角度指出产品的不足之处，从而将还价至少压低到对方出价的一半。最后，双方都会讲出无数条理由来支持自己的报价，谈判在无奈的情况下成为僵局。如果不是僵局，那么通常是一方作出了一定的让步，或双方经过漫长的多个回合，各自都进行了让步，从而达成一个中间价。

客观来讲，谈判的每一方都在为自己的既定立场争辩，最终通过一系列的让步达成协议，谈判学上称之为"立场争辩式谈判。"这样的谈判方式在生活中很常见，在商场里与店主讨价还价，商务谈判中的你来我往，甚至工作中的分工协调等，都经常用这种方式来进行。然而在这种双方博弈的过程中，往往会使谈判陷入一种误区。比如双方从一开始就摆出高傲的气势，开出很高的条件，这会将谈判变成一场充满火药味的战斗，从而使得最后谈判各方不欢而散，甚至破坏了今后进一步合作的机会。

谈判各方都是为了自己的利益而来的，没有人愿意答应对方损人利己的方案。要想取得谈判的成功，最好的方法是让各方都能尝到好处。正如尼伦伯格原则所说的："成功的谈判，双方都是胜利者。"

另外，谈判各方所追寻的利益不一定完全相同，这也为谈判的成功带来机会。即使存在利益冲突，聪明的谈判家也总会从中找出某些共同的利害关系，作出一个公平的"双赢"方案。

当然，我们很难确定对手是抱着共赢的态度来谈判的。在这种情形下，不要让自己的意图过于明显，而给对方机会；也不要摇摆或松懈自己的立场，而让对方有机可乘。这样，我们警惕对方的"陷阱"，同时不忘为"共赢"创造条件，才能做"谈判桌"上真正的赢家。

有一种谈判策略叫"化敌为友"

《孙子兵法》里说，百战百胜，这并不是能耐，不战而屈人之兵才是最高境界。在谈判中，变对手为队友是一种难得的谋略。

李平是一家通讯公司的销售员，在与顾客接触了一段时间之后，顾客对他们的产品十分满意，但是在价格上却毫不让步，希望他能再降几万，否则的话这桩生意就很难做成。顾客很委婉地跟李平说："我知道你们的通讯设备在水平、品质上都是一流的，这是我们公司内部都认同的，没有任何争议，所以老板吩咐我再与你们谈一次。可是这个价格确实比其他公司的贵了一倍以上，你让我们怎么决定呢？"

听完顾客的话，李平急忙辩解："王总，一分价格一分货，便宜的不一定是好货，产品质量摆在那里……"

还没等他说完，顾客立即打断了他的话："小李，这个我们知道，不然的话早就给其他公司下单了，也不会这么大老远地跑过来找你谈。"

看着对方话软，李平也立即找了个台阶下："这样好吧，王总，到底什么价位您可以接受，您给我一个数吧，可要是差太多，那您就让我为难了。我们干销售的也不容易啊。"

"降10万这个要求不算过分吧？"

听了王总的话，李平从微笑到夸张地笑。王总先是有些诧异，接着心里也有些打鼓，毕竟他也想达成这个合作的。"到底怎么样？成不成，给个话？"

李平不愧是销售界的老手，他盯着顾客说："您的要求绝对不过分，我要是您，肯定比您还要狠。您是甲方，您的要求就是我们做乙方的首要义务。不过，我也是靠销售吃饭的人，也就是说您决定着我们这些销售员的工资。您也知道，我们是没有决定权的。我给您请示一下经理，您看成吗？"

顾客其实也有一些焦急："那什么时候可以得到答复？我们现在手里的单子也积压了好久，就等着设备呢。要不你现在就去把你们经理请出来，咱们一起吃个午饭，边吃边谈？"

听到这话，李平也很真诚地跟顾客说："王总，其实我就老实跟您说吧，我比您还想做这个单，如果您给其他公司下单完成您的任务，我可就惨了。所以这个单我们一定要想办法定下来。待会儿吃饭的时候，您一定要对经理说好话，告诉他明年你们在深圳开分公司，这次定了，下次还会再合作。您也可以说你们的伙伴也有需求。这样说就算是帮帮我吧，成吗？"

一顿愉快的午餐之后，经理同意了7万元的让价，顾客推荐了3个合作伙伴，双方各取所需，都得到了想要的，实现了令双方都满意的双赢。

在谈判中，最常见的情况就是，潜在顾客在沟通一段时间之后，会在多家供应商之间进行权衡比较。这是谈判最患得患失的一个阶段。在这个阶段，顾客会通过降低供应商价格来实现利益最大化的目的。在这个案例中，顾客首先提出的就是价格问题，要求供应商降价，小李开始时使用的是很常见的方法，竭力解释自己产品比其他公司的好。这些都是基于顾客能得到的利益陈述的。但是，由于顾客已经完全认可了这些利益，因此让顾客接受价格再次使用这些利益点就无效了，所以顾客打断了小李的陈述。

陈述遇到挫折后，小李迅速转换了方式："这样好吧，王总，到底什么价位您可以接受，您给我一个数……""绝对不过分，我要是您，肯定比您还狠……"这种示弱又赞同顾客观点的方式，得到了顾客一定程度的同情。"我比您还想做这个单……"这句话也是一种策略，就是要求顾客在一定程度上配合承诺。

总之，在整个过程中，小李有效地应用了示弱、赞同、争取理解、获得同情等谈判技巧，最终成功实现了签单的目的。

 **尼伦伯格原则活学活用：谈判双赢并不难**

有人说，要做到谈判双赢是很难的，因为大家都是为着各自的利益而来的，要达成大家都满意的结果几乎没有可能。其实，要做到"赢者不全赢，输者不全输"并不难，下面以一些谈判案例来解说。

假如一个公司有旅游活动，有一批人要去山边，有一批人要去海边。假期只有3天，上山就不能下海，下海就不能上山，这是典型的资源分配问题。为了让同事们彼此联谊，所以不能兵分两路，因为这样不熟的人还是不熟，达不到联谊的目的。另外，也为了公司的团结，老板规定旅游活动的地点不能用表决的。因为一表决就把同事们分成了两派，反而形成对立，所以一定要通过协商，让大家都一致同意才行。这个难题该怎么解决？

第一种方法是增加资源法。

就像分大饼，大家都想多分点的时候，最直接的方法就是把饼做大一点。所以如果能把假期累积成一个星期，那么就可以一半时间去山边，一半时间去海边。

有人说："这可能吗？"我们的答案是："不试你怎么知道不可能？"任何谈判都一样，不要先想怎么分，而应先想怎么创造新的东西出来，让大家都可以多分一点。

第二种方法是交集法。

我们让到山边和海边的人，为山边、海边下个定义：山边的好处是什么？海边的好处又是什么？想上山的人可能说：我要做森林浴、吃山珍野味，还有……想去海边的人说：我要玩水、吃海鲜，还有……

这时我们可以略加调整，问去海边的人："'海鲜'能不能改成'虾'？"如果他没有异议，那我们就可以找到同时有"森林浴、山珍野味、玩水、吃鱼虾"的地方——湖边。例如到森林中去，就可以做森林浴、吃山珍野味、玩水，而且还有鳟鱼和溪虾。谁说鱼虾一定要是海里的？它可以是淡水的呀。

第三种分法是切割法。

比如想上山的人本来想去住小木屋，想去海边的人想住五星级大饭店。于是想上山的和想去海边的说："如果你们答应去山边，我们放弃小木屋，改住五星级大饭店，好不好？"住宿地点听你的，度假地点听我的，这就是切割。事实上度假一事可切的还不只是地点和住宿而已，它还可以切出交通、经费等细项。切得越细，可以交换的东西越多。

第四种分法是挂钩法。

如果想上山的人认为，去山边的目的就是住小木屋，如果去住五星级大饭店，还有什么好去的？所以不能切割。如果不能切割，他就可能得把别的东西放在桌上一起谈："好啦，如果你们能答应我们去山边的话，过去我们两个部门不是争过一套20万元的办公室软件到底该谁出钱吗？那就我们这边出好了，这样好不好？"办公室软件和度假本来风马牛不相及，但为了让谈判有进展而把它们放在一起，这就叫挂钩。

第五种解法是减少对方让步所付出的成本。

如果最后是去海边的人获胜，那他们一定要花点时间去了解，为什么那批人一定要去山边？可能后来他们会发现，去山边的人除了"仁者乐山"之外，还因为山边便宜，海边太贵。这时去海边的就应该想想，原来想住五星级大饭店，现在可不可以改住三星级的，比较便宜？能减少对方让步的成本，也会让他们感觉好些，比较能接受谈判结果。这就是收尾的功夫。

这五种解题法可以适用于任何场合，无论是商务谈判还是劳资谈判，只要熟用这些方法，就可以想出双赢的协议。

32 250定律：
每一位顾客身后站着250名新顾客

定律释义：

250定律，由美国著名销售员乔·吉拉德提出，指每一位顾客身后，大约有250名亲朋好友。如果你赢得了一位顾客的好感，就意味着赢得了250个人的好感；反之，如果你得罪了一名顾客，也就意味着得罪了250名顾客。

这一定律有力地论证了"顾客就是上帝"的真谛。由此，我们可以得到如下启示，我们必须认真对待身边的每一个人，因为每一个人的身后都有一个相对稳定的、数量不小的群体。善待一个人，就是善待每一个顾客。

每年要发出 13 000 张明信片

乔·吉拉德的 250 定律对人们的销售观念有着革命性的影响，吉拉德本人更是在自己的销售实践中大力推行 250 定律，结果他的顾客越来越多，生意越做越大。

每次销售成功之后，乔·吉拉德会立即将顾客及其与购买汽车有关的一切信息，全部记在卡片上。

第二天，他会给买过车子的顾客寄出一张感谢卡。当时，很多销售员不会这样，所以顾客对感谢卡感到十分新奇，对乔·吉拉德印象特别深刻。

乔·吉拉德说："顾客是我的衣食父母，我每年都要发出 13 000 张明信片，表示我对他们最真切的感谢。"

乔·吉拉德的顾客每个月都会收到一封来信。这些信都是装在一个朴素的信封里，但信封的颜色和大小每次都不同，这是乔·吉拉德精心设计的。乔·吉拉德说："不要让信看起来像邮寄的宣传品，那会使人们连拆都不会拆就直接扔进纸篓里。"

顾客拆开乔·吉拉德写来的信，可以看到一排醒目的字："您是最棒的，我相信您。""谢谢您对我的支持，是您成就了我的生命。"乔·吉拉德每个月都会为顾客发出一封相关的卡片，而顾客都喜欢这种卡片。

乔·吉拉德拥有每一个从他手中买过车的顾客的详细档案。当顾客生日那天，会收到这样的贺卡："亲爱的比尔，生日快乐！"假如是顾客的夫人过生日，同样也会收到乔·吉拉德的贺卡："比尔夫人，生日快乐。"

正是通过商品售出后仍与顾客保持不断的联系，乔·吉拉德的生意越做越大。

想要长久地保持住我们的销售链条，我们不仅不能得罪任何一个顾客，而且还要向顾客提供优质的售后服务。一方面，这是为顾客着想的体现；另一方面，还能让顾客感受到真诚，以吸引更多顾客的青睐。

不要得罪任何一名顾客

吉拉德认为：在任何情况下，都不要得罪哪怕是一个顾客。你只要赶走一位顾客，就等于赶走了潜在的 250 位顾客。

对于销售人员来说，如果你得罪了一位顾客，也就得罪了另外 250 位顾客；如果你赶走一位买主，就会失去另外 250 位买主；只要你让一位消费者难堪，就会有 250 位消费者在背后使你为难；只要你不喜欢一个人，就会有 250 人讨厌你。

吉拉德在自己的销售生涯中，每天都将 250 定律牢记在心，抱定生意至上的态度，时刻控制着自己的情绪，不因顾客的刁难，或是不喜欢对方，或是自己情绪不佳等原因而怠慢顾客。

人与人之间的联络是以一种几何级数来扩张的。无论是善于交际的公关高手，还是内向木讷之人，其周围都会有一群人，这群人大约 250 个。而对于销售员来说，这 250 人正是你的顾客网的基础，是优秀销售员的财富。

建立良好的顾客网络，与顾客成为知心朋友。与顾客交往过程中要以诚相待，同顾客交朋友，分担他们的忧愁，分享他们的喜悦。他们可能会向你介绍他的朋友、他的家人，这样，你的顾客队伍将不断扩大。

同时，当你在和他们谈你工作上的困难时，他们很可能会主动地帮助你，介绍新的顾客给你认识或者帮你直接把生意做成。

今天我们从事销售工作，唯一的任务就是把产品或服务销售出去，基于此，必须牢记下列几点：

（1）情绪低落时勿销售，以免得罪顾客。

（2）越难缠的顾客，越要设法接近，因为他们购买力强。

（3）即使是你讨厌的顾客，也要从内心感激他，否则你的言行会不自觉地表露出你对他的反感。

（4）当顾客不讲理时，要忍让，因为顾客永远是对的。

（5）不要逞口舌之快得罪顾客，因为他们是我们的衣食父母。逞一时之快，就得付出失去顾客的惨痛代价。

不得罪任何一位顾客。在每位顾客的背后，都大约站着250个人，这是与他关系比较亲近的人：同事、邻居、亲戚或朋友。

重视你的每一个行销电话

很多销售员应该都有这样一种经历，当你认为某一位顾客即将和你签订单时，第二天他却通知你已经和其他人签了；当你感到失望时，却接到了某顾客的要约电话。有时，事情就是这么地不合理。

为了不漏掉每一位顾客，你唯一能做到的是：重视每一位顾客！

大多数销售员都会有这样的经验，在接触的顾客中只有很少一部分会成功，会有随后的成交。也就是说每个销售员接触的顾客中，肯定有很大一部分是没有为自己带来利益的，或者说，有重要的顾客和不重要的顾客之分。于是，很多销售员对自己的每位顾客重视程度便不一样了。对一些经过主观判断后认为不重要的顾客，就不重视甚至不去联系，也许这样做可以提高工作效率。但最大的问题是，你的这个主观判断是否准确，是否把一些可以成交的业务慷慨地漏了过去？

有这样一个故事：

小李是一家培训咨询公司的电话销售员，有一天晚上11时后，他接到一个电话。

这个时候，他已经工作一天了，又困又累。一般的人，在这个时候心情都会有些烦躁，他也一样。他心里想着，赶快结束工作，马上休息。

这个电话就是在这个时候打来的。

打电话来的是一位女士。小李当时问她，这么晚了打电话有什么事，不能等到明天吗？

她说，不行，因为她看了他们在报纸上发的广告，特别感动，所以不能等到明天。

接着，她马上念了一段报纸上的广告词。

听到这段广告词，小李的神经像触了电一样，一下子来了精神。然后仔细地、耐心地听她讲述自己的感受，讲述自己的经历。

这一讲，就是一个多小时。他努力地克制着自己的困倦和劳累，尽力热情地与她相呼应，并认真回答她提出的每一个问题。从她的声音中，小李感觉到，她非常满意。

放下电话，小李看一下表，已经凌晨1点多了。

第二天根本不用小李谈什么了，她和她的朋友都报名参加了培训课程。

就是这位在半夜11时后打电话的女士，在以后的日子里，先后介绍了79位学员报名参加了小李公司的培训课程。

科技的发达使每个人获取信息如此地容易，所以你的顾客不会刚和你接触就确定购买你的产品；另外，现代人的个性越来越强，一件事情不同的人反应肯定不一样，在电话销售中也是一样。你无法判断哪一位顾客百分百地要购买你的产品或不需要你的产品，所以，最简单，也最有效的办法就是：重视你的每一个销售电话，认真对待每一位潜在顾客。

打造连环式顾客销售链

对于销售员来说，250定律意味着只要我们有一位准顾客，就有可能从他身上开发出250个新顾客。

我们在研究潜在顾客的时候总是先把朋友列出来，是朋友和潜在顾客有必然的关联吗？不是这样的。对于一个从事销售工作的人来说，什么是朋友呢？你以前的同事、同学、在聚会或者俱乐部认识的人都是你的朋友，换句话说，凡是你认识的人，不管他们是否认识你，这些人都是你的朋友。同样，对顾客也是一样的，他在自己得到某种实惠产品或便捷服务时也会有向朋友提起的可能，这时，如果能够主动加以引导，他为你推荐的几位朋友很可能会成为你的潜在顾客。

世界一流销售大师金克拉在销售时，总是会随身携带两张纸，一张纸满满当当地写着许多人的名字和别的东西；另一张则是白纸。他拿这两张纸有什么用呢？原来那张有字的纸是顾客的推荐词或推荐信，当他的销售遭到顾客的拒绝时，他会说："××先生（女士），您认识杰克先生吧？您认识杰克先生的字迹吧？他是我的顾客，他用了我们的产品很满意，他希望他的朋友也能感受到这份满意。

您不会认为这些人购买我们的产品是件错误的事情，是吧？"

"您不会介意也把您的名字加入他们的行列中去吧？"

有了这个推荐词，金克拉一般会取得戏剧性的效果。

那么，另一张白纸是管什么用的呢？

当成功地销售出一套产品之后，金克拉会拿出一张白纸，说："××先生（女士），您觉得在您的朋友当中，还有哪几位可能需要我的产品？""请您介绍几个您的朋友让我认识，以便使他们与您一样也享受到优质服务。"然后把纸递过去。

85%的情况下，顾客会为金克拉再推荐2~3个新顾客。

金克拉就是这样运用顾客推荐系统建立了自己的储备顾客群。

这就是充分运用250定律，发挥人情优势的效果，通过顾客与顾客之间的人情连缀起自己的顾客群体，这样的销售方式可以称之为连环式人情销售。

连环式人情销售是获得新顾客的关键。当然，对新手来说，由别人介绍来的生意不会很多，这就意味着你要花许多时间向不是由别人介绍来的潜在顾客进行销售。但到了一定的时间，给你介绍生意的人会逐渐多起来。

在连环式人情销售中，一定要记得主动提出推荐要求。如果你的顾客很满意，那就是你请他帮你推荐买主的好时机。你应当问他，是否认识其他对该产品感兴趣的人，问他你是否可以利用这些关系。当然这种问话也需要掌握一些技巧。

比如你问："你有没有朋友想买汽车或电脑？"对方最可能的回答是"没有"或"目前没有。"原因是你问得太笼统，让他一时想不起来所有认识的人，更别说那些人对你的产品是不是有需要。在问话前不妨引导他去想一下，这样才能得到有价值的答复。

250定律活学活用：与250名顾客同行

很多人在企业经营过程中，都希望能从竞争中脱颖而出，成为常胜将军。于是，他们时常想——对手现在在想什么？干什么？如何才能击败对手呢？

然而，诸多事实证明，企业经营者的重点研究对象并不是自己的竞争对手。

共同经营一家企业的两兄弟发生了激烈的争论。哥哥认为应该研究竞争对手，

32 250定律：每一位顾客身后站着250名新顾客

了解竞争对手的一举一动，并制定相应的战略；弟弟则认为应该研究内部管理，不断提升内部管理水平，自己强大了，竞争对手就相对弱小了。

两兄弟的观点都有道理，谁也说服不了谁。在相持不下时，他们决定去请教他们的父亲。

父亲是一代商神，白手起家创立了兄弟俩现在经营的商业王国。"竞争对手当然要研究，知己知彼，百战不殆；内部管理也应该研究，提升管理是企业的一项基础工程，"父亲说，"但这都不是研究的重点，重点应该是研究消费者。"

"此话如何理解？"兄弟俩问。

"企业经营，如同一幕大戏，你们认为大戏的主角应该是谁呢？"父亲反问道。

"是竞争双方。"哥哥说。

"企业的经营者。"弟弟说。

"你们都错了。"父亲说，"真正的主角是消费者。无论是竞争的双方，还是企业的经营者，都是导演，而不是演员。导演应该关注的当然是主角——消费者。那种只关心竞争对手，和竞争对手打打杀杀的经营者，等于是把主角晾在一边而自己和竞争对手充当了主角。只关心自己内部管理的经营者，则是在自导自演独角戏，这出戏可能根本就没有人喜欢。"

在这个故事中，"父亲"的回答，解决了企业经营者"心里想着谁，关注谁，研究谁"的问题。

正是从这个角度出发，乔·吉拉德曾售出 13 000 多辆汽车，创造了商品销售最高纪录而被载入《吉尼斯大全》。他曾经连续 15 年成为世界上售出汽车最多的人。他从一个口吃患者到一个著名销售员和演讲家，总结归纳出神奇的 250 定律。

250 定律指出，每一位顾客身后大约有 250 名亲朋好友。那么，如果能心中时时刻刻想着现在的顾客，你将不仅仅和他们同行，不被他们冷落或抛弃，还可能使他们身后 250 名亲朋好友成为你的潜在顾客，与你同行。